国家社会科学基金项目(14BRK002)

国家社科基金丛书

GUOJIA SHEKE JIJIN CONGSHU

代际合作视角下
农村家庭养老现状与对策

The Status and Countermeasures for the Aged in Rural Family
from the Perspective of Intergenerational Cooperation

胡仕勇　著

人民出版社

责任编辑:陈寒节

封面设计:石笑梦

版式设计:胡欣欣

图书在版编目(CIP)数据

代际合作视角下农村家庭养老现状与对策/胡仕勇著.—北京:人民
　出版社,2021.4
ISBN 978-7-01-023215-7

Ⅰ.①代…　Ⅱ.①胡…　Ⅲ.①农村-养老-研究-中国　Ⅳ.①D669.6

中国版本图书馆 CIP 数据核字(2021)第 039411 号

代际合作视角下农村家庭养老现状与对策

DAIJI HEZUO SHIJIAOXIA NONGCUN JIATING YANGLAO XIANZHUANG YU DUICE

胡仕勇　著

人 民 出 版 社 出版发行

(100706　北京市东城区隆福寺街 99 号)

北京盛通印刷股份有限公司印刷　新华书店经销

2021 年 4 月第 1 版　2021 年 4 月北京第 1 次印刷

开本:710 毫米×1000 毫米 1/16　印张:15.75

字数:256 千字

ISBN 978-7-01-023215-7　定价:48.00 元

邮购地址:100706　北京市东城区隆福寺街 99 号

人民东方图书销售中心　电话:(010)65250042　65289539

序

改革开放以来，中国在经济与社会领域取得了举世瞩目的成就。市场经济不断完善，对社会领域的影响也在逐步显现。家庭不仅仅是社会结构的网络节点，也承载着重要的社会功能。家庭是农村老年人的重要支持力来源。由于家庭结构的变动以及部分社会政策的挤出效应，家庭养老功能不断弱化，这一现象已经引起政府和学界的高度重视。在农村社会公序良俗治理与社会政策之间建立有机整合，支持农村家庭承担养老功能已经成为新时代背景下积极老龄化的重要研究课题。

在治国齐家平天下的社会思想指导下，中国古代统治阶级十分重视家庭。近现代以来，中国家庭研究者们兼容并蓄地开展了众多的研究。费孝通先生家庭研究的鸿篇巨制，指引着中国本土学者在家庭研究领域深耕细作。在西方，贝克尔的家庭研究引发了社会科学领域对家庭研究的巨大兴趣。20世纪70年代以来，西方家庭研究逐渐形成了若干理论视野，在西方学术界产生了重要的影响。在理论自信与文化自信的前提下，博采众长，根植于中国农村家庭的现实，融会贯通整合出东西方在代际合作视野中的重要命题，并结合本土数据展开系统研究，成为本书的重要研究内容。

中国进入21世纪以来，人口老龄化进入快速发展的阶段。"五普"数据、"六普"数据以及2015年人口抽样调查数据的对比分析可以发现，我国人口老龄化尤其农村的老龄化已经成为一个突出的人口结构问题。由于过去二十年生育率快速下降并持续保持较低水平，未来三四十年我国人口老龄化和高龄化将会继续呈现出快速发展态势。在农村社会养老保障基础薄弱背景下，农村家庭依然是老年群体重要的养老力量。在代际合作视角下，分析当前农村家庭养老的内生机制与问题，提出行之有效的对策是本书研究的重要现实性目的。

在代际合作视角下，本书作者对国内外相关理论流派与文献进行了细致的梳理，整理提炼出代际合作视角的重要命题。依据命题，作者在小型调查数据与访谈资料的探索性研究基础上，通过对调查数据的分析，探讨了中国农村家庭养老代际合作的内生机制与问题，并对所发现的问题提出系统性的解决思路与对策。主要内容为：

（1）代际合作视角表明，家庭是一个重要的社会单位，家庭成员追求家庭效用的最大化，形成家庭单位制。家庭单位制说明了代际合作会增进家庭效用，家庭中的投资与赡养关系满足着父代与子代的共同需求。家庭养老是一种重要的家庭价值商品，家庭内部存在反馈关系，家庭的小型化会对家庭代际合作关系产生影响。另外，经济发展水平会影响家庭养老的私人转移支付功能。

（2）在代际合作视角下，本书系统论证了中国农村家庭养老的合作式特点，分析了中国农村家庭的代际反馈关系与单位制具体表现形式，子代规模对反馈关系与单位制的影响以及验证代际合作过程中的利他主义或交换关系假设。另外，本书探讨了不同经济发展水平区域对代际经济支持的影响。

（3）按照"代表性数据，更准确的数据选择，更合适的分析技术，更稳健的分析结果"分析思路，本书主要选用 CHARLS 两期截面数据来分析研究的问题，以确保研究结论的稳健性。

（4）基于研究假设，本书分析了经济发展水平、公共转移支付状况以及家庭私人转移支付状况的关系。数据结果表明，区域经济水平与家庭结构之间存在一定的相关性。PSM 倾向值匹配技术与 RD 断点回归技术均证实新农保参与状况对农村家庭代际经济支持存在一定的挤出效应，公共转移支付状况会影响家庭私人转移支付状况，但代际经济支持与经济发展水平之间不具备显著相关性。同时，通过"五普"数据、"六普"数据与"七普"数据反映，中国农村家庭结构已经呈现明显的小型化。

（5）本书以代际经济支持作为家庭养老分析的切入点，分析了家庭养老中两个重要机制：反馈关系与单位制。通过 CHARLS 两期数据证实，中国农村家庭养老中存在明显的反馈性转移，中国农村家庭的单位制集中反映在年龄变动上，父代进入老年期后反馈性转移支付整体呈现出增大趋势。同时，本书研究发现，子代规模越大，农村家庭的反馈关系与单位制越稳定，家庭养老保障能力越高。该研究结论解释了中国农村"多子多福"传统生活路径的内在合理性，也说明了子代规模是家庭养老重要的内生变量。

区别于西方家庭代际关系，中国家庭养老有着明显的子代反馈特征与隔代养育现象。因此，本书从子代投资与隔代养育角度，论证了中国家庭养老中存在利他主义与交换预期的混合关系。在交换预期中存在父代的个人特征（例如健康）与收入水平状况等制约性条件，这些制约条件可能降低代际经济支持的发生概率，致使家庭养老保障的稳定性受到影响。

中国农村家庭养老具有子代规模效应，而中国农村家庭规模变动呈现缩小趋势，从而会负面影响家庭养老功能的发挥。同时，基于家庭养老中存在的混合关系以及新型农村合作养老制度的挤出效应，本书认为中国农村家庭养老存在系统性的客观问题。

（6）基于中国农村家庭养老存在系统性的问题，孤立的和零碎性的对策往往会缺乏政策效力。本书强调了公共福利政策导入的"嵌入性"与"系统性"对解决农村家庭养老问题的重要性。基于系统性的整合照料理论，本书构建了农村老年人整合照料体系，对农村养老体系中制度性养老与非制度性养老，商业性养老资源与非商业性养老资源进行了整合，分成了初级养老体系与次级养老体系。同时，本书论述了整合照料体系的构成要素及其功能，阐明了整合照料体系的工作机制与服务过程，并进一步分析了在中国农村整合照料体系的发展过程中需要解决的几个关键问题。

　　国民经济与社会发展第十四个五年规划中，强调了支持家庭承担养老功能。本书力图在理论与实践上实现一些创新与突破，以推动家庭养老领域的研究，并为相关政策制定提供参考。中国经济发展的多层次性，中国农村家庭自身的反馈特质以及家庭养老中东方文化，都为中国本土化的家庭养老研究提供了广阔的社会土壤。多学科视野的导入以及本土化家庭研究的深入，都将为世界家庭研究贡献中国分析视野与中国话语体系。

石人炳

2020 年 4 月 20 日

目　　录

第一章　研究背景

　　本章回顾了家庭养老研究的经典理论与经验性研究文献，归纳出代际合作视角，阐明了本书研究目的与意义以及解决的关键问题与创新之处等。

第一节　文献回顾

一、代际合作视角

　　由于文化与研究的经验环境不同，东西方对家庭养老的研究内涵与外延呈现一定的差异。西方的传统研究中，将家庭养老更多界定在代际范围内，通常是用"intergeneration support"说明家庭内部成员之间的经济合作与互动关系。在东方的文化中，由于家族和家属圈的作用，家庭养老研究的传统范围要更宽泛一些。国内学者吴文藻先生较早注意到了这个问题，并对两者的差异进行了集中论述。潘光旦先生从两代人角度分析了东西方家庭养老的差异。他指出："父母对于子女应为之事，每称之曰愿，为儿女婚嫁，曰'了向平之愿'；盖显然以儿女之事为一己之事，为一己欲望之一部分，而不能不求满足者。子女之奉养父母，与父母之受其奉养，亦未尝作责任或权利观。总之，昔日国人家庭分子间之关系，芟其支蔓，去其糟粕，大率出乎情感之自然流露，而无须乎哲学观念为之烘托。自西人权利与责任观念之传播，国人以之解释积弊已深之家庭制度，乃弥觉其可憎可厌；然张冠李戴，本不相称；憎厌之心理，徒自扰耳。折中制去旧日家庭之形式，而无害于其承上启下之推爱精神，此所以较小家庭制度为妥善者二也。"① 费孝通先生也是从两代人角度阐明了东西方家庭养老中的传递与接力模式。

改革开放之后的家庭养老研究，尤其是近十年的研究中，由于家庭小型化与核心化的快速变动，国内学者在家庭养老领域的研究也越来越聚焦在代际关系。就目前国内外研究实践来看，尽管家庭养老的研究外延仍有一定差异，但家庭养老基本聚焦在家庭直系三代内②。

早期人类学与社会学等学科，在家庭关系研究中较注重"礼物"与"关系圈"等研究内容，现代家庭关系研究随着经济学对微观社会领域的关注，变得日益深入与成熟，也逐渐引发了整个社会科学研究界的关注。20 世纪 70 年代后期，家庭关系研究进入了辉煌时期，产生了很多经典性著作与研究论文。加里·斯坦利·贝克尔（Gary S. Becker）的家庭研究对该领域具有重要的推动作用。

贝克尔对家庭代际关系较集中的论述体现在《人类行为的经济分析》（1976 年出版）、《家庭论》（1981 年第 1 版，1991 年扩大版）以及 20 世纪八九十年代系列研究论文，其中的相关论述对代际合作视角产生了重要的影响。国外学者考克斯、科恩（Cohen）对家庭研究中的代际合作视角也贡献良多。

（一）贝克尔的代际合作相关论述

贝克尔对家庭的研究，其目的并非研究家庭中的代际合作问题，而是利用经济学的一些基本假定以及相关研究范式去探索传统经济学研究中所谓的

---

① 潘光旦：《中国之家庭问题》，《潘光旦文集》第一卷，北京大学出版社 1993 年版，第 20—141 页。

② 国外的研究实践受文化传统和研究习惯的影响，更多研究两代之间的关系，较少关注隔代养育问题，而东方文化强调"含饴弄孙"，隔代养育是一种普遍现象。隔代养育应成为代际合作的一个重要内容，这也是本书力图要展示的一个重点研究问题。

"剩余领域"。传统经济学更多研究一些具有经济理性的社会现象与问题，例如贸易、宏观经济发展等，而像家庭这样具有利他主义和情感成分的社会群体则很少论及。

区别于以往的传统经济学认识，贝克尔认为家庭是一个有效率的经济单位①。家庭行为受货币与时间因素制约，决策的代价也要用时间和货币来度量。家庭的各种行为同样要受到效应最大化、市场均衡、偏好稳定的影响，经济学的基本假定和研究范式仍然能研究传统经济学认为的"非经济领域"。

在传统经济学看来，利他主义违背了经济学中的"经济人"假定。为解释利他主义的经济效用，贝克尔对这个问题展开了深入的分析。贝克尔回顾了社会生物学中个人适应性减少的利他主义通过自然选择得到进化的研究②，同时通过经济学的数学分析范式，贝克尔解释了降低一部分人的消费，这部分人在未来可能获得更大的收入，同时增加了整个家庭的效用。贝克尔从经济学中的经济人假设出发，利用效用、机会成本以及成本效益等概念，解释了利他主义的经济价值③。利他主义在家庭行为中随处可见，并且产生了较高的效率。利他主义可以提高家庭成员的产出水平，保障了家庭对社会风险的可控性④。

贝克尔利用这一思路，解释了家庭的生育和成员间合作问题。子女不能在市场上买卖，家庭是子女这种人力资源的产出单位。子女被视为耐用消费品，他们给父母带来收入，这种收入主要是心理收入。生育数量取决于收入预期、子女成本、知识、不确定性以及偏好等因素⑤。养育孩子需要投入货

---

① ［美］加里·斯坦利·贝克尔：《家庭论》，王献生等译，商务印书馆2014年版，第4页。
② ［美］加里·斯坦利·贝克尔：《人类行为的经济学分析》，王业宇等译，格致出版社2015年版，第292—293页。
③ ［美］加里·斯坦利·贝克尔：《人类行为的经济学分析》，王业宇等译，格致出版社2015年版，第294—302页。
④ ［美］加里·斯坦利·贝克尔：《家庭论》，王献生等译，商务印书馆2014年版，第4页。
⑤ ［美］加里·斯坦利·贝克尔：《人类行为的经济学分析》，王业宇等译，格致出版社2015年版，第192—193页。

币和消费闲暇时间，但两代人合作会带来每个家庭成员效用的最大化，效用取决于父母的消费和孩子的质量，孩子的质量用孩子长大成人时所获得的收入来衡量①。

由于利他主义的广泛存在，家庭内部存在规避"坏孩子"的机制。具有利他主义的户主，可以使利己主义的小孩做出有利于全家人的行为。利他主义的户主效用与其他家庭成员的个体效用正相关。当利己主义孩子做出损害其他家庭成员的行为时，户主会将利己孩子的消费转让给受损的家庭成员。基于这种选择，利己主义"坏孩子"就会减少对其他成员消费的损坏行为②。

在利他主义对家庭效用影响的分析中，贝克尔强调家庭效用的最大化原则。父代③愿意放弃一部分消费，从而使子代可能获得更多的投资效用。正如贝克尔所言，"他的适应性及子女的适应性实际上可能超过他不是一个利他主义时的情况……他的适应性减少可能大大小于他的子女适应性的增加"④。

在代际合作分析的论述中，贝克尔更多分析的是父代与子代的养育和投资问题，较少论及子代对父代的赡养问题。在子代对父母赡养的相关论述中，主要的命题为：（1）子代是耐用消费品与产品，子女可以提供货币收入⑤；（2）对子女的预期收益更多来自心理收益；（3）在利他主义前提下，子代回报可能小于父代的投资，但增加了整体的家庭效用⑥。

---

① ［美］加里·斯坦利·贝克尔：《家庭论》，王献生等译，商务印书馆 2014 年版，第 273—274 页。

② G. S. Becker, "A Treatise on the Family", Enlarged（eds.），*Cambridge：Harvard University*, 1991, p.283.

③ 基于表述方便，本书将父亲母亲统一称为父代，儿子和女儿统一称为子代。

④ ［美］加里·斯坦利·贝克尔：《人类行为的经济学分析》，王业宇等译，格致出版社 2015 年版，第 302 页。

⑤ ［美］加里·斯坦利·贝克尔：《人类行为的经济学分析》，王业宇等译，格致出版社 2015 年版，第 176—177 页。

⑥ ［美］加里·斯坦利·贝克尔：《人类行为的经济学分析》，王业宇等译，格致出版社 2015 年版，第 302 页。

在分析利他主义对家庭效用影响时，贝克尔也回应了子代利己主义可能带来的影响。他认为，即便孩子是利己主义的，利他主义父母也会通过双方参加的"游戏"，避免对家庭效用最大化产生影响。亲子两代在家庭互动中，彼此都有共同的利益与需求，都存在对"价值产品"① 的消费，亲子两代都会互相产生影响。这种彼此制约的关系将会促使对方维护家庭的总效用，从而确保利他主义父母对家庭总效用的影响②。

（二）考克斯与科恩的代际合作相关论述

贝克尔的家庭理论推动了整个社会科学界对家庭领域的研究，对家庭研究产生了重大而且深远的影响，当然也有不少学者对贝克尔的理论提出质疑与批评。唐纳德·考克斯（Donald Cox，1992）通过家庭代际经济流动回应了贝克尔相关理论假设。他认为贝克尔在论述家庭效用的过程中，强调了父代利他主义品质的前提条件，同时，从贝克尔烦冗的推导公式中可以发现父代在家庭效用中的决定作用，而较少论及子代在家庭中的作用。

贝克尔在分析家庭效用过程中，强调了父代在家庭中的作用，子代被认为是利他主义受益者，子代的家庭效用只是置于重要参数位置。贝克尔对家庭总效用的构造公式为：

$$U_h = U\left[Z_{1h}, \cdots, Z_{mh}, \Psi\left(U_w\right)\right] \tag{式 1.1}$$

式 1.1 中，Z_h 与 U_w 分别代表利他主义者（父代）和利他主义受益者（子代）的效用，Ψ 是 U_w 的正函数。不同于贝克尔以利他主义父代为前提构造的分析模型，考克斯在数据模型中，强调了父代和子代是两个单独且互相影响的要素。考克斯指出，父代和子代的家庭效用模型为：

$$U_d = U\left(C_d, s, V\left(Cr, s\right)\right) \tag{式 1.2}$$

---

① 贝克尔在论述家庭"价值产品"中，也包括代际支持的内容，例如是否经常去看望自己的父母。

② ［美］加里·斯坦利·贝克尔：《家庭论》，王献生等译，商务印书馆 2014 年版，第 14—15 页。

式 1.2 中 U_d 是父代的家庭福利,V 是子代的家庭福利,C_i,$i=d$,r 是父代与子代家庭价值产品的消费,而 s 指的是子代提供给父代的服务。式 1.2 既包括利他主义过程也包括交换的过程,父代照顾子代,同时子代提供家庭价值产品[1]。

那么家庭中利他主义过程和交换关系如何界定?考克斯认为,如果父代是利他主义者,会增加子代收益,家庭交换的概率会降低。父代的家庭效用降低,但家庭整体效用增加。如果是交换关系,就会导致家庭交换的概率增加,但是父代家庭收益不会下降,同时父代在给子代投资过程中具有选择性。父代会对将来更有收益的孩子进行重点投资。为验证家庭代际交换关系,考克斯及其团队利用众多的经验数据发表了系列学术研究论文。

考克斯等人利用美国家户跟踪调查等数据(NSFH)说明了父代的投资行为更符合交换关系,子代接受代际转移的概率与子代提供的服务呈现显著性相关等[2]。考克斯等人利用秘鲁的实证调查数据也说明了代际转移更符合交换关系,同时指出了资本市场成熟度以及社会公共福利收益作为家庭代际转移的重要外生变量,会影响代际转移过程[3]。

为规避资本市场和公共福利收益对代际转移的外生影响,考克斯等人利用菲律宾的实证资料说明,在资本市场和公共福利不发达的国家里存在大量家庭代际转移的现象,而且对于越是贫困的家庭,越符合利他主义转移过程,这种过程有利于抵御社会风险[4]。另外考克斯等人指出了部分的经验数

---

① Donald Cox & M. R. Rank, "Inter Vivos Transfers and Intergenerational Exchange", *The Review of Economics and Statistic*, 1992, pp. 305–314.

② Donald Cox & M. R. Rank, "Inter Vivos Transfers and Intergenerational Exchange", *The Review of Economics and Statistics*, 1992, 74 (2), pp. 305–306.

③ Donald Cox, Zekeriya Eser, Emmanuel Jimenez, "Motives for private transfers over the life cycle: An analytical framework and evidence for Peru", *Journal of Development Economics*, 1999, 55 (3), pp. 57–80.

④ Donald Cox, Bruce E. Hansen, Emmanuel Jimenez, "How Responsive are Private Transfers to Income Evidence from a Laissez-Faire Economy", *Journal of Public Economics*, 2004, 88 (9–10), pp. 2193–2219.

据研究也支持混合型的代际转移过程，即既有利他主义特点，也有交换关系的特点。同时他也强调了家庭代际转移是一种重要的社会资源，对提高个人福利有着重要作用。在实施公共福利项目过程中，应注意对家庭代际转移的挤出效应①。

家庭效用最大化是贝克尔家庭理论中的重要理论支撑。如果家庭成员以利他主义进行互动，为何会出现家庭成员出于自身利益而导致家庭成员分家现象？家庭成员的整体化是贝克尔家庭分析重要的潜在假设，但家庭成员如果出现在不同家庭单位（即分家），合作如何体现在家庭成员的互动中？西方的家庭分析理论能否继续适用于东方的家庭文化中？这些问题在迈伦·科恩（Myron L. Cohen）1976年出版的《家庭的合与分：中国台湾家庭》（*House United, House Divided: The Chinese Family in Taiwan*）一书中，通过实地案例的研究给出了相应的回答。

作为较早研究中国家庭，而且具有代表性的实地研究著作，《家庭的合与分：中国台湾家庭》一书提出，中国农村家庭是合作家庭，家庭成员通过互相协作，实现共赢。合作式的中国农村家庭有三个重要构成要素：财产、经济与群体。家庭成员相互经济合作是中国农村家庭构成的重要节点（joint）。通过家庭的组合（United），增加了家庭的整体效用。科恩同时也反证了贝克尔的家庭合作理论，当一个家庭的效用不能满足成员的需要时，则会出现家庭的解体（Divided）。

科恩也指出了家庭小型化与核心化的发展态势。通过村庄历史文献的梳理，随着现代经济发展的推进，家庭的小型化和核心化发展态势显著。这种小型化和核心化也在加强年轻家庭成员的独立性，增加他们对家庭利益的需求，从而导致村庄中更多家庭出现解体。同时村庄中的分居家庭，尤其是媳妇角色会对家庭内部合作产生影响。科恩也强调了随着核心家庭增多，子代

① Donald Cox, Emmanuel Jimenez, "Achieving Social Objectives through Private Transfers", *The World Bank Research Observer*, 1990, 5 (2), pp. 205-218.

规模对家庭养老功能的影响。

尽管科恩不是从经济学角度论述家庭组合问题，但是他的分析对中国农村家庭养老的代际合作视角贡献了三个重要的理论命题：（1）中国农村家庭是合作式家庭；（2）当家庭成员在一个单位时，家庭成员彼此合作，满足家庭成员对家庭的需求；（3）家庭的小型化和核心化对家庭代际合作会产生影响。

（三）费孝通的家庭代际关系论述

受制于西方的文化特点与家庭制度，西方学者在研究家庭过程中体现出家庭单向传递的特点。师承于西方学术传统，费孝通早期的家庭研究论述也较多从家庭单向角度展开，例如，《生育制度》基本从家庭的建立、家庭父母权利以及继替等单向角度来展开家庭发展过程论述。

在费孝通早期的研究中，论述了亲子两代分居对代际合作的影响。费孝通指出，一个亲密的团体，会受到地域空间限制。同居的父子与分居的父子，即使在社会身份上没有什么区别，但是实际生活的关系可能相差很大[1]。费孝通就中国社会现代化转型提出了深刻的见解。费孝通指出，乡土社会正在经历欲望到需要的变迁。在传统社会中，欲望的满足是一种生理的本能，而在现代社会中，人们越来越多的是需要。需要的满足需经过理性思考，以满足自身目的[2]，这种转型也会深刻影响家庭关系与格局。

集中体现费孝通家庭代际关系论述的是他在 1983 年发表的研究论文《家庭结构变动中的老年赡养问题——再论中国家庭结构的变动》。在这篇重要文献中，他指出了中国家庭代际关系与西方家庭代际关系的差异。他认为，中西方家庭关系存在两种模式：一种以中国为代表，主要体现在甲代抚育乙代，乙代赡养甲代，乙代抚育丙代，丙代又赡养乙代，下一代对上一代都是"反哺模式"；另一

---

[1]　费孝通：《乡土中国：生育制度》，北京大学出版社 1998 年版，第 171 页。
[2]　费孝通：《乡土中国：生育制度》，北京大学出版社 1998 年版，第 85—86 页。

种在西方，是甲代抚育乙代，乙代抚育丙代，那是一代一代接力的模式，简称"接力模式"①。两种家庭关系模式，存在养育文化的差异，但两种方式也存在一定的相似点。按照考克斯对家庭关系中利他主义与交换关系的分析，两种代际传递方式均属于利他主义关系。两种代际传递方式均属于一种文化传统，并不存在对家庭成员选择与被选择的交换关系。

同时费孝通基于村庄的历史考察，发现了当代中国家庭关系的一些变动问题。费孝通对江村农户的案例归纳，发现核心家庭在增多，而主干家庭在减少，对家庭养老功能产生了影响②。同时他也关注了子代规模缩小带给家庭养老的影响③。

（四）代际合作理论视角下中国农村家庭研究的内涵

视角即一种理论框架或者也可以被称为范式，是一个被归纳总结出来的命题与假设集合。范式（paradigm）由美国学者托马斯·库恩（Thomas Kuhn）提出，并在《科学革命的结构》(*The Structure of Scientific Revolutions*)（1962）一书中进行了系统阐述。范式可以被理解为研究者所共同接受的一组假说、理论、准则和方法的总和。本研究力图跨学科地从学者们的研究中提炼出代际合作的理论范式。

尽管贝克尔、考克斯、科恩以及费孝通等人所处的学科不同，观点与视角也有差异，但是整体而言，他们所形成的知识总结对当代农村家庭养老研究有着重要的指导价值。

（1）反馈关系与单位制是家庭养老重要的内生机制。家庭养老是一种重要的家庭价值商品与反馈关系。贝克尔在《家庭论》中已经充分说明了子女

---

① 费孝通：《家庭结构变动中的老年赡养问题——再论中国家庭结构的变动》，《北京大学学报》（哲学社会科学版）1983 年第 3 期，第 7 页。

② 费孝通：《家庭结构变动中的老年赡养问题——再论中国家庭结构的变动》，《北京大学学报》（哲学社会科学版）1983 年第 3 期，第 12—14 页。

③ 费孝通：《家庭结构变动中的老年赡养问题——再论中国家庭结构的变动》，《北京大学学报》（哲学社会科学版）1983 年第 3 期，第 10—11 页。

的代际支持是一种重要的家庭价值商品，子女是父母一种重要的人力资源投资对象。费孝通的论述也充分表明了在中国家庭中，家庭养老体现着反馈关系。反馈关系说明通过子代对父代的反馈，父代在老年期回收子代的投资，保障老年人晚年生活。

家庭是一个重要的社会单位，家庭成员追求家庭效用的最大化，形成家庭单位制。贝克尔家庭效用的经典模型和科恩的相关分析都表明了家庭成员合作，实现了家庭整体价值，提升了家庭的效用。家庭单位制说明了代际合作会增进家庭效用，家庭中的投资与赡养关系满足着父代与子代的共同需求。

（2）子代规模对家庭代际合作关系产生影响。贝克尔认为子代规模是父代回收家庭投资的重要条件，科恩和费孝通的研究也表明了子代规模会影响家庭养老的功能。

（3）家庭养老过程中体现着利他主义或交换关系。贝克尔和考克斯对家庭关系的分析，存在对利他主义与交换关系的争辩。

（4）家庭养老的外部影响。考克斯等人经典命题与经验研究显示，家庭养老外部的经济发展水平与公共转移支付状况会影响家庭内部的私人转移支持，影响家庭养老的重要组成部分——代际经济支持。

代际合作理论视角也给中国农村家庭养老研究提出了诸多的研究假设与问题，主要为：①在农村家庭养老过程中反馈关系与家庭单位制如何具体体现？②子代规模对反馈关系与家庭单位制是否产生显著性影响？③家庭养老中的代际关系是利他主义还是交换关系？利他主义或交换关系如何影响着中国农村家庭养老的功能？④在中国本土的环境中，经济发展水平、公共转移支付状况与农村家庭代际经济支持之间的三角关系如何？

二、经验研究文献回顾

代际合作视角对研究当代中国农村家庭养老的诸多问题具有重要的理论

价值。家庭养老的经验文献众多，目前家庭养老研究的成熟度已经足以支撑在某些特定视角或范式框架内展开。本书对既往文献的梳理，基本按照代际合作视角下的理论命题与研究问题展开分析。

（1）农村家庭养老中单位制式的"互利共赢"的经验研究。梅森（Mason，1992）、阎云翔（Yan，2003）、高和荣（2003）、龙方（2007）等人的研究指出，中国农村家庭成员彼此互相合作，实现互利共赢的局面，例如父代对子代的投资以及子代对父代的反馈，另外父代照顾子代的小孩。努斯鲍姆和森（Nussbaum & Sen，1993）、利拉德和威利斯（Lillard&Willis，1997）、陈皆明（1998）、熊跃根（1998）以及陈功（2003）等人的研究结果显示，父代对子代的投资会显著影响子代对父代的经济回馈。同时也有不少研究关注父代对子代大额投资的影响关系。例如卡弗里（Caffrey，1992）、斯塔尔克（Stark，1995）等人的研究结果显示，父代对子代的大额投资（嫁娶的礼金以及土地等价值商品）对子女的经济反馈影响显著，然而一些学者对于父代对子代的投资效应持不同的见解，例如张烨霞（2007）的研究结果指出，父代的投资并不对子代的经济反馈造成显著性的影响，可能受多个控制变量的影响。

国内外学者们不仅关注了父代对子代投资的影响，同时也关注了多代之间交互关系的影响。塞孔迪（Secondi，1997）、西尔弗斯坦（Silverstein，2007）、宋璐和李树苗（2010）等人的研究结果发现，隔代养育形成代际关系的合作，对孙代进行投资会增加子代对老年父母的代际经济反馈。

这种隔代代际合作关系受客观因素与主观因素的影响。①客观因素的影响。杜鹏等（1998）、张文娟、李树苗（2004）、库兹涅夫（Kuznesof，2005）、张烨霞等（2007）、克莱尔和拉尼亚（Claire & Rania，2008）、陈皆明（2010）、吴帆和李建明（2010）等人的研究发现主要客观因素包括：父代的健康程度、年龄、经济状况、受教育程度、家庭结构、居住方式、子代抚养下代的压力等等；②主观因素的影响。托马西尼（Tomassini，2007）、阎云翔（2009）等人的研究指出，子代的家庭私密偏好以及核心家庭结构偏好影响着家庭代际间的经济合作。

（2）农村家庭养老中反馈关系研究。考德威尔（Caldwell，1981）、郭志刚（1998）、陈功（2003）、克莱尔和拉尼亚（Claire&Rania，2008）等人的研究指出子代对父代经济供养的"反馈"特点。费孝通（1983）指出中国农村家庭通过代际间的反馈，从而达到家庭代际间的平衡。

同时也有研究者关注了代际反馈关系的障碍问题。杜鹏（1998）、阎云翔（Yan，2005）、宋璐和李树茁（2008）等人的研究显示农村家庭代际间的财富平衡正在被打破，主要影响因素来自两个方面：①客观因素的影响。舒伊和哈迪（Shuey & Hardy，2003）、库兹涅夫（Kuznesof，2005）、惠美子和梅里（Emiko & Merri，2006）、克莱尔和拉尼亚（Claire & Rania，2008）、肖倩（2010）、宋璐和李树茁（2011）、靳小怡和郭秋菊（2011）等学者研究指出客观因素主要包括：代际支持双方的性别、年龄、受教育程度、居住方式、子女数量、子代抚养下代的压力、父代的健康状况等等；②主观因素的影响。科斯坦佐和霍伊（Costanzo&Hoy，2007）、托马西尼（Tomassini，2007）、阎云翔（2009）等人的研究指出日益强化的个人主义以及中国农村普遍存在的消费主义严重侵蚀了原有家庭代际财富分配的平衡，无公德个人的出现导致传统孝道的影响力正在下降。

（3）利他主义或交换关系的经验分析。在代际合作视角下，家庭养老的过程体现着利他主义或交换关系。按照考克斯对利他主义和交换关系的分析，如果子代对父代的供养受制于父代对子代的投资，则存在家庭养老的交换关系。反之，如果子代对父代的供养不受制于父代对子代的投资，则表现为家庭养老的利他主义。

塞孔迪（Secondi，1997）、熊跃根（1998）、陈皆明（1998）、江克忠（2013）的研究显示，家庭内部代际交换特点明显[①]，李晓芳（2014）认为

[①] 江克忠：《中国家庭代际转移的模式和动机研究》，《经济评论》2013 年第 4 期，第37—46 页。

代际互动具有一定的互惠性和交换性。一方面是父代秉承传统的代际关系抚养子代，另一方面则是子代遵循新的回报原则赡养父代。抚养关系和赡养关系中的代际交换显示出农村家庭养老中的代际交换存在一种非均衡的合约①。

也有不少研究者指出家庭养老中存在混合动机，如王跃生（2008）认为，抚养——赡养模式与交换模式中的任何一种模式解释家庭代际关系和互动行为都有不足之处，将两者结合起来才是完整的②。王梦淇（2017）指出家庭养老过程中既存在利他主义也存在交换关系③。

代际合作视角之外，国内学者也围绕家庭养老的发生机制进行了深入的研究。丁士军（1995）在论述家庭财产转移动机的时候，列举了五种理论加以说明家庭养老发生的原因，比如老年保障论、父母投资论、利他主义论、交换动机论以及家庭内部"谈判"论等④。姚远（2001）在论述家庭养老的理论时，曾列举了七种理论说明家庭养老发生机制，如生产方式论、经济交换论、社会交换论、需要论、反馈论、依赖论与责任内化论等⑤。宋璐和李树茁（2008）从代际支持的角度论述了交换论、反馈论以及责任内化论等⑥。

（4）农村家庭养老的变动趋势。针对农村家庭养老的变动趋势⑦，学者们呈现出两种不同的观点。第一种观点认为家庭养老会在中国农村中长期存在，理由是中国的文化传统、农村养老保险运行状况、家庭养老成本低和农

---

① 李晓芳：《农村家庭养老功能弱化与代际关系转变》，《未来与发展》2014年第2期，第79—82页。

② 王跃生：《家庭结构转化和变动的理论分析——以中国农村的历史和现实经验为基础》，《社会科学》2008年第7期，第92—105页。

③ 王梦淇：《父母收入水平是否影响子女对父母的代际转移》，《经济资料译丛》2017年第1期，第39—52页。

④ 丁士军：《关于家庭财富代际转移动机的几种假说》，《江汉论坛》1999年第5期，第65—66页。

⑤ 姚远：《中国家庭养老研究》，中国人口出版社2001年版，第25—30页。

⑥ 宋璐、李树茁：《当代农村家庭养老性别分工》，社会科学文献出版社2011年版，第78—96页。

⑦ 在农村家庭养老变动的分析中，本书并未局限在代际合作视角下。因为变动趋势的分析，包含更多制度性和社会结构性的因素，可以为后文分析提供更广阔的社会背景。

村家庭的既有生存策略等。中西方文化传统以及家庭传统不同，不能简单用西方的发展经验代替中国本土化的家庭文化及其发展趋势等（杨复兴，2007；郑军，2010)①②。姚远（2001）认为农村家庭养老是农村中一种重要的非正式养老方式，对老年人的支持作用将长期存在，是结合中国历史与现实环境的一种现实选择方式。子代经济地位上升并不必然削弱家庭养老功能，社会转型也并不意味着家庭养老功能的弱化，家庭的小型化与分居比例提高也并不影响家庭纽带和子代的养老责任，家庭养老不充分不能说明家庭养老必然衰亡等③。在发展阶段的分析中，姚远（2001）把家庭养老发展分为稳固、变化以及动摇时期④。杨复兴（2007）把家庭养老发展细化为形成期、促进期、强化期、维持期和争议期五个阶段⑤。

（5）农村家庭养老变化的解释性分析。根据学者们的文献，农村家庭养老变化的解释性分析大体可以体现在如下四个方面：

第一，现代化的进程（全球化、工业化与城市化）。在从传统农业社会向现代工业社会转变的过程中，全球化、工业化与城市化深刻影响着农村家庭养老，一个显著的特征就是代际间的地域隔离。费孝通（1983）指出，一个亲密的团体，是会受到地域空间限制的。同居的父子与分居的父子，即使在社会身份上没有什么区别，但是实际生活的关系可能相差很大⑥。贺聪志、叶敬忠（2010）对安徽、河南等五省的调查显示，劳动力外出务工对留守老人的生活照料确实存在很大的影响⑦。古德指出，在城市化过程中，要求越

---

① 杨复兴：《中国农村家庭养老保障的历史分期及前景探析》，《经济问题探索》2007 年第 9 期。

② 郑军等：《历史视野中的中西方家庭养老环境比较》，《中国老年学杂志》2010 年第 7 期。

③ 姚远：《中国家庭养老研究》，中国人口出版社 2001 年版，第 171—175 页。

④ 姚远：《中国家庭养老研究》，中国人口出版社 2001 年版，第 96—107 页。

⑤ 杨复兴：《中国农村家庭养老保障的历史分期及前景探析》，《经济问题探索》2007 年第 9 期。

⑥ 费孝通：《乡土中国：生育制度》，北京大学出版社 1998 年版，第 171 页。

⑦ 贺聪志、叶敬忠：《农村劳动力外出务工对留守老人生活照料的影响研究》，《农业经济问题》2010 年版第 3 期。

来越多的农村劳动力离开家庭与土地，父代与子代之间的距离在拉大，使得众多的老年人与子女分离，子女无法在家赡养老人。古德同时也指出，在工业化过程中，由于子代能获得更多更先进的技术与更好的经济收入来源，子代对父代的依赖在降低，父代在家庭的作用与地位在降低，同时接受子代的经济回馈也在降低①。

　　但是近年也有实证研究显示，子代外出务工未对农村家庭养老造成显著性负面影响。国外学者瓦尼（Vanwey，2004）对农村成年子女外出务工收入支持的研究表明，外出打工既对外出打工者本人，也对包括在农村的老年父母等家庭留守成员产生了重要的正面影响，子代的外出打工收入是父代经济来源的重要组成部分②。国内学者张旭升、吴中宇（2003）、张文娟等（2004）通过实证经验材料也证实了在外打工的子女对父母的经济支持能力在明显增强。目前学者们较一致的看法是农村成年子女通过外出务工，获取了比农村土地更高的劳动回报。随着个人收入的提升，增加了家庭间的代际经济回馈，更好满足了农村老年人的经济需求③④。

　　第二，文化因素（家庭伦理、社会风俗、家庭传统等）。家庭养老的伦理基础——"孝"，是国内外很多学者研究的重点。国外学者怀特（Whyte，2004）认为城市文化对个体价值的重视，会淡化集体的家庭观念⑤。费孝通（1983）关注了分家传统的改变与习俗衰退带给家庭养老的影响⑥。另外古德、兰肯贝格（Rankenberg，2002）等人认为家庭养老的功能正在弱化，他

---

　　① ［美］W. 古德：《家庭》，魏章玲译，社会科学出版社 1986 年版，第 250—251 页。

　　② Vanwey L. (2004), Altruistic and Contractual Remittances between Male and Female Migrants and Households in Rural Thailand. *Demography*, 41 (4), pp. 755-756.

　　③ 张旭升、吴中宇：《农村家庭养老的实证分析》，《社会》2003 年第 3 期。

　　④ 张文娟、李树拙：《农村劳动力外流对农村家庭养老的影响分析》，《中国软科学》2004 年第 8 期。

　　⑤ Whyte M. (2004), "Filial Obligations in Chinese Families: Paradoxes of Modernization.", In C. Ikels (eds.), *Filial Piety: Practice and Discourse in Contemporary East Asia. Stanford, CA, Stanford University*, pp. 126-127.

　　⑥ 费孝通：《家庭结构变动中的老年赡养问题——再论中国家庭结构的变动》，《北京大学学报》（哲学社会科学版）1983 年第 3 期。

们认为经济增长、工业化、城镇化等社会结构因素削弱老年人的地位，从而降低家庭的保障功能。并且伴随着城市文化的入侵，原本农耕文化"孝"的观念在日渐弱化。另外随着社会现代化的程度日渐提升，父代所拥有的资源对子代的吸引力正在逐步降低，父代正在逐渐失去子代的服从与家庭内部的权威①②。杨复兴（2007）指出农村的家庭结构日趋小型化，农村公共空间对家庭事务的回避，农村的社会舆论对家庭养老行为的控制能力在降低，尊老的社会风俗与文化传统受到挑战③。

第三，人口结构（性别、家庭结构与规模以及人口老龄化等）。性别对家庭养老的影响体现在父代与子代上。目前较一致的看法是，在父代中女性比男性接受供养状况要低，女性往往比男性更需要经济上的帮助。传统观点认为子代男性与女性对老人的供养承担更大的责任，同时父母也更期望由儿子来进行供养。目前更多的实地案例和经验数据证实，子代性别对家庭养老不具有显著性影响。

穆光宗、王跃生指出中国家庭结构的改变对家庭养老的功能存在重要的影响，主干家庭比核心家庭具有更强的支持力。家庭养老最重要的资源是生育资源。家庭结构的变化，对中国家庭养老的功能影响明显④⑤⑥。阎云翔（2009）指出在家庭内部构成中，媳妇在家庭生活中的地位越来越重要，媳妇角色已成为家庭的核心角色，对家庭养老产生很大的影响⑦。王金安和周莹（2003）等指出人口的老龄化对家庭养老的影响，主要体现在子代赡养的

---

① ［美］W. 古德：《家庭》，魏章玲译，社会科学出版社1986年版，第249—251页。

② Frankenberg E., L. Lillard & R. J. Willis, "Patterns of Intergenerational Transfers in Southeast Asia", *Journal of Marriage and Family*, 2002, 64 (3), pp. 640-641.

③ 杨复兴：《中国农村养老保障模式创新研究——基于制度文化的分析》，云南人民出版社2007年版，第171—175页。

④ 穆光宗：《家庭养老制度的传统与变革》，华龄出版社2002年版，第118—150页。

⑤ 王跃生：《中国家庭代际关系的维系变动和趋向》，《社会科学研究》2010年第4期。

⑥ 王跃生：《农村家庭代际关系理论和经验分析——以北方农村为基础》，《江淮论坛》2011年第2期。

⑦ ［美］阎云翔：《私人生活的变革：一个中国村庄里的爱情、家庭与亲密关系（1949—1999）》，龚小夏译，上海书店出版社2009年版，第114—127页。

压力上，老年抚养比居高不下，家庭潜在的照顾资源在减少①②。

另外作为本书重点关注的内容——子代规模对家庭养老的影响，学界也呈现出不同的研究结论。大体可以分为三种研究结论：子代数量对农村老年人代际经济支持存在正向显著性影响、非正向显著性影响以及无显著性影响。国内外研究者裴小梅和皮莱（Xiaomei Pei & Pillai，1999）、姚远（2001）、陈卫和杜夏（2002）、孙荣俊（Rongjun Sun，2002）、郭志刚和刘鹏（2007）、柴霞（2007）、刘定波（2014）、赵锋（2015）等认为子代数量对农村家庭养老存在正向的显著性影响，子代数量越多，老年人获得代际经济支持的可能性越大。同时也有研究者沃森和基维特（Watson & Kivett，1976）、兰和舍尼（Lam & Schoeni，1996）、叶勇立（2007）、石智雷（2015）等指出随着子代数量的增加，农村老年人获得代际经济支持的概率未必递增。另外，也有不少研究者（夏传玲、麻凤利，1995；桂世勋，1995；谢桂华，2009；周律、陈功，2012；慈勤英、宁雯雯，2013）认为子代数量对老年人代际经济支持并没有显著性影响，即子女的数量并不影响家庭养老功能。

第四，公共政策的介入影响。学者们如穆光宗（2002）、阎云翔（2009）等讨论婚姻法、国家生育制度、社会保障制度以及村庄治理制度等国家法律与公共政策对农村私人生活的影响。子代对农村公共产品，比如新型农村社会养老保险普遍持赞成与支持的态度，借以减轻自身的家庭养老压力。另外不少学者的研究指出农村社会保险制度对农村家庭养老具有挤出效应。

（6）农村家庭养老变动的对策。基于农村家庭养老发展趋势的不同见解，学者们的对策意见也不统一，大体上可以分为两种倾向：

第一，强化农村家庭文化与维护家庭保障建设，如张洪玲（2007）和白

---

① 王金安：《人口老龄化与我国农村社会养老保险制度缺陷分析》，《数量经济技术经济研究》2003 年第 7 期。
② 周莹、梁鸿：《中国农村传统家庭养老保障模式不可持续性研究》，《经济体制改革》2006 年第 5 期。

海若（2008）强调在农村推广"孝"的家庭文化建设①②，阳义南（2005）提出进行家庭资助计划③等等，来提升家庭的保障功能。

第二，积极推进农村公共产品供给，以解决家庭养老保障能力下降的问题。基于家庭养老功能衰退，部分学者提出应该增加农村公共产品供给，加快养老保险制度建设以及农村社会养老服务等对策。

三、 研究方法回顾

从研究方法上看，学者们运用的研究方法主要为调查研究方式、文献研究方式以及实地研究方式。具体如下：

（1）调查研究方式。学者们在农村家庭养老分析过程中，更多采用定量研究。不少学者开展了小型的调查，利用调查数据，撰写了不少的研究论文与报告。

（2）文献研究方式。为保证结果的代表性与准确性，目前越来越多学者开始采用大型数据库来完成该领域的研究。北京大学、中国社科院、中国人民大学等大学或科研院所开展了涉及家庭养老的系列追踪研究，给学者研究中国家庭养老提供了巨大的便利。同时也有不少学者利用历次人口普查数据进行了现存统计资料分析，开展了相关研究。

（3）实地研究方式。实地研究方式的运用主要体现在案例研究与实地纵向观察。费孝通（1983）对江村农户的案例归纳，发现核心家庭在增多，而主干家庭在减少，对家庭养老产生了影响④。范成杰（2009）通过湖北农村家庭养老个案分析了性别差异对家庭养老影响的问题，指出在农村存在由儿

---

① 张洪玲：《家庭养老的孝文化透视——试论孝文化与家庭养老的"本原关系"》，《社会工作》2007 年第 2 期。
② 白海若：《孝文化在当代农村的现代传承及意义》，《理论界》2008 年第 2 期。
③ 阳义南·家庭资助计划：《完善农村家庭养老功能的政策创新》，《人口与经济》2005 年第 1 期。
④ 费孝通：《家庭结构变动中的老年赡养问题——再论中国家庭结构的变动》，《北京大学学报》（哲学社会科学版）1983 年第 3 期。

女共同参与养老的现象，表明农村家庭养老中性别差异的价值和伦理基础正在发生改变①。从纵向分析，阎云翔（2009）通过实地观察，对家庭养老的状况、代际冲突、孝道、公共舆论以及家庭养老价值观等多方面问题进行了细致的描绘，说明了家庭生活私人化的发展趋势，对家庭养老的集体观造成了严重的冲击②。

四、 文献评价

既有的研究为本书提供了大量有借鉴价值的文献，但是通过对文献的学习和分析，本书认为既有文献中还存在一些不足：

（1）文献重叠较多，缺乏归纳与整理。家庭研究一直是学界多学科共同关心的研究领域，尤其是贝克尔家庭理论提出以来，引起了经济学界的极大兴趣，传统"剩余研究领域"得到了诸多学科的关注。本书面对的首要困难是如何对多学科，多范式的研究成果进行解读和分类。通过对文献的解读，发现中国农村家庭养老研究存在多学科、多范式重叠问题。现有的零星经验结论很多，但是对零星经验结论进行框架整理和分析的研究较少。在一个理论框架下，进行理论的分析，形成相关命题与假设，构建一个相对成熟的研究视角，已经成为中国农村家庭养老研究的当务之急。

（2）研究设计上的缺陷。正如邬沧萍所言，有关家庭养老的调查材料和数据很多，而且常常出入很大，甚至自相矛盾，其中有实证材料的时间、地点、条件的差别，也有统计误差和调查误差，还有很多个人言不由衷的问题。如今也是如此，这个问题首先反映的是学者的科学态度，其次是科学方法的运用，对样本的抽样质量评估较少有学者论及。既往相关研究较缺乏对调查信度与效度的足够认识，对信度和效度的检验方法的运用还有待进一步

① 范成杰：《农村家庭养老中的性别差异变化及其意义——对鄂中 H 村一养老个案的分析》，《华中科技大学学报》（社会科学版）2009 年第 4 期。

② ［美］阎云翔：《私人生活的变革：一个中国村庄里的爱情、家庭与亲密关系（1949—1999）》，龚小夏译，上海书店出版社 2009 年版，第 243—251 页。

提高。因此需要运用具有抽样精度高，有全国代表性的数据去分析问题。

另外部分文献在研究方法和研究技术运用上较缺乏严谨性，例如对样本选择性偏误的讨论。样本选择性偏误虽然不是构建模型的内生性问题，但是已经成为严重干扰结论准确性的重要因素。20世纪90年代以来，计量方法得到充分的发展，尤其是对随机实验方法的运用，倾向值匹配较好地解决了选择性偏误的问题。对样本选择性偏误的规避近年来已经越来越受到学术圈的重视，研究结论的稳健性已经成为可靠结论的重要基础。

（3）在农村养老的对策分析上，缺乏整体性的分析视角以及嵌入性考虑。贝弗里奇报告认为，保障制度的建立应该具有整体性特质，不能片面地从社会现实中割裂出去，应考虑与其他制度的衔接。现有的对策多强调建立以新型农村社会养老保险制度为中心的养老保障体系或者是继续以家庭养老为中心的养老保障体系，缺乏整体性的分析视角，忽视了农村社会环境和现有的养老支持力来源，结论过于绝对化和片面。另外在对策建议中，对策的嵌入性也不强，导致操作性和实用性也不太强，比如国内部分学者强调孝道和家庭伦理的建设。孝道和家庭伦理的建设首先存在测量标准的问题，其次缺乏可以使用的政策尺度。除此之外，还有具体环境应用的问题。费孝通讲过这样一个例子：一个媳妇虐待婆婆，但是邻居们却支持媳妇，因为邻居们都认为婆婆给小姑子的嫁妆太多了。由于伦理建设在政策操作上存在困难，导致提出的政策建议实用性不强。

（4）缺乏学科交流。家庭养老研究已经成为一个跨学科的研究问题。学者们从不同的学科视角和研究方法，对家庭养老展开了分析，形成了较丰富的研究成果，但是也应该看到研究成果上缺乏学科间的交流。

本书将凝练文献，归纳出代际合作视角的主要内容与研究问题，提出相关研究假设。为反映研究结果的稳健性，本书以两期全国代表性数据为基础，通过科学的定量研究方法得出研究结论。基于数据分析结果，本书运用整合照料理论，构建系统性农村养老安全网，从而提出适合我国国情的农村养老政策。

第二节 研究意义

（1）理论意义

本书拟系统整合国内外的家庭理论，归纳出代际合作理论的基本命题，阐释代际合作与家庭养老的关系，将代际合作理论视角注入经验数据研究中，去验证相关假设，推动家庭养老理论发展。研究注重在中国情境下，开展中国本土家庭养老经验研究，例如通过反馈关系与家庭单位制解释中国家庭养老的子代规模效应。本书也将整合照料理论与嵌入性原则注入农村家庭养老问题的对策中，构建系统性的农村老年人整合照料体系。

（2）现实意义

我国已经进入人口老龄化快速发展时期，尤其是农村老年人的养老问题已经成为"十四五"时期重要的经济与社会问题，直接影响农村的可持续发展。研究农村的家庭养老问题，将有助于厘清家庭养老的现实作用和发展趋势。本研究借鉴整合照料理论，建构农村养老安全网，找到具有中国特色的农村老龄事业发展模式，为相关部门提供决策参考；同时该研究对推进我国"十四五"建设，缓解人口老龄化带来的养老压力以及维护农村可持续发展具有重要的现实意义。

第三节 研究的关键问题

本书研究的关键问题是代际合作视角下中国农村家庭现实性问题与对策。在代际合作视角下，家庭养老的本质是代际投资的回报，是代际合作的一种具体结果。为了实现代际合作，中国农村家庭形成了合作式的家庭单位制与反馈关系。合作式家庭单位制表明了家庭代际投资与赡养的稳定关系，而反馈关系表明子代对父代进行反哺式的行动。两者是家庭养老过程中的两个层面：关系结构层面与行动结构层面。家庭单位制建构了父代和子代之间的代际合作关系，而反馈则是代际合作关系的一种结果。由此本书主要分析如下几个具体问题：

（1）在农村家庭养老过程中反馈关系与家庭单位制如何体现？代际合作视角下，中国农村家庭作为合作式家庭，形成反馈关系与家庭单位制。那么中国农村家庭养老中的反馈关系与单位制的具体表现形式是什么？这是代际合作视角下中国农村家庭养老现状分析的重要问题。

（2）子代规模对反馈关系与家庭单位制是否产生显著性影响？贝克尔指出，子代数量是父母家庭投资的重要人力资本，是耐用消费品。在经济不发达地区的农村地区，父代通过更多生育来确保家庭的效用[①]。在不考虑子代质量的替代效应情况下，子代数量越多，家庭效用也就越大，对父代的家庭反馈供给也就越多，因此子代数量是代际合作的一个重要影响变量。

（3）家庭成员养老过程中，是利他主义还是交换关系？利他主义或交换关系如何影响着中国农村的家庭养老功能？在代际合作视角下，利他主义或交换关系反映着家庭效用最大化问题以及家庭养老功能是否稳定的问题。如果是利他主义，亲子两代不进行选择，家庭代际按照代际交叠模式完成投资与赡养关系，彼此都实现各自的需要，从而达到帕累托最优，实现家庭效用的最大化。如果存在交换关系，意味着父代某些自身特征（需要通过经验数据加以验证）成为子代进行反馈选择的条件，则会影响家庭养老的稳定性。

另外既有的文献发现，经济发展的状态会影响家庭的内在功能。考克斯等人的研究发现，经济发展状态、公共转移支付状况与家庭内部的私人转移支付存在三角关系。在中国本土情境下，存在区域经济发展的不平衡与多层次性，这种不平衡有可能会影响农村家庭的内在功能。因此在分析农村家庭功能之前，应分析经济发展不平衡的区域背景是否影响了家庭养老的功能。

---

① ［美］加里·斯坦利·贝克尔：《人类行为的经济分析》，王业宇等译，格致出版社2014年版，第3页。

两者关系的验证，会直接影响后续的研究内容和数学模型选用。

因此在代际合作视角下，中国农村家庭养老现状的研究问题主要包括：中国农村家庭养老中反馈关系与单位制的具体表现形式、子代规模对家庭养老的影响、利他主义或交换关系假设的验证以及区域经济发展不平衡对家庭养老的影响等。

第四节　创新之处

本书对国内外学者的研究进行了系统归纳，形成了代际合作视角的内涵与研究问题。在代际合作视角下，本书展开了对中国农村家庭养老具体问题的分析。基于数据分析结果，本书依据整合照料理论和嵌入性原则，提出了系统性的对策。本研究力图在理论与实践上有所创新，具体体现在：

（1）凝练了代际合作视角的内涵与研究问题。在国内外家庭研究的基础上进行了提炼，跨学科地总结与归纳代际合作视角的内容，并形成了若干个命题与研究问题。

（2）指出了中国农村家庭养老存在系统性的客观问题。在代际合作视角下，分析了中国农村家庭的子代规模效应问题，阐明了子代规模对反馈关系与单位制的影响，验证了农村家庭中的利他主义或交换关系假设，论述了农村家庭的投资与赡养关系等具体问题。基于数据分析，本书指出中国农村家庭养老中存在的内部与外部问题。

（3）提出了农村家庭养老的系统性对策。基于研究发现，本书按照整合照料理论与嵌入性原则，对农村养老资源进行了系统性整合，构建了农村老年人整合照料体系。

第二章　概念界定与研究设计

本章拟阐明主要概念、研究方法、操作化、数据来源与质量评估、研究框架及技术路线等内容。研究方法部分，将具体论述代际合作视角下农村家庭养老的主要研究对象、研究方式以及研究技术等内容。

第一节　概念界定

本书中有几个重点概念需要厘清，它们分别是"代际合作视角""农村""家庭养老""对策"等。概念对界定研究的范围，形成研究的主要问题，明确研究对象有着重要作用。明确概念有助于数据结论和经验材料的理解，同时通过概念整合成相应理论。

视角也可称为范式，是科学共同体所共享的知识架构和体系。代际合作的基本内涵是指中国农村家庭追求家庭效用最大化而展开的合作。对家庭养老而言，通过代际投资赡养关系，实现家庭内部的效用最大化。代际合作视角下家庭养老有两个重要机制：反馈关系与单位制。反馈关系表明，家庭养老的实现依赖于子代与父代的反哺式供养；单位制表明，家庭养老是家庭内部的重要价值商品，有着明确的界限和范围，功能边界清晰。

在中国现代化和城市化迅速发展的状况下，农村概念界定起来较为复杂。在辞海中，"农村"与"乡村"可以通用，都指以农业经济为主体的人口聚集地。国家对农村的界定存在一定的历史变化。1982 年以前的数据为公安户籍数据，城乡划分依据公安户籍的划分标准。1982—1999 年城乡划分标准分别根据第三次和第四次人口普查进行划分。1982 年及以后为常住人口口径，即分别在城镇或乡村区域内常住半年以上（或在本地居住不满半年，但离开户口登记地半年以上）的人口。2000 年，国家统计局制定《统计上划分城乡的暂行规定》，2000—2005 年城乡人口数据根据此暂行规定划分。2006 年，对《统计上划分城乡的暂行规定》进行了修订，2006—2007 年城乡人口数据根据此修订版进行划分。2008 年国家统计局正式出台《统计上划分城乡的规定》，2008 年及以后城乡人口数据根据此规定划分。在 2008 年的《统计上划分城乡的规定》中明确指出，乡村是指本规定划定的城镇以外的区域，即农村是区别于城市与城镇概念以外的区域。CHARLS 数据中对城乡的界定参照国家统计局地域性划分标准①。

　　家庭养老中的"家庭"有着明确的功能边界，限定在家庭成员内部。在家庭概念中，国内外学者对家庭责任的理解有着不同的认识。西方学者更强调父代对子代的责任，例如在贝克尔与古德的著作中，父代对子代的影响与责任是分析重点，而家庭养老的问题很少涉及。在代际合作视角下，东西方家庭文化和格局有着明显的差异。西方家庭文化中更多强调家庭代内效用最大化，而中国家庭更多强调多代间效用的最大化。

　　国内的家庭界定更多强调了家庭单位属性，强化着一种类似"组织"的精神内核。费孝通指出国内的家庭界定更基于整体的观念②。《中国大百科全书——社会学卷》中"家庭"被定义为由婚姻、血缘或收养关系所组成的社会生活的基本单位。邓伟志（2001）认为家庭是由婚姻、血缘关系为主

---

　　① 在 CHARLS 基线调查数据的 PSU 模块中"urban_ nbs"即为参照国家统计局划分标准的变量。

　　② 费孝通：《家庭结构变动中的老年赡养问题——再论中国家庭结构的变动》，《北京大学学报》（哲学社会科学版）1983 年第 3 期。

要纽带的人类社会生活的基本单位，并指出某些个别事例并不影响对家庭的普遍和一般含义的表述①。

家庭养老中的"养"也有着不同的解释。邬沧萍认为，"养"不能简单翻译成"feed"，而应该译成"provide for"，养的内容不局限于食物供给，还有生活层面和精神层面的支持，是经济支持、生活照顾以及精神慰藉等要素的合体②。在家庭养老的三个功能中，经济支持即家庭的代际转移支付，是家庭养老功能的核心内容。既往的文献中，对家庭养老功能的分析主要是通过代际经济支持展开，同时家庭养老中经济支持功能的强弱成为公共政策介入的重要分析点。因此尽管家庭养老功能由三个部分组成，但是从分析的重要性角度上看，经济支持应成为分析的核心内容。另外，为实现代际合作理论与经验分析的紧密性以及内在的分析逻辑，本书以经济支持为研究重点。

"老"指家庭内部的长者或者老人。"老"有着生理学的界定，国外普遍将65岁及以上的人群界定为老年人，我国在人口统计中以60岁和65岁为临界值。老年人随着年龄的增加，身体器官功能也会出现衰退。2015年国家人口抽样调查数据显示，60—64岁年龄组的健康比例仅为52.35%③。养老行为的出现，不是一定要在60岁或者65岁才有，这由家庭内部具体环境和个人条件而定。另外"老年人"也有一个社会情境的定义。在农村，如果一个人有了孙辈，一般也会被称为"老人"。结合中国农村的现实状况，CHARLS数据显示60岁以上老人中有第三代家庭成员的比例已经较高，因此本书将中国农村60岁及以上社会个体界定为农村老年人。

学界对家庭养老的概念有着一定的争议，学者们从各个方面讨论了家庭养老的概念。姚远指出，家庭养老是由家庭成员承担养老责任的文化模式和运作方式的总称，它包括两个层次，即家庭养老方式和家庭养老模式。其中

---

① 邓伟志等：《家庭社会学》，中国社科出版社2001年版，第20页。

② 转引自姚远：《中国家庭养老研究》，中国人口出版社2001年版，第5—6页。

③ 国家统计局人口和就业统计司：《2015年1%人口抽样调查资料》，中国统计出版社2016年版，第393页。

家庭养老方式是以血亲关系为基础，由家庭成员承担责任的一种养老方式。家庭养老模式体现了一种文化模式，家庭养老模式有长时间稳定的文化特征，家庭养老模式的核心是血亲价值或血亲伦理。家庭养老方式是一种行为方式，具有可变性①。

穆光宗通过对文献的整理，指出国外学者一般把家庭养老视为一种非正式的支持。同时家庭养老区别于个人养老与社会养老，它们的养老支持力和养老资源主体不同。家庭养老的资源有婚姻资源、生育资源、亲属资源以及服务资源等，"互惠"是家庭养老的核心②。

高和荣认为家庭养老是赡养老人的义务，其责任最终主要来自家庭中的子女、配偶或其他亲属。他把家庭养老中支持力资源由血缘代际关系扩大到亲属。他认为不应以居住方式、居住地点来界定家庭养老，不以老人获得养老来源的方式来界定，不以完整型和不完整型来界定。家庭养老具有形式的广泛性、内容的唯一性以及鲜明的时代性等③。戚晓明认为家庭养老是血亲价值与儒家文化的表现，同时家庭养老也表现为家庭内部的代际交换④。

尽管还存在家庭代际支持功能大小的争议，但绝大多数实证结果显示代际支持对农村老人的晚年生活具有重要作用⑤。因此家庭养老的功能边界主要还是在代际关系上。

通过对家庭养老说文解字式的梳理和相关文献分析，本书认为家庭养老是区别于社会养老，家庭内部代际间以子代为主对父代提供经济支持、生活照顾以及情感慰藉的行为与活动。

"对策"（countermeasure）这个词条来自汉代察举制度的一种考试方法——策试。汉文帝二年（公元前178）下诏举贤良方正能直言极谏者，汉

---

　①　姚远：《中国家庭养老研究》，中国人口出版社2001年版，第50—56页。
　②　穆光宗：《家庭养老制度的传统与变革》，华龄出版社2002年版，第30—51页。
　③　高和荣：《家庭养老概念再探析》，《西北人口》2002年第4期。
　④　戚晓明：《"家庭养老"概念的重申与我国农村养老》，《重庆邮电学院学报》（社会科学版）2005年第6期。
　⑤　郭志刚、陈功：《老年人与子女之间的代际经济流量的分析》，《人口研究》1998年第1期。

文帝十五年再诏举贤良能直谏者，并亲自加以策试，察举对策制度自此而成立。在汉代，"对策"指把策题书在简册之上，使应举者作文答问。在现代，对策主要指针对具体问题提出具体解决措施和办法。美国学者托马斯认为公共问题的对策有三个基本特征：

（1）关心解释而不是开处方，政策建议是从属于描述和解释的。一个隐含的判断是，解释是开处方的前提。只有通过仔细分析与解释，才能更好地提出公共政策。

（2）对问题分析的前因后果进行科学的研究。这种研究涉及进行推论的科学标准问题。定量技术会有助于完成可行的推论，以揭示公共政策的前因后果。

（3）大胆提出和小心验证关于政策前因后果的命题。积累那些具有普遍意义的可靠研究成果，目标是发展出关于公共政策的理论。这些理论具有可靠性，这些解释能够经得起时间的考验，适合不同的背景①。

通过托马斯的分析，不难看出公共问题的对策由四个过程构成，首先是描述和解释问题，其次是科学的方法（定量技术）的运用与分析，再次是基于理论解释问题，最后提出相应对策。基于此，本书中对策的研究思路是在代际合作视角下确定研究的基本问题，然后运用实证数据进行描述和分析问题。根据发现的问题，提出解决问题的对策。

第二节　研究方法

本书采用了定量的研究方法，本部分主要论述研究对象、研究方式以及研究的具体技术。

---

① ［美］托马斯·R. 戴伊：《理解公共政策》，彭勃译，华夏出版社2004年版，第4—6页。

一、研究对象

研究对象确定了本书所针对的地域范围、研究人群与行为。按照国家统计局的界定，本书把研究范围限定在农村，指在城市、城镇以外的区域与空间。

研究对象是农村老年人，是指定居在农村地区六个月以上的农村户籍老年人，在 CHARLS 一期与二期数据中农村地区参照国家统计局标准。本书没有直接采用农村户籍老年人，因为农村户籍老年人存在社会流动性，当农村户籍老年人进入城市后，其家庭关系与代际经济支持的内容、形式与数量均发生了很大变化。

二、研究方式

从国内外学界对研究方式的分类来看，一般把研究方式分为调查研究、实地研究、实验研究以及文献研究。根据研究问题，本书主要的研究方式为调查研究、文献研究以及实地研究。具体运用如下：

（1）调查研究方式的运用。在课题研究的初期，按照东、中、西部省区分布，从广东、浙江、湖北、湖南、四川以及重庆等省和地区抽取了 20 个自然村，获取了 806 个样本的小型调查数据库。小型调查数据是本书的探索性研究，为后续利用 CHARLS 调查数据提供了分析的思路和数据建模的基础。小型的调查数据结果对本书的研究思路、分析路径以及分析问题有着重要引导作用，例如对新型农村社会保险制度对代际经济转移支付的挤出效应以及经济发展水平对家庭养老的影响等问题的分析。由于考虑研究成果应具有全局性的研究价值，经过研究团队多次讨论，最后选用 CHARLS 两期数据作为经验研究的论证数据。小型调查数据的问卷见本书的附件 1。

（2）实地研究方式的运用。实地研究是一种重要的定性研究方式，也是一种理论建构型的研究方式。实地研究的基本特征是强调"实地"，即研究者一定要深入研究对象的社会生活环境中，靠观察、询问、感受和领悟去理解所研究的现象。实地研究对研究社会隐私问题具有良好的适用性。既有的研究已经表明，家庭养老研究过程中涉及私人家庭生活，有比较多的个人隐私。在使用问卷调查过程中，有可能出现弃答的情况。另外对一些不方便用问卷调查方式研究的问题，实地研究有着较好的适用效果。第 2 段，研究团队在开展小型调查过程中，也在部分的农村中进行了案例搜集。案例资料的编码表见本书的附件 2 ，个案编码原则为地区名前两个汉字的首字母、性别（M 代表男性，F 代表女性）以及年龄。研究团队在开展小型调查过程中，也在部分的农村中进行了案例访谈，案例资料的编码表见本书的附件 2。个案编码表中第一部分案例前两个字段为地区编码，第三个字段为姓或全名的首字母；第二部分案例编码第一个字段为地区编码，第二个字段为性别编码，第三个字段为年龄编码。

（3）文献研究方式的运用。随着大数据时代的到来，国内外学者也逐步开始利用大数据展开相关项目研究。在既有的国内外文献中已有不少利用相关数据平台提供的数据库展开经验分析。在可供选择的数据库中，本书主要运用了 CHARLS 基线调查数据。CHARLS 数据中的家庭调查模块为本书提供了较充分的可以利用的分析数据，同时作为全国性代表数据，可以进行宏观数据与微观数据结合的分析，例如分析东、中、西部不同经济水平下家庭养老支持状况以及子代规模衰退趋势对家庭养老的影响等。

在微观调查数据使用过程中，研究团队始终认为单截面数据无法说明研究结论的稳健性，因此研究小组将 CHARLS 一期与二期数据共同作为本书的分析数据。尽管两期数据的分析为本书增加了大量的分析任务，但是为求得研究结论的稳健性以及推论价值，本书仍然认为两期截面数据的使用，为有信度的分析结论奠定了良好的数据基础。

同时本书中对家庭结构的分析采用了"五普"数据、"六普"数据以及 2015 年人口抽样调查数据结果，本书注重宏观数据与微观数据的结合，为微观数据分析结果提供了宏大的社会背景基础。

三、　研究技术

本书按照"代表性数据、更准确的数据选择，更合适的分析技术，更稳健的分析结果"技术分析思路，展开经验研究。研究方式不同，其研究技术的选取也不尽相同。本书属于定量研究，由于前期的小型数据与案例研究属于探索性研究，前期的问卷设计技术以及抽样技术，本书就不再赘述。在研究技术部分，将重点论述研究过程采用的统计技术。

本书拟主要通过非条件 Logistic 技术，多层 Logistic 技术以及倾向值匹配技术（PSM）等数据分析技术。本书不再赘述非条件 Logistic 技术，多层 Logistic 技术，简要论述一下倾向值匹配技术（PSM）在本书中的运用过程。

虽然 Logistic 多元分析模型以及多层 Logistic 技术能通过加入控制变量的方式，分析农村老年人获得代际支持的估计概率，但 Logistic 多元分析模型作为最大似然值法依然不能避免由于样本选择性偏误导致的估计有偏等问题。为克服这个问题，本书引入倾向值匹配（PSM）计量方法来进一步分析相关变量对农村失能老年人代际经济支持的效应问题。卡梅伦和特里维迪（Cameron & Trivedi，2005）提出 PSM 计量方法是通过倾向得分来模拟随机实验过程以消除混杂因素导致的选择性偏误。罗森鲍姆和鲁宾（Rosenbaum & Rubin，1983）指出倾向得分是给定条件下接受干预的条件概率，本书利用 Logit 模型估计得到。自变量发生的概率（倾向得分）为：

$$p\ (X)\ =pr\ [D=1\mid X]\ =E\ [D\mid X] \qquad\qquad 式（2.1）$$

式 2.1 中，D 为自变量，当自变量发生时，D 的取值为 1，反之则为 0；X 是一组影响选择的协变量。在倾向值匹配过程中，卡梅伦和特里维迪（Cameron & Trivedi，2005）指出重要的假设是平衡条件，本书采用了戴基亚和维博（Dehejia & Wahba，2002）提出的倾向得分适当匹配算法，使得平衡条件得以满足。

选择合适的匹配方法，将处理组（$D=1$）中的每一个观测值与对照组

（$D=0$）中倾向得分相近的观测值进行匹配。为确保研究结论的稳健性，本书采用了三种不同类型的匹配方法进行样本匹配，分别为：最邻近匹配方法（nearest neighbors matching）、分层匹配方法（stratification matching）以及核匹配方法（kernel matching）。自变量对农村老年人获得代际支持的平均处理效应（ATT）可以通过比较处理组和对照组的支持状况差异得到。如式 2.2 所示：

$$ATT = E\left[Support_1 - Support_1 \mid D=1 \right]$$
$$= E\left\{ E\left[Support_1 - Support_1 \mid D=1, p\,(X) \right] \right\} \qquad 式（2.2）$$
$$= E\left\{ E\left[Support_1 \mid D=1, p\,(X)\,0 \right] - E\left[Support_1 \mid D=0, p\,(X) \right] \mid D-1 \right\}$$

式 2.2 中，$Support_1$ 和 $Support_0$ 分别表示处理组和对照组的支持状况。

第三节　操作化

操作化是社会研究的重要步骤，能将抽象概念转变为具体可操作变量的过程。由于本书的问题较多而且相对庞杂，本部分将讨论主要概念的操作化与主要变量的测量。

一、　主要概念的操作化与测量

贝克尔（Becker）认为家庭养老存在两种重要的资源：货币与时间，在家庭代际经济流动中的资源均可以用货币进行度量，CHARLS 数据在测量代际经济支持中充分吸收贝克尔（Becker）的观点。CHARLS 数据在测量代际经济支持中分别用货币与货币化的实物来进行测量。但是需要指出的是，CHARLS 一期与二期数据在代际经济支持具体对应物品上有着比较明显的语境使用差异。在一期测量过程中论述得较为笼统（如一期的 CE009），但是在二期数据中则明确指出了生活费、水电费、电话费、房租等（如二期的

CE009），因此也造成了 CHARLS 一期、二期数据较难形成面板数据，也不能进行纵向数值的比较。

CHARLS 一期数据在测量代际经济支持过程中，先进行截断提问（问题是有没有），然后再进行具体数值测量，而二期数据中直接进行代际经济支持具体数值测量。因此农村老年人代际经济支持的获得概率在 CHARLS 一期数据中直接用 CE007 可以反映，但是在二期中是通过累加各项数值后，转换成二分变量，从而获得代际经济支持获得概率变量。由于 CHARLS 二期数据在代际经济支持的内容上与一期数据不同，通过二期数据转换出来的代际经济获得概率与一期数据的代际经济获得概率也有着一定内涵上的差异。尽管每期截面数据能说明变量之间的内在关系，但是由于两期数据代际经济获得概率的测量不同，因此两期数据的代际经济支持获得概率不能形成面板数据，也难以进行纵向比较。因此代际经济支持获得概率与代际经济支持数值在 CHARLS 两期数据的分析上，只能通过比较每期截面数据的内在关系，寻找到相对一致的规律，为研究结论的稳健性提供依据。

另外有必要讨论老年人获得代际经济支持的概率与具体数量的测量效度问题。既有的文献中，有不少分析老年人获得代际经济支持数量，即获得家庭转移支付的具体数值。通过对相关数据库的了解与学习，发现代际经济支持数量其实是估计量，因为受访样本并没有像城乡经济调查队那样对子代供给进行台账式的记录。由于代际经济支持数量是估计量，并非准确的数据，得到的结果并非可靠。如果采用 heckman 两阶段等精确估计数学模型，只会造成分析结果的偏误。因此本书只是在代际经济流动的描述性分析中，使用了代际经济流动的具体数值，但是在多元计量模型中按照"更准确的数据选择"原则，更多的分析是通过农村老年人获得代际经济支持概率作为测量指标，运用最大似然值法（MLE）获得相关的结果。

二、 研究问题与操作化

代际合作视角下，本书力图要分析农村家庭养老中的四个问题：农村家庭养老过程中反馈关系与家庭单位制；子代规模对反馈关系与家庭单位制的影响；验证农村家庭养老中的利他主义或交换关系假设；区域经济发展不平衡对农村家庭养老的影响等。

本书主要从代际经济支持来分析家庭养老状况，在代际合作视角下的四个研究问题，均主要以代际经济支持状况加以分析。农村家庭养老过程中反馈关系与家庭单位制，主要从家庭私人转移支付的代际经济流向以及代际经济支持中的年龄效应角度加以分析。子代规模对反馈关系与家庭单位制的影响，主要从子代规模对代际经济流向的影响加以分析。农村家庭养老中的利他主义或交换关系假设主要是从代际投资的回报效应加以分析，而区域经济发展不平衡对农村家庭养老的影响则主要从区域经济发展不平衡对代际经济支持的影响加以分析。

本书的主要因变量为代际经济支持的获得状况，为二分变量。本书出现的其他变量主要为性别、年龄、健康状况、受教育水平、婚姻状况、儿子数量、女儿数量以及个人收入状况，另外为验证投资的回报效应，本书选取了子代早期大额投入（CHARLS 一期与二期测量变量略有不同）、对子代近期的投资状况、隔代投资状况以及隔代照顾等协变量，以 CHARLS 一期数据为例，说明变量的赋值与分布情况，如表 2-1 所示：

表 2-1 CHARLS 一期相关变量①的赋值、含义及描述性统计

变量名称	变量含义及赋值	均值	标准差
代际经济支持状况	获得过经济支持＝1；未获得过经济支持＝0	0.564	0.496
性别	男＝1；女＝0	0.507②	0.500
年龄	60—64 岁＝1；65—69 岁＝2；70—74 岁＝3；75—79 岁＝4；80—84 岁＝5；85—89 岁＝6；90 岁及以上＝7	2.492	1.515
健康状况	很不好＝1；较好＝2；一般＝3；较好＝4；很好＝5	3.091	0.761
受教育水平	从未上过学＝1；小学＝2；初中＝3；高中＝4；大学及以上＝5	1.531	0.804
婚姻状况	已婚并与配偶共同生活＝1；其他＝0	0.812	0.390
儿子数量	具体数量	3.351	2.258
女儿数量	具体数量	3.010	2.054
个人收入状况	有收入＝1；没有任何收入＝0	0.261	0.439
给予子代的大额投资	有＝1；没有＝0	0.107	0.309
给予子代的近期投资	有＝1；没有＝0	0.049	0.216
隔代投资	有＝1；没有＝0	0.161	0.367
隔代照顾	有＝1；没有＝0	0.425	0.494

第四节　数据来源与质量评估

一、经验研究资料来源

在前期小型调查数据库与案例访谈的探索性研究基础上，本书对分析的内容和研究的框架进行了初步确定。本书通过 CHARLS 一期与二期基线调查数据展开了数据分析。本书的主要数据来源分为宏观数据（"五普"数据、

① 由于 CHARLS 的经济支持在分居家庭中展开，父代与子代家庭的空间距离在控制变量初筛过程中，并未通过显著性水平检验，因此本书未将家庭距离作为控制变量。对此的解释是分居对两代家庭的空间距离来说，可能存在删截问题。
② 前面已经说明本书将农村老年人界定为在农村定居的农村户籍老年人，不是全部农村户籍的老年人。

"六普"数据以及 2015 年人口抽样调查数据）以及微观数据（CHARLS 一期与二期基线调查数据）。

"五普"数据即第五次人口普查数据，是我国 2000 年 11 月开展的全国范围内的人口登记调查，"六普"数据即第六次人口普查数据，是我国 2010 年 11 月开展的全国范围内的人口登记调查，而 2015 年人口抽样调查数据是我国 2015 年 11 月开展的人口抽样调查，最终样本量为 2131 万人，占全国总人口的 1.55%[①]。利用"五普"数据、"六普"数据以及 2015 年人口抽样调查数据在本书的第三章分析了家庭结构的变动状况。

宏观数据反映了中国家庭结构的变动趋势，对家庭内部的调查更多来自微观数据，主要依靠 CHARLS 一期与二期基线调查数据展开分析。CHARLS 数据是北京大学中国社会调查中心开展的一套中国健康与养老追踪调查数据库，在 2011 年与 2013 年分别在全国范围内（除去西藏、青海以及台湾地区）展开了基线调查。本书使用的 2011 年（一期）与 2013 年（二期）基线数据由北京大学中国社会调查中心分别在 2013 年与 2015 年发布。

CHALRS 两期全国基线调查，覆盖 150 个县级单位，450 个村（社区）级单位。CHARLS 在两期数据中均采用了多阶段抽样方法，CHARLS 的初级抽样框（PSU）为县级单位，通过 PPS 抽样方法在县/区和村居展开抽样。另外由于中国经济发展速度较快，村（或社区）的空间面貌也随之发生较大变化，为更好开展末端抽样，CHARLS 数据在国内首创了电子绘图软件（CHALRS-GIS）技术，用地图法制作村级抽样框。CHARLS 一期数据对 10257 户家庭展开了调查，获取样本数为 17708 人，而 CHARLS 二期数据对 10822 户家庭展开了调查，获取样本数为 18605 人，其中与一期配对样本数为 15770 人，配对样本占比为 84.77%。为实现多次追踪调查，一期与二期数据年龄分布主要在 45 岁以上。根据研究的实际需要，本书选取了在中国

---

① 《2015 年全国 1%人口抽样调查主要数据公报》，见 http：//www.stats.gov.cn/tjsj/zxfb/201604/t20160420_ 1346151.html。

农村定居的农村户籍老年人（60 岁及以上），从 CHARLS 一期数据与二期数据中分别截取了 6335 人、5339 人。

二、 样本结构与质量评估

本书考察了 CHARLS 整体数据的代表性与效度问题。图 2-1 表明了 CHARLS 一期数据与"六普"数据的年龄对应情况。

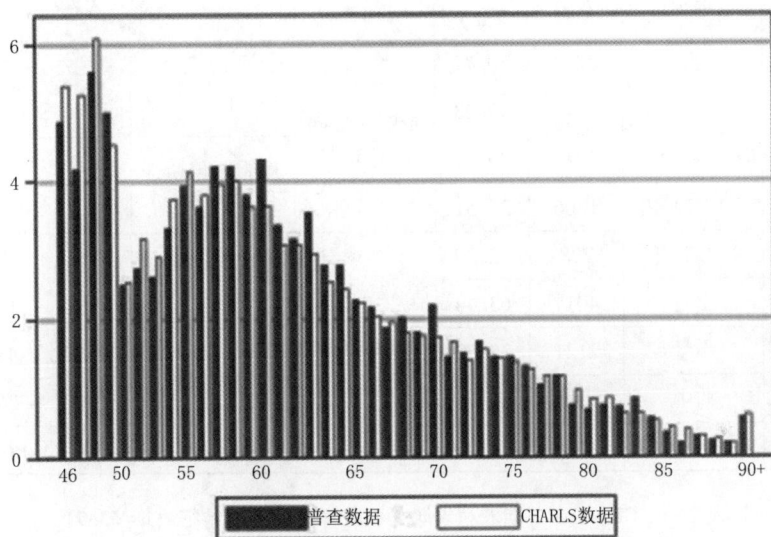

图 2-1 CHARLS 一期数据与普查数据的年龄对应状况

图 2-1 表明，CHARLS 一期数据与"六普"数据的年龄对应情况基本吻合，说明了 CHARLS 抽取的样本具有较好的代表性。由于在健康测评中，基本生活能力（ADL）已经具备较成熟的测量体系，研究团队以基本生活能力为例进行了 CHARLS 数据测量效度分析。研究团队从 CHARLS 一期数据库选取了 DB010 至 DB015 问题来反映基本生活能力，从而获取了 10539 个老年人样本（60 岁及以上）的基本生活能力状况。按照非失能、轻度失能、中度失能与完全失能四个标准，结果显示中国老年人的失能率为 20.97%，中重度失能率为 2.85%。按照 CHARLS 数据库的测量标准，中重度失能老人为

生活不能自理的老人（CHARLS 一期数据的结果为 2.85%），这与 2010 年第六次人口普查数据中不能自理的结果（2.95%）基本一致。

按照本书需要，从 CHALRS 一期与二期基线数据中截取的研究样本如表2-2、表 2-3 所示：

表 2-3　CHARLS 一期农村老年人调查样本的基本特征（n=6335）

类型	选项	人数	比例（%）	类型	选项	人数	比例（%）
性别	男	3214	50.77	婚姻与配偶居住状况	和配偶同居	5149	81.28
	女	3117	49.23		其他（包括丧偶、离异等）	1186	18.72
年龄	60—69 岁	3751	59.21				
	70—79 岁	1806	28.51		很差	223	4.56
	80 岁以上	778	12.28		较差	660	13.49
受教育程度	文盲	4014	63.44	健康程度	一般	2379	48.63
	小学	2121	33.52		较好	1300	26.57
	初中	181	2.86		很好	330	6.75
	高中及以上	11	0.18				

表 2-4　CHARLS 二期农村老年人调查样本的基本特征（n=5339）

类型	选项	人数	比例（%）	类型	选项	人数	比例（%）
性别	男	2686	50.32	婚姻与配偶居住状况	和配偶同居	3997	74.88
	女	2652	49.68		其他（包括丧偶、离异等）	1341	25.12
年龄	60—69 岁	3338	62.72				
	70—79 岁	1513	28.43		很差	358	7.03
	80 岁以上	471	8.85		较差	643	12.62
受教育程度	文盲	2737	53.72	健康程度	一般	2445	47.99
	小学	1942	38.12		较好	1282	25.16
	初中	402	7.89		很好	367	7.20
	高中及以上	14	0.27				

由表2-3、表2-4可以看出，按照研究需求截取的农村老年人调查样本比较客观地反映了研究团队在农村的实际观察情况。首先，CHARLS 二期截取的研究样本比一期截取的研究样本出现较大的降幅。存在的解释是由于研究对象是定居在农村的老年人，而不是全部农村户籍老年人，农村的标准以国家统计局统计口径为准。2013 年较 2011 年，中国城市化水平有了较大的发展，在城市扩张的过程中，相当一部分原来农村村落被划入了城市社区。另外根据前期案例研究，部分子代进城后会携带父代进城，改变原有的居住环境。因此尽管书中选择的 CHARLS 二期样本比一期样本有一定程度减少，但是从农村发展变动情况看，仍然具有较好的解释性。

其次，尽管 CHARLS 一期、二期数据中性别分布上男性比例偏高，但是从前期案例研究与小型调查数据库的探索性研究发现，农村女性老年人更容易出现社会流动，原因在于进城子代更愿意让女性老年人跟随，以便照顾生活起居以及帮助照看小孩。因此即使数据分析样本中男性稍多，也符合农村的社会现实。

再次，从 CHARLS 一期、二期年龄对比来看，反映了农村老龄化的趋势（60—69 岁年龄组出现一定的增长），较符合农村社会现实。另外两期截取的样本在健康自评中具有较高的稳定性，也说明调查数据的信度较好。

基于以上分析，本书认为 CHARLS 具有较好的测量效度与较稳定的信度，样本整体具有较高的代表性。本书中截取的分析样本能较好满足研究需求，同时也较符合农村社会现实，具备较好的分析价值。

第五节　研究框架及技术路线

一、　研究框架

根据研究问题，本书拟分成如下六个章节：

第一章：研究背景

该章拟论述文献述评、研究意义、拟解决的关键问题以及创新之处等。

第二章：研究设计

该章拟阐明核心概念、研究方法、操作化、数据来源与质量评估以及研究框架与技术路线。

第三章：区域背景、农村家庭结构与家庭养老

该章拟置于经济水平差异的东、中、西部区域背景下，通过"五普"数据、"六普"数据以及 2015 年人口抽样调查数据，论述家庭规模与家庭结构的变化。同时该章也会说明区域的经济水平差异对农村家庭养老的影响，验证经济发展水平对农村家庭养老供给的外部效应假设，分析经济发展水平、公共转移支付状况与家庭私人转移支付的三角关系，为本书进一步分析做好铺垫以及模型选择。利用小型调查数据，从子代角度分析农村家庭养老中成年子女的行动与意愿。

第四章：农村家庭代际经济支持状况与影响因素分析

该章拟以代际经济支持为切入点，分析农村家庭养老中的反馈关系与单位制。同时将分析农村家庭的投资回报关系，子代规模对家庭代际经济支持的影响以及验证农村家庭代际经济支持中的利他主义或交换关系假设等问题。基于数据分析，指出中国农村家庭养老中存在的问题。

第五章：农村老年人整合照料体系构架与机制

该章按照整合照料理论以及嵌入性原则，对农村养老体系中制度性养老与非制度性养老、商业性养老资源与非商业性养老资源进行了整合，分成了初级养老体系与次级养老体系，构建了农村老年人养老网络体系，并阐明了整合照料体系的功能与运行机制。

第六章：结论与讨论

该章将主要论述结论与贡献、不足以及需要进一步讨论的问题等。

二、 技术路线

本书系统总结了贝克尔以来诸多学者的观点，阐明了代际合作视角的内

涵与研究问题。在代际合作视角下，本书以 CHARLS 两期截面数据作为数据来源，以代际经济支持为主要分析切入点，描述了中国农村家庭养老中的反馈关系与单位制，同时分析了农村家庭的投资赡养关系，论证了子代数量对家庭养老的影响以及验证农村家庭养老过程中利他主义或交换关系假设等具体问题，指明了农村家庭养老的现实性困境与系统性问题。

本书按照整合照料理论和嵌入性原则对农村养老资源进行了系统的整合，并阐明了整合照料体系的功能与运行机制。研究的技术路线见图 2-2：

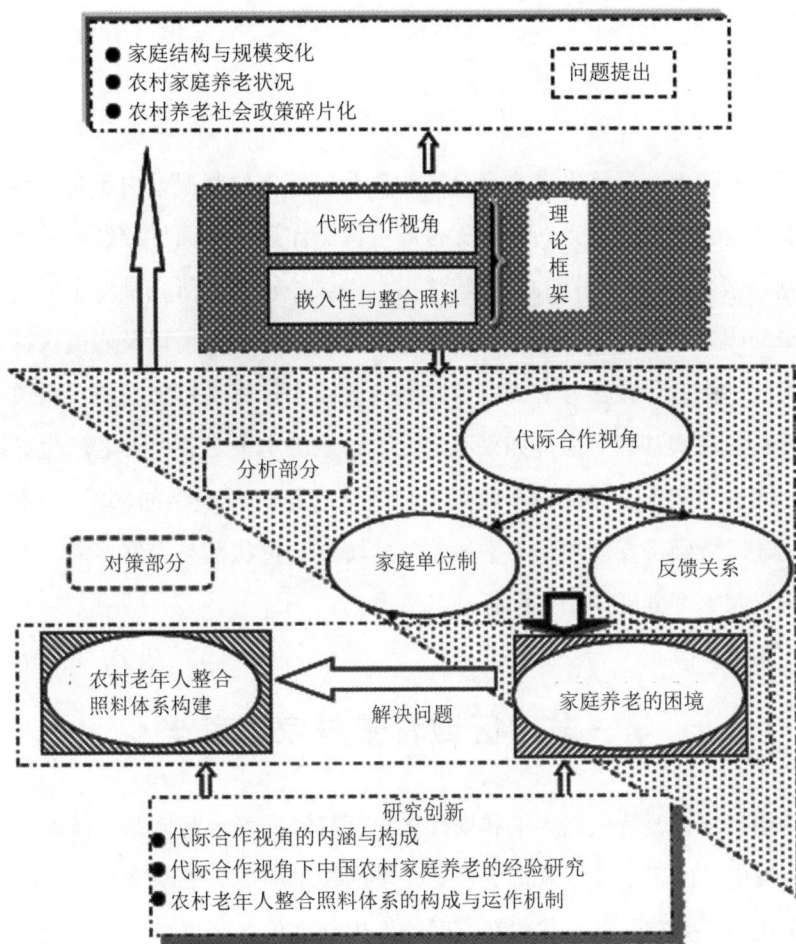

图 2-2　本书的技术路线

第三章　区域背景、农村家庭结构与家庭养老

考克斯指出，经济发展水平会制约公共转移支付状况，由于公共转移支付状况会对家庭内部私人转移性支付产生抑制作用，从而导致经济发展水平间接制约家庭内部私人性的代际转移支付。国外较多的研究是对不同经济发展水平的国家展开分析，而由于中国经济发展存在不平衡以及多层次性，为经济发展水平、公共转移支付以及家庭内部私人转移支付之间的三角关系提供了分析的现实基础。另外如果不同区域的经济水平对家庭养老产生显著性影响，则会影响本书后续诸多问题的分析（包括计量模型的选用）。本章将重点论述区域经济发展水平不平衡、公共转移支付状况与家庭养老三者之间的关系以及家庭养老中子代的行动与意愿。

第一节　区域背景与家庭养老

古德指出，经济发展水平和现代化程度对家庭养老起着制约作用。在工业化过程中，由于子代能获得更多更先进的技术与更好的经济收入来源，子代对父代的依赖在降低，父代在家庭的作用与地位在降低，同时接受子代的

经济回馈也在降低①。考克斯通过发达国家和秘鲁等发展中国家的实证研究资料发现，经济发展程度会制约家庭内部私人经济转移。考克斯认为公共转移支付状况起着重要的中介作用。同时公共转移支付状况对私人内部转移支付存在挤出效应②③。

综合古德与考克斯的观点，经济发展水平会影响家庭内部私人代际转移，即家庭养老中的代际经济支持。经济发展水平影响家庭养老的中介机制是公共转移支付状况，例如社会保险制度以及社会福利制度等状况。随着国内微观数据库逐步建立和完善，学者利用不同的数据库展开了一定的数据分析和验证，其中一些经验研究支持考克斯的观点，即公共转移支付状况（学者们运用得较多的是养老保险制度）会影响家庭内部的私人转移，但也有学者研究的结论认为两者不存在显著的影响④。

中国地域辽阔，经济发展过程中存在区域的不平衡，这为研究经济发展水平、公共转移支付状况以及家庭养老之间的三角关系提供了重要的现实基础。同时经济发展水平、公共转移支付状况以及家庭养老之间的三角关系也制约着本书后续的研究。如果经济发展水平制约着家庭养老状况，那么后续的研究则应采用多层研究方法。另外经济发展水平也有可能影响着家庭养老其他的制约因素，那么如果要继续深入分析，则要进行多层随机截距和随机斜率模型分析。因此经济发展水平、公共转移支付状况以及家庭养老之间的三角关系是后续研究的重要前提。

为分析中国区域发展的多层次性，区域经济研究中有着不同的区域划分

---

① ［美］W. 古德：《家庭》，魏章玲译，社会科学出版社 1986 年版，第 250—251 页。

② Donald Cox & M. R. Rank, " Inter Vivos Transfers and Intergenerational Exchange", *The Review of Economics and Statistics*, 1992, 74 (2), pp. 305-314.

③ Donald Cox, Bruce E. Hansen, Emmanuel Jimenez, "How Responsive are Private Transfers to Income Evidence from a Laissez-Faire Economy", *Journal of Public Economics*, 2004, 88 (9-10), pp. 2193-2219.

④ 江克忠：《中国家庭代际转移的模式和动机研究》，《经济评论》2013 年第 4 期。

方法，较常用的是按照东、中以及西部划分①。考虑地理位置以及经济发展水平，1986年"七五"计划把全国经济带划分为东、中、西部三个区域。经过1997年以及2000年的内部调整，目前学界相对支持东、中、西部省份范围为：东部地区包括北京、天津、河北、辽宁、上海、江苏、浙江、福建、山东、广东、海南11个省（直辖市），中部地区包括黑龙江、吉林、山西、安徽、江西、河南、湖北、湖南8个省，西部地区包括内蒙古、广西、重庆、四川、贵州、云南、西藏、陕西、甘肃、青海、宁夏、新疆12个省（自治区、直辖市）。

为使宏观统计数据与微观调查数据进行对接，研究团队截取了2000—2011年各省份GDP②，按照东、中以及西部进行了梳理汇总，如表3-1、图3-1所示。

表3-1　东、中、西部国民生产总值年度汇总表③　　（单位：亿元）

	东部	中部	西部
2000年	55689.58	24865.17	16654.62
2001年	61393.17	27124.65	18248.44
2002年	71176.66	28680.58	20718.38
2003年	82967.40	32590.36	23696.32
2004年	99494.72	39488.97	28603.49
2005年	117795.41	46362.07	33585.93
2006年	137979.27	54409.48	39602.35

① 学界对东、中以及西部划分也存在较多的争议，包括划分的省份以及板块。近年中国统计年鉴已经逐渐使用东、中、西以及东北来进行区域划分。基于文中对2001—2012年的东、中、西部经济发展水平以及CHARLS一期、二期基线数据东、中、西个案分布考察，本书仍沿用区域经济学中较通常采用的东、中以及西部划分与省份归类方法。

② 由于CHARLS一期与二期数据是在2011年与2013年完成，故为和CHARLS数据对应，项目组织只选择了2000—2011年各省份GDP的区域汇总。

③ 数据源自2000—2012年中国统计年鉴数据，经汇总加工而成。

续表

	东部	中部	西部
2007 年	165194.03	65359.77	49182.48
2008 年	194085.15	78781.00	60447.77
2009 年	211886.90	86443.31	66973.48
2010 年	250487.94	105145.56	81408.49
2011 年	293581.45	127624.70	100234.96

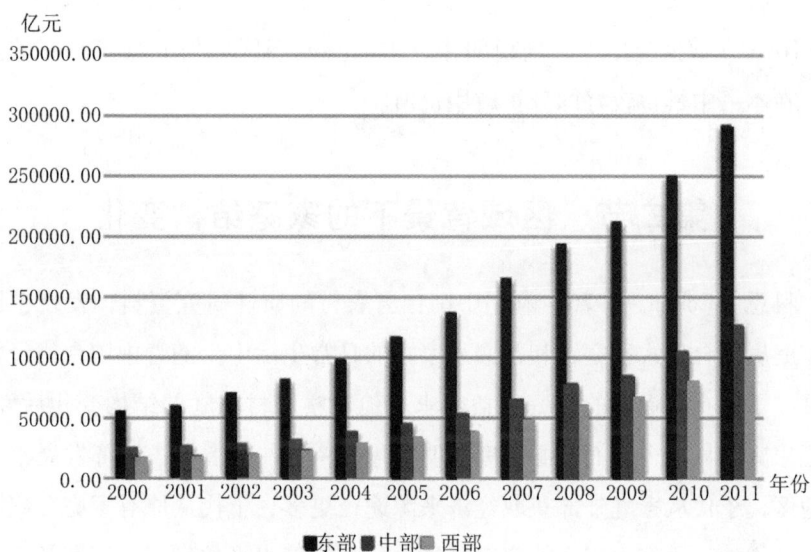

图 3-1　东、中、西部国民生产总值年度汇总图　　（单位：亿元）

根据表 3-1、图 3-1 所示结果，可以发现中国东、中以及西部地区历年存在一定的区域经济发展水平差异。同时这种东、中以及西部的区域分布在CHARLS 一期数据、二期数据也具有较好的数据适用性。按照相同的划分办法，东、中以及西部地区一期、二期农村老年人数据样本分布情况如表3-2所示：

表 3-2　CHARLS 一期、二期农村老年人区域分布状况

CHARLS 一期①			CHARLS 二期		
东部	中部	西部	东部	中部	西部
32.20% （2040）	32.00% （2027）	35.80% （2268）	32.12% （1715）	31.71% （1693）	36.17% （1931）

注明：（1）如无特别说明，本书中百分比均为有效百分比；（2）括号内为区域内老年人口频数。

从表 3-2 中，可以发现 CHARLS 一期与 CHARLS 二期数据的东、中部农村老年人分布大体相当，西部老年人略高于东部与中部，抽样数据分布情况较符合中国农村老年人分布的现实情况。因此从区域经济发展水平以及微观 CHARLS 数据应用上，均说明东、中以及西部区域划分具有较好的适用性，在本书中具备较好的分析应用价值。

第二节　区域背景下的家庭结构变化

科恩（Cohen，1976）利用中国台湾农村的质性研究资料，发现中国农村家庭属于合作式家庭，利益嵌入家庭的日常生活中。随着中国台湾经济的发展，子代有着更多的家庭利益需求。他考察农村家庭的结构变化后发现，主干家庭明显减少，而核心家庭在明显增多②。古德指出，经济发展水平较快地区，子代从家庭外部获取经济来源途径更多，子代从原有家庭分离的期望也会增加。原有大家庭的家庭格局会随着经济水平的发展，逐渐转变为核心家庭③。费孝通（1983）利用农村个案资料指出，随着农村经济发展，农村的家庭结构向小型化和核心化转变。王跃生（2008）也指出了随着中国经

---

① CHARLS 一期数据指的是一期基线数据。为方便表述，后面一期、二期均为一期基线数据、二期基线数据。

② 费孝通：《家庭结构变动中的老年赡养问题——再论中国家庭结构的变动》，《北京大学学报》（哲学社会科学版）1983 年第 3 期。

③ ［美］W. 古德：《家庭》，魏章玲译，社会科学出版社 1986 年版，第 250—262 页。

济的发展，家庭核心化和小型化成为家庭变动的趋势①。学者们的观点可以归纳为经济发展会对家庭结构产生影响，主干家庭会减少，核心家庭会增多。

本书已经论证东、中、西部一定程度上代表了三种不同的经济发展状态，那么不同的经济发展状况会否影响家庭结构的变动？又是如何变动？本书利用"五普"数据、"六普"数据以及2015年人口抽样调查数据进行了纵向对比。

一、 农村家庭户规模变动情况

本书对"五普""六普"以及2015年人口抽样调查中家庭户规模进行了区域汇总。按照大数定律，在无数次独立同分布的随机事件中，事件的频率趋于一个稳定的概率值。本书根据不同户规模的频数分布情况，按照众数②进行了分区域的汇总，结果如表3-3所示。

表3-3　区域内农村家庭户规模纵向对比表

	2000 年		2010 年		2015 年	
	频数	众数	频数	众数	频数	众数
东部						
北京	272863	三人户	254244	二人户	4474	二人户
天津	237844	三人户	225713	三人户	3408	二人户
河北	3838360	四人户	2803792	四人户	42550	二人户
辽宁	1998243	三人户	1545688	三人户	20511	三人户

---

① 王跃生：《家庭结构转化和变动的理论分析——以中国农村的历史和现实经验为基础》，《社会科学》2008年第7期。

② 为方便展现"五普""六普"以及2015年抽样调查中农村地区家庭规模变动情况，本书选取了各期数据的众数比较。众数尽管不如均值、中位数对数据的集中趋势分析更有解释力度，但是从发展趋势对比上，仍具有一定的解释效度，能快速发现变化状态。

续表

	2000 年		2010 年		2015 年	
	频数	众数	频数	众数	频数	众数
上海	201081	二人户	394260	二人户	7797	二人户
江苏	3567997	三人户	2880530	二人户	34871	二人户
浙江	2122387	三人户	2403241	二人户	31156	二人户
福建	1380221	四人户	1085564	二人户	15991	二人户
山东	5181550	三人户	4257899	三人户	69991	二人户
广东	1846670	四人户	1669021	四人户	25531	四人户
海南	218838	五人户	247019	四人户	4309	四人户
中部						
山西	1599673	四人户	1271860	四人户	20094	二人户
吉林	1283307	三人户	1089524	三人户	14679	三人户
黑龙江	1740830	三人户	1635013	三人户	22115	三人户
安徽	3309034	四人户	2629533	二人户	30985	三人户
江西	2072395	四人户	1690279	四人户	22926	四人户
河南	5334669	四人户	4065963	四人户	53223	四人户
湖北	2648382	四人户	1931322	三人户	30989	二人户
湖南	3524849	四人户	2480012	四人户	33546	四人户
西部						
重庆	1819135	三人户	1378456	二人户	18420	二人户
四川	4822630	三人户	3624332	二人户	51498	二人户
贵州	1849992	四人户	1558393	二人户	19338	四人户
云南	2531173	四人户	2098326	四人户	27688	四人户
西藏	53267	四人户	75246	四人户	1387	四人户
陕西	1773065	四人户	1379260	四人户	18848	三人户
内蒙古	1084858	三人户	1049459	三人户	17168	二人户
广西	1973401	四人户	1707101	四人户	23761	四人户
甘肃	1256266	四人户	979034	四人户	13435	四人户

续表

	2000 年		2010 年		2015 年	
	频数	众数	频数	众数	频数	众数
青海	194744	四人户	196429	四人户	2798	四人户
宁夏	232886	四人户	209000	四人户	3103	四人户
新疆	654904	三人户	762288	四人户	12989	四人户

*数据来源：对"五普""六普"以及 2015 年抽样调查汇编而成。

我国"四普"的家庭户规模平均值为 3.98 人，"五普"的家庭户规模平均值为 3.44 人，"六普"的家庭户规模平均值为 3.10 人，"七普"的家庭户规模平均值为 2.62 人。普查数据对比表明，从 1998 年到 2020 年，我国经济一直呈现快速发展的状态，同时我国的家庭户规模呈现出缩小状态，目前"三口之家"已经成为中国家庭规模的基本状态。

表 3-3 表明，在农村地区从时间维度上看，绝大部分地区（除新疆维吾尔自治区）的家庭规模众数均在变小或维持原有水平，各省农村家庭规模的众数经加权平均计算基本均在降低，与全国变化状态保持一致。从区域上看，东部农村地区 2000 年、2010 年、2015 年的家庭规模众数均比中部、西部低。

研究团队对区域分布与各期农村家庭规模的加权平均值进行交互分析，交互分析结果显示，区域分布与农村家庭规模的加权平均值均呈现出显著性相关（显著性水平均小于 0.01），且三期数据的 Tau-b 系数界于 -0.136 与 -0.173 之间，结果表明区域所代表的经济水平高低与农村家庭规模之间呈现显著性负相关，即区域经济发展水平越高，区域内农村家庭规模越小。

二、 农村家庭户代际变动情况

家庭的小型化可以通过家庭规模反映出来，同时也可以通过家庭代际数量反映出来。本书对"五普""六普"以及 2015 年人口抽样调查中家庭代际数量①进行区域汇总。结果如表3-4所示：

表3-4　区域内农村家庭户规模纵向对比表　　　（单位:%）

	一代户			二代户			三代户		
	2000年	2010年	2015年	2000年	2010年	2015年	2000年	2010年	2015年
东部									
北京	24.51	44.48	46.86	54.92	39.81	34.44	19.97	15.25	18.01
天津	18.02	31.22	32.90	59.80	48.45	45.84	21.25	19.40	20.27
河北	17.16	25.89	31.76	62.33	50.61	44.78	19.69	22.41	22.43
辽宁	19.62	32.12	30.76	60.86	46.75	45.71	18.90	20.45	22.80
上海	41.85	61.63	64.47	38.59	28.56	25.65	18.20	9.25	9.28
江苏	23.04	37.85	35.61	52.25	37.79	34.95	23.23	22.84	27.43
浙江	30.82	48.01	45.44	50.32	36.67	36.19	17.87	14.56	17.38
福建	16.69	33.43	33.72	60.45	44.92	41.07	21.80	20.67	23.97
山东	24.06	33.64	39.80	62.14	49.44	44.61	13.34	16.27	15.09
广东	20.65	27.81	24.21	56.02	48.53	46.46	22.43	22.71	28.17
海南	15.70	28.85	20.42	61.61	51.52	57.68	21.76	18.82	20.96
中部									
山西	17.44	27.02	33.03	61.41	51.52	49.10	20.18	20.59	17.17
吉林	15.82	26.74	26.82	64.05	49.39	43.47	19.43	22.94	28.55
黑龙江	17.05	29.48	30.40	64.79	50.51	45.23	17.54	19.27	23.51
安徽	17.42	34.41	27.05	61.62	45.11	45.57	20.04	19.50	26.07
江西	13.38	19.71	22.87	61.29	50.67	48.21	24.10	28.26	27.68
河南	14.96	24.15	28.40	63.43	50.88	47.50	20.57	23.81	23.15
湖北	15.94	26.83	31.98	59.44	46.15	42.20	23.68	25.70	24.52
湖南	17.47	24.45	26.70	59.37	46.81	45.16	22.33	27.36	26.72

---

① 2000年以后，我国的代际数主要集中在一代家庭、二代家庭以及三代家庭，因此代际数分区域汇总表主要反映一代家庭、二代户家庭以及三代户家庭的变动情况。

续表

	一代户			二代户			三代户		
	2000 年	2010 年	2015 年	2000 年	2010 年	2015 年	2000 年	2010 年	2015 年
西部									
重庆	20.11	43.12	40.59	55.45	39.64	39.83	23.47	16.62	18.88
四川	19.02	32.64	31.64	53.92	43.77	42.70	25.80	22.46	24.22
贵州	15.38	32.06	28.42	64.56	50.48	50.40	19.35	16.86	20.22
云南	12.73	16.72	18.99	61.39	53.28	49.50	24.63	28.34	29.61
西藏	14.70	16.21	15.30	53.17	54.16	55.39	30.48	28.22	27.98
陕西	15.32	22.93	28.02	59.47	49.38	45.60	24.27	26.70	25.29
内蒙古	18.44	36.79	40.51	65.46	48.92	46.27	15.67	13.87	12.78
广西	17.38	27.74	25.49	61.17	50.76	49.15	20.63	20.53	24.18
甘肃	8.55	19.25	18.54	57.20	47.36	44.81	32.70	32.00	34.86
青海	9.16	15.16	16.05	60.18	54.79	52.49	29.41	29.10	30.23
宁夏	11.74	26.78	24.86	67.12	55.81	55.85	20.50	16.98	18.73
新疆	16.20	26.49	19.08	70.07	60.70	63.05	13.48	12.65	17.65

* 数据来源：对"五普""六普"以及 2015 抽样调查汇编而成。

　　表 3-4 表明，在农村地区从时间维度上看，绝大部分地区的家庭代数在变小或维持原有水平，各省家庭代数经加权平均计算基本均在减少。在农村地区从区域分布上看，东部地区 2000 年、2010 年、2015 年的家庭代数均比中部、西部少。值得一提的是，2015 年人口抽样调查数据显示，如北京、上海这样的一线城市，农村家庭一代户已经成为最主要的家庭代数，北京农村家庭一代户比例达到 46.86%，而上海农村家庭一代户比例更是达到了64.47%，经济较发达的浙江省农村家庭一代户也占到了 45.44%。

　　研究团队对区域分布与各期家庭代数的加权平均值进行了交互分析，交互分析结果显示，区域分布与家庭规模的加权平均值均呈现出显著性相关（显著性水平均小于 0.05），且三期数据的 Tau-b 系数界于 -0.113 与 -0.121

之间，结果表明区域经济水平高低与家庭代数之间呈现显著性负相关，即区域经济发展水平越高，区域内家庭代数越小。综合区域经济发展水平、家庭规模与家庭代数之间的关系可以发现，经济发展水平与家庭结构之间存在显著性的负相关，即区域经济发展水平越高，区域内家庭结构的规模与代数则会越小①。

第三节　区域背景下的家庭养老

从整体上看，东、中、西部地区代表了不同的经济发展水平。按照考克斯等人的观点，经济发展水平、公共转移支付状况与家庭养老之间存在内在的三角关系，即经济发展水平高，会增加公共转移支付状况的水平，从而会挤出家庭内部私人转移支持，而经济水平较低，会降低公共转移支付状况的水平，从而更依赖家庭私人转移支付。

在中国经济发展状况下，存在经济发展的不平衡状况。那么这种区域经济发展不平衡，会否导致公共转移支付状况的变化，从而导致农村家庭养老功能的变化呢？这是本部分重点分析的问题。与农村家庭养老相对应的公共转移支付制度，更多的文献研究指向新型农村社会养老保险制度。本书用新型农村社会养老保险制度的参保状况来反映公共转移支付状况，用代际经济支持来反映家庭养老状况。尽管新型农村社会养老保险制度的参保状况可能受外部制度推行层面强制性的影响，然而大量的研究也显示"新农保"参保行为更多受到农民个人的收入水平与参保意愿等个人因素的影响，具有较强的个人选择性，例如少数地区出现的"新农保"退保现象等。研究团队早期开展的小型调查数据库以及案例研究资料也显示"新农保"参保行为具有较强的个人独立性。经济发展水平、公共转移支付状况与家庭养老之间的三角关系，可以分解成如下三个假设：

---

① 本部分呈现两者的关系是相关关系，而非因果关系。

H1：东、中、西部的农村老年人新农保①参保状况存在显著性差异；

H2：新农保参保状况对农村家庭代际经济支持状况②存在显著性影响；

H3：东、中、西部的农村老年人代际经济支持存在显著性差异。

一、 区域背景与新农保参保状况之间的关系

按照考克斯等人的观点，经济发展水平越高，公共转移支付就会越高。按此观点在中国情境下，既然东、中、西部存在一定的经济发展水平差异，那么农村老年人新农保参保状况应该也存在显著性差异。利用 CHARLS 一期、二期数据，区域与农村老年人新农保参保状况③的交互情况如表 3-5 所示：

表 3-5　区域背景下农村老年人参保状况分析

CHARLS 一期			CHARLS 二期		
东部	中部	西部	东部	中部	西部
28.10%④ (568)	32.39% (653)	17.89% (401)	69.25% (1336)	78.23% (1693)	60.25% (1023)

表 3-5 中数据表明，二期数据中农村老年人的新农保参保率较一期有了明显增加。尽管东部地区的参保情况低于中部地区，但相较西部地区，东、

中部参保情况依然呈现较高态势。对区域分布与两期农村老年人参保状况进行交互分析，结果显示，两期数据中区域分布与农村老年人参保状况均呈现出显著性相关（显著性水平均小于 0.05），区域差异代表的经济水平高低与农村老年人参加新农保状况之间呈现显著性的弱正相关。整体而言，在不考虑其他因素的情况下，经济发展水平对新农保的参保状况产生正向影响。

二、 新农保参保状况与代际经济支持关系

受制于国外的社会基础和文化环境，考克斯从父代投资角度去阐明公共转移支付状况与家庭私人转移支付的关系。由于中国家庭养老尤其农村家庭养老自身的文化特性与传统，可以通过子代的反馈说明两者之间的关系。本书选用新农保参保来代表公共转移支付状况，用子代对父代的经济支持来说明家庭私人转移支付状况。

在研究者早期的小型调查数据库中，将新型农村社会养老保险实施操作化为对新型农村社会养老保险的了解程度、参与新型农村社会养老保险的状况以及参加农村新型养老保险时间等指标。根据前期的小型调查数据库，经过双变量的交互分析可以得出如下结果：

表 3-6　新农保①实施状况对经济支持的影响（n=760）

交互分析	相关关系	显著性水平
新农保了解程度对经济支持的影响	0.021	0.153
新农保参与状况②对经济支持的影响	−0.121	0.034
新农保参与时间对经济支持的影响	−0.236	0.015

通过表 3-6 的相关分析结果，可以看出新农保了解程度对经济支持不存

---

① 新农保是新型农村社会养老保险的缩写，下同。
② 新农保参与情况，用参与和没有参与来作为测量指标，下同。

在显著影响，新农保参与状况对经济支持以及新农保参与时间对经济支持存在一定程度的影响。由于双变量的交互分析，不具有比较相关关系大小的意义，因此为说明两者影响力大小比较，本书引入多值 Logistic 回归模型进行分析，结果如表 3-7 所示：

表 3-7 Logistic 回归模型参数表（n=760）

		回归系数	标准差	Wald	Sig.
自变量	［经济支持=下降］	-20.831	1.423	237.871	.000
	［经济支持=不变］	-16.641	1.291	145.034	.000
控制变量	［参与保险状况=参与］	-2.346	1.855	1.423	.015
	［参与保险状况=没参与］	0a	…		
	［保险参加多久（月）= 0］	-16.305	1.322	127.164	.000
	［保险参加多久（月）= 1］	-20.037	.407	1687.597	.000
	［保险参加多久（月）= 2］	-20.848	.754	682.647	.000
	［保险参加多久（月）= 12］	-18.892	.677	1345.287	.000
	［保险参加多久（月）= 24］	-19.760	.596	1288.768	.000
2 Log Likelihood=78.132, X^2=35.795***					

注：*** 代表显著性水平小于1‰，** 代表显著性水平小于1%，* 代表显著性水平小于5%。

通过表 3-7 中模型卡方值与显著性水平可以得出，Logistic 多元回归整体通过拟合优度检验。根据表 3-7，可以写出两个 Logistic 多元回归方程。在两个 Logistic 多元回归方程里面，经济支持为下降的常量低于经济支持不变的常量，并且数值为负数，这表明随着参与新农保以及新农保参与时间长度增加，经济支持下降的概率在增加。同时对变量分布结果的检视，除没有参与保险无法得出结果以外，其他数值均为负值，这说明参与新农保以及参与新农保的时间，都会对家庭养老的经济支持产生负面的影响，即参与新型农村社会养老保险会对家庭养老的经济支持存在挤出效应。

为说明研究结果的稳健性，本书利用 CHARLS 两期数据来验证两者的关系。需要指明的是，CHARLS 数据是在分居家庭中测量子代对父代的经济支持①。分居家庭在数据使用过程中，由于不是全部的抽样样本，存在数据非随机性，从而可能存在样本选择性偏误的问题。为规避样本选择性偏误带来的估计结果有偏问题，在现有的计量方法中通常通过倾向值匹配（PSM）来计算自变量对因变量的影响效应。

（1）模型变量与操作化

模型中自变量为新农保参保状况，用"是否参与新型农村社会养老保险"来测量。因变量为代际经济支持状况，在 CHARLS 数据中用"过去一年，是否得到经济支持"进行测量②。在倾向值匹配（PSM）中需要在模型中拟定协变量，根据相关文献，协变量分别为性别、年龄、健康状况、受教育水平、婚姻状况、子代数量以及个人收入状况。协变量选择的参考依据见表 3-8。

表 3-8 协变量选择的文献来源

协变量	文献来源
性别	哈里斯（Harris，1975）、陈功（2003）、林添福（2005）、蔡麟（2007）、朱旭红（2011）等
年龄	杜鹏（1998）、陈皆明（1998）、刘爱玉（2000）等
健康状况	伊格宾（Eggebeen，1990）等
受教育水平	刘爱玉（2000）、张烨霞（2007）等

① 学界普遍将亲子两代家庭的居住安排分为三种类型：同居同锅、同居但不同锅以及分居。同居同锅与同居不同锅家庭居住安排中代际经济支持与家庭生活开支不容易分清。CHARLS 基线调查数据在测量代际经济支持中强调了亲子两代分居家庭的前提，为代际经济支持分析提供了更明确的数据。

② 二期 CHARLS 数据是用具体数值来进行测量的，为保持与 CHARLS 一期一致，本书对二期 CHARLS 数据中代际经济支持进行数据转换，将连续型变量转换成二分值虚拟变量。

续表

协变量	文献来源
婚姻状况	孙荣和（Sun，2002）、宋璐、李树苗（2010）、宋璐（2014）等
儿子数量	郭志刚（1996）、陈功（2003）等
女儿数量	张旭升（2003）、谢宇（Xie，2009）、范成杰（2012）等
个人收入状况	杜鹏（1998）、孙荣和（Sun，2002）等

（2）倾向值匹配估计结果

PSM 效应分析[1]可以分为两个过程：进行倾向值打分；运用得分进行样本匹配并比较说明。为验证结果的稳健性，本书分别采用了最邻近匹配方法、分层匹配方法以及核匹配方法计算 ATT 效应。同时为说明研究结果随时间推移结论的稳健性，本书分析利用 CHARLS 两期截面数据分别验证两者关系。利用 CHARLS 一期数据，验证过程为：

①倾向值打分

按照郭申阳等（2012）对倾向值匹配方法适用原则的介绍，如果处理组和对照组关键变量的均值存在一定差异，则说明数据存在选择性偏误问题，有必要使用 PSM 方法。研究团队对自变量和协变量进行分类统计，分别建立处理组与对照组。处理组与对照组的均值结果显示，关键的控制变量（年龄、儿子数量和女儿数量）的均值存在一定差异，数据估计过程中存在样本选择性偏误问题，有必要进行倾向值匹配分析。

本书通过 Logistic 模型进行倾向值打分。根据贝克尔和栎野（Becker & Ichino，2002）倾向值匹配分析的思路，分区间的倾向值得分应处于平衡状况，即处理组所在区间的样本能在同一区间找到对照组具有相同或相近的禀赋特征样本，从而可以进行倾向值匹配。PSCORE 程序通过平衡性条件验算，将倾向值得分划分为 4 个区间。验算结果显示，平衡条件在这 4 个共同

---

[1]　此处采用 Cameron & Trivedi（2005）介绍的 pscore 命令完成倾向值匹配分析。

支撑区间内得到满足，4个区间内单元分布情况如表3-9所示：

表3-9　处理组与对照组的倾向得分分布

区间的最小值（x）	处理组	对照组	总数
0	417	1187	1604
0.2	430	1437	1867
0.25	709	1883	2592
0.3	66	150	216
总计	1622	4657	6279

②通过倾向值得分进行样本匹配

本书分别采用100、200、300次重复抽样的自举法（bootstrap）对标准误进行调整，结果显示在200次重复抽样时估计结果已呈现收敛状态。通过最邻近匹配方法、分层匹配方法以及核匹配方法分别估计出闲暇时间照顾孙代对农村老年人代际经济支持获得的ATT效应（已处理的平均处理效应）。具体结果如表3-10所示：

表3-10　新农保参保状况对代际经济获得影响效应：ATT估计值

匹配方法	处理组样本数	对照组样本数	ATT估计值	标准误①	T值
最邻近匹配方法	1239	956	−0.061	0.050	2.279*
分层匹配方法	1239	3634	−0.046	0.022	2.088*
核匹配方法	1239	3605	−0.045	0.021	2.102*

本书中，*代表显著性水平临界值为0.05，**代表显著性水平临界值为0.01，***代表显著性水平临界值为0.001。

表3-10显示，运用最邻近匹配方法、分层匹配方法以及核匹配方法，

---

① 通过200次重复抽样的自举法调整的标准误。

新农保参保状况对代际经济获得的 ATT 估计值分别为-0.061、-0.046 以及-0.045,估计结果较稳健,未出现较大波动,且均通过 5%的显著性水平检验。结果表明,在考虑样本选择性偏误的情况下,新农保参保状况对代际经济支持存在负向的解释效力,即农村老年人新农保参保状况会轻微减少父代获得子代的经济支持。

③估计结果的稳健性与内生性分析

由于倾向值匹配第一阶段估计倾向值得分时存在不确定性,模型的具体设定取决于研究者,主观性较强,因此为降低进入模型协变量的主观性,阿巴迪和伊本斯(Abadie & Imbens,2002,2006)利用马氏距离,进行放回且允许并列的 K 近邻匹配,同时通过对处理组与控制组内部进行二次匹配,求得在异方差条件下成立的稳健性标准误[①]。

通过 nnmatch 统计模块提供的倾向值计算方法,ATT 的估计值为-0.053(默认权重矩阵为 inverse variance),且在 5%水平上显著,经过偏差校正后,ATT 的估计值为-0.059(sig. $= 0.023$)。结果表明,经过偏差校正匹配估计量后,ATT 取值波动较小,估计结果具有较好的稳健性。

按照一期数据相同的过程,分别采用最邻近匹配方法、分层匹配方法以及核匹配方法,二期数据中新农保参保状况与代际经济支持之间依然存在显著性的解释效力,ATT 估计值分别为-0.083、-0.075、-0.072,估计结果依然较稳健。经过偏差校正匹配估计量后,ATT 取值波动依然较小,ATT 的估计值为-0.071(sig. $= 0.016$)。结果说明,新农保参保状况对农村老年人代际经济支持获得存在轻微的挤出效应。张川川、陈斌开(2014)通过 CHARLS 数据亦证实新农保对代际经济支持存在轻微的挤出效应[②]。

由于倾向值匹配第一阶段估计倾向值得分时使用的是 Logistic 模型,而 Logistic 模型无法对估计结果的内生性展开分析,因此 PSM 计量技术目前还

① 陈强:《高级计量经济学及 Stata 应用》,高等教育出版社 2014 年版,第 555—556 页。

② 张川川、陈斌开:《社会养老能否替代家庭养老——来自中国新型农村社会养老保险的证据》,《经济研究》2014 年第 11 期。

缺乏对估计结果的内生性分析方法。目前 RD（断点回归）技术较好地规避计量模型中存在的内生性问题，按照张川川、陈斌开（2014）的分析思路，本书以 60.5 岁作为断点，对 CHARLS 一期数据、二期数据在断点处分别按照年龄范围为±3，±4、±5 作为分析带宽，其影响值介于−0.081 与−0.102 之间，结果通过了 5%的显著性水平检验①。PSM 以及 RD 分析的数据结果均表明，新农保参保状况对农村老年人代际经济支持获得产生了一定的挤出效应。

三、 区域背景与代际经济支持之间的关系

研究结果已显示，区域背景所代表的经济发展水平与新农保参保状况之间存在显著性的正相关，而新农保对农村家庭代际经济支持存在显著性的挤出效应，那么区域背景与代际经济之间应存在显著性相关。但数据显示，区域背景所代表的经济发展水平与代际经济支持并不存在显著相关，结果如表 3-11 所示：

表 3-11　农村家庭代际经济支持的区域表现

CHARLS 一期			CHARLS 二期		
东部	中部	西部	东部	中部	西部
56.77% （616）	58.38% （641）	54.09% （641）	78.33%② （759）	81.40% （792）	80.21% （912）

---

① 由于本书在此处仅是做分析结果的内生性分析，同时也是为了照顾本书的整体性，不至于该部分过长，因此详细的断点回归分析过程略去。

② CHARLS 二期基线数据的代际经济支持获得概率是通过连续变量转换成虚拟变量，而一期数据则有明确的题目来测量是否给予经济支持（CE007）。另外从数量测量上，一期与二期问题设计也有较大出入。因此从问题语境上和调查实际结果来看，一期与二期数值无法比较，较难在代际经济支持测量上形成面板数据。二期比一期获得的代际经济支持普遍增加，并不具有实际的统计意义。

表 3-11 数据显示，一期数据中东、中、西部地区分区基本较均匀，无地区性差异，二期数据也显示地区间获得代际经济支持的老年人比例较均匀。经交互分析发现，一期、二期均无显著性影响。

经数据筛查发现，本书认为农村家庭养老意愿有着较强的解释价值。一期、二期数据中农村老年人养老意愿①中家庭养老的比重均占较高比例。区域性分布结果如表 3-12 所示：

表 3-12　农村家庭养老意愿区域性分布

CHARLS 一期			CHARLS 二期		
东部	中部	西部	东部	中部	西部
81. 27% （868）	78. 82% （845）	81. 89 （936）	75. 03%② （694）	75. 03% （697）	76. 42% （823）

CHARLS 一期与二期数据中农村老年人养老意愿分布结果显示，依靠子女是农村老年人占比最高的选择（分别为 80.85%、74.10%）。表 3-12 数据显示，CHARLS 一期数据中家庭养老意愿的东、中、西部地区分区基本较均匀，无地区性差异，二期数据也呈现相同状态。经交互分析发现，一期、二期数据结果显示家庭养老意愿与区域分布之间均无显著性相关。

另外即使获得经济支持，也不会挤出农村家庭养老意愿。CHARLS 两期数据的家庭养老预期与经济支持之间的交互结果如表 3-13 所示：

---

①　一期调查中的问题为 FN080，二期调查的问题为 FN087_ W2。

②　CHARLS 二期基线数据的代际经济支持获得概率是通过连续变量转换成虚拟变量，而一期数据则有明确的题目来测量是否给予经济支持（CE007）。另外从数量测量上，一期与二期问题设计也有较大出入。因此从问题语境上和调查实际结果来看，一期与二期数值无法比较，较难在代际经济支持测量上形成面板数据。二期比一期获得的代际经济支持普遍增加，并不具有实际的统计意义。

表 3-13　家庭养老意愿与代际经济支持交互分析

CHARLS 一期		CHARLS 二期	
未获得代际经济支持①	获得代际经济支持	未获得代际经济支持	获得代际经济支持
58.27%	58.64%	75.94%	77.56%
（356）	（1561）	（385）	（1880）

表 3-13 的结果说明，CHARLS 两期数据均表明获得代际经济支持不会"挤出"家庭养老意愿。农村老年人家庭养老意愿不受地区经济发展水平以及代际经济获得状况的影响，这显示了农村老年人对家庭养老存在较高的路径依赖，家庭养老的惯性力量使得老年人对家庭养老方式具有较高的意愿黏度。调查过程中，家庭养老同时也是一种文化传统和社会心理暗示的养老方式。案例［10-YC-J］反映了这种情况。

案例［10-YC-J］，女，67 岁，丧偶，和幼子家同住。2008 年分家后，经过家庭内部协商由幼子负责大部分赡养责任。J 由于体弱多病，所以现在只负责带带孙女，家里基本的农活和家务基本不做。J 的儿媳妇认为 J 老是在她儿子跟前嚼舌根，说她坏话，多次提出要把 J 送到村里的敬老院，为此 J 多次和儿媳妇吵架。J 虽认为小儿子不中用，没有帮自己，却对自己的生活状态没有太大的怨言。她说，由儿子养老人，从古至今，都是这样过来的，如果把我丢到敬老院，肯定会让人觉得我已经不中用，会让人笑话。现在去敬老院都是无儿无女的，或者身体有残疾，去那里都是等死的，我就是死也要死在家里，好落个寿终正寝，也好跟老伴在地下相伴。

由于家庭养老的路径依赖，可能导致代际经济支持的区域分布不显著，即代际经济支持与经济发展水平之间不具备相关性，这也提示后面的研究分析不需要使用基于区域层级的多层分析。

尽管经济发展水平对代际经济支持不产生显著性影响，第六次与第七次

---

① 该表为未获得与获得代际经济支持条件下家庭养老意愿分布。

人口普查数据已经显示，家庭结构的小型化与核心化已经成为家庭结构变动的主要特征。与家庭结构的小型化与核心化密切相关的子代规模，正是代际合作视角下影响家庭养老的重要内生因素。在代际合作视角下，家庭养老作为家庭中的重要价值商品，反馈关系与单位制是家庭养老的重要形成机制。

第四节　家庭养老中子代的行动与意愿

家庭养老可以从父代角度和子代角度来展开论述。本部分将从子代角度来分析农村家庭养老中成年子女的行动与意愿，主要内容包括农村成年子女家庭养老的研究基础与假设、农村成年子女家庭养老行动的状况及其影响因素以及农村成年子女家庭养老意愿状况等。本节采用的是研究者前期的小型抽样调查数据。本节的研究统计技术主要有交互分析以及最优尺度多元回归分析等统计方法等。

一、农村成年子女代际支持的分析框架

（一）农村成年子女家庭养老行动的研究基础

家庭养老功能包括经济支持、生活照顾、情感慰藉三部分。根据马斯洛的需求层次理论，生理需求是人的基本需求，只有解决了生存问题才能谋求发展，在赡养行动中最基本的应是经济支持。在现代市场经济条件下这一需求的满足是通过货币来实现的，即拥有了货币就拥有了获取生活资料的权利。郭志刚、陈功等人的研究经验表明，货币是衡量经济支持的主要测量工具[1][2]。

学者们也对成年子女经济支持影响因素做了相关研究。性别对农村成年子女经济支持存在一定的影响，具体表现为男性更多的是提供经济支持和生

---

①　郭志刚、陈功：《老年人与子女之间的代际经济流量的分析》，《人口研究》1998年第1期。
②　陈功：《我国养老方式研究》，北京大学出版社2003年版，第191—198页。

活照顾，而女性更多提供情感交流[1][2]，范成杰认为女儿对父代经济支持也在逐步增强[3]。

农村成年子女外出务工造成的居住安排变化对成年子女经济支持的影响，学界存在两种观点：一种是降低，另外一种是增加。另外陈功、范成杰以及宋璐的经验研究表明，子女的婚姻状态、抚养负担、父母的收入状况以及照顾孙辈的情况会对经济支持产生影响。

生活照顾一直是赡养老人的重要组成部分。长期的身心功能失调会使老年人丧失日常生活活动（ADL）的能力，通常会使他们在日常生活方面需要家庭成员的帮助。在我国农村，长期以来家庭关系中渗透着传统的道德力量，且由于长辈长期的言传身教，以"孝道"为核心的伦理观念较强。因此，照料老年人生活的责任基本上由家庭承担[4]。而由于农村熟人社会的特质，如子女不守"孝道"，会受到邻里和亲族的谴责，这种外部控制力量也一定程度上强化着农村家庭老年人的生活照料功能[5]。

国外学者贝克尔（Becker，1979）、托姆斯（Tomes，1979）指出子女外出就业后，经济收入、赡养观念都会产生相应的变化，同时由于空间的隔离会造成老人生活照顾的成本增加，因此居住安排对生活照顾产生明显的影响[6]。国外学者赫玛琳（Hermalin）、伊格宾（Eggebeen，1992）等人的经验研究表明，子女与父母的距离对子女对老人提供生活照顾产生明显的影响。

---

① Hayward M. D., E. Crimmins, T. Miles & Y. Yang, "The Significance of Socioeconomic Status in Explaining the Racial Gap in Chronic Health Conditions", *American Sociological Review*, 2000, 65 (6), pp. 928-930.

② Sun R. (2002), "Old Age Support in Contemporary Urban China from both Parents' and Children's Perspectives", *Research on Aging*, 24 (3), pp. 358-359.

③ 范成杰：《农村家庭养老中的性别差异变化及其意义——对鄂中 H 村一养老个案的分析》，《华中科技大学学报》（社会科学版）2009 年第 4 期。

④ 潘剑锋、张玉芬：《弘扬孝文化是农村养老的现实选择》，《改革与战略》2005 年第 1 期。

⑤ 张洪玲：《家庭养老的孝文化透视——试论孝文化与家庭养老的"本原关系"》，《社会工作》2007 年第 2 期。

⑥ Becker G. S. & Tomes N., "An Equilibrium Theory of the Distribution of Income and Intergenerational Mobility", *Journal of Political Economy*, 1979, 87 (6), pp. 1187-1189.

男性在生活照顾中承担着更多的责任①②。

相对于经济支持和生活照顾，精神慰藉问题是独特而且重要的。"独特"是说精神慰藉问题的性质不同于物质赡养或经济供养，这是一个具有相对独立性的问题。"重要"是说这一问题直接关系到老年人的健康状态、生活质量和家庭幸福。同时作为人，有着丰富的感情需要，情感慰藉是老年人需求的一个重要组成部分③。精神慰藉强调的是代际间的良性互动，这种互动不只是经济上的交往，更是精神上的交流，即从"养生"到"养心"的升华④。

范成杰等人的经验研究表明，认为女儿在给老人提供精神慰藉上，发挥着更为重要的作用⑤，另外利特沃克（Litwark，1998）认为居住安排对精神慰藉的影响较小⑥⑦。

（二）农村成年子女代际支持原因的研究基础

关于成年子女赡养原因的研究，国内学者姚远将其分为三个阶段：第一，前研究阶段，侧重于道德与政治学角度的研究，主要集中在古代社会时期。第二，初级研究阶段，侧重于制度与社会学角度的研究，主要集中在近代社会时期。第三，高级研究阶段，侧重于功能与多学科角度的研究，主要

---

① Eggebeen D. J. , "Family Structure and Intergenerational Exchanges", *Research on Aging*, 1992, 14 (4), pp. 427-447.

② Hayward M. D., E. Crimmins, T. Miles & Y. Yang, "The Significance of Socioeconomic Status in Explaining the Racial Gap in Chronic Health Conditions", *American Sociological Review*, 2000, 65 (6), pp. 928-930.

③ 穆光宗：《家庭养老制度的传统与变革》，华龄出版社 2002 年版，第 28—29 页。

④ 邵南：《浅谈当代老年人的精神需求与精神赡养》，《南平师专学报》2006 年第 1 期。

⑤ 范成杰：《农村家庭养老中的性别差异变化及其意义——对鄂中 H 村一养老个案的分析》，《华中科技大学学报》（社会科学版）2009 年第 4 期。

⑥ Litwark H. (1998), *Social Network Type and Health Status in a National Sample of Elderly Israelis*, Social Science & Medicine, 46 (4/5), pp. 608-609.

⑦ 该部分已经在《社会保障研究》杂志 2013 年第 1 期上发表。文献出处为：《新型农村社会养老保险实施对家庭养老影响研究》，《社会保障研究》2013 年第 1 期，第 35—40 页。

集中在现代社会时期①。国外学者对子女赡养老人原因的分析深受贝克尔等人提出的经济互惠的影响。国内外学者对成年子女赡养父母的原因分析大致可以归为以下四个方面：

第一，互惠或回报父母的养育之恩。这种动机的阐释以交换理论为基础，主要分为经济交换和社会交换两个方面。基于生命周期理论，人自身有个成长过程，在代与代之间就产生了交换的必要性。互惠成为家庭内部代与代之间维系的纽带，具体表现在经济上的支持、家务上的帮助和情感上的支持或安慰②。

第二，亲子关系导致的情感联系。亲子关系是指父代和子代之间的生物血缘关系，作为一种血缘关系，使亲子之间产生天然的情感依恋。姚远指出，决定家庭养老机制的不是经济交换原则，而是血亲价值观。血亲价值观是一种以血亲道义为基础的家庭代际关系理论。血亲价值论包括血亲关系、人生价值以及心理定式。血亲价值论的运行机理是"一个核心、两种动力、三级整合、四条规则"。一个核心就是血亲道义；两种动力就是先天动力以及后天动力；三级整合是指先天动力与后天动力的整合，文化模式与行为方式的整合以及国家、社会、家庭、个人的整合；四条规则是指家庭养老的血亲核心性、超经济性、非均衡性、亲代主导性③。

第三，对父母的责任和义务。责任内化论的核心是差序格局。差序格局，说明人与人的关系有亲疏远近之别。自己是圆心，与自己这个圆心越接近的来往越密切，道德感与责任感越重。

第四，孝道观念的影响。孝道建立在血缘基础上，血缘不仅使上代和下代之间有了不可割断的联系和纽带，同时也产生了家庭内部的权利和义务④。

---

① 姚远：《中国家庭养老研究》，中国人口出版社 2001 年版，第 19—25 页。
② 穆光宗：《家庭养老制度的传统与变革》，华龄出版社 2002 年版，第 50—51 页。
③ 姚远：《血亲价值论——对中国家庭养老机制的理论探讨》，《中国人口科学》2002 年第 6 期。
④ 该部分已经在《社会保障研究》杂志 2013 年第 1 期上发表。文献出处为：《新型农村社会养老保险实施对家庭养老影响研究》，《社会保障研究》2013 年第 1 期，第 35—40 页。

（三）研究框架

农村成年子女家庭养老的研究基础说明了学者们对农村成年子女家庭养老状况与意愿问题的研究成果。尽管研究基础不限于以上的所述内容，但这些研究基础对农村成年子女家庭养老行动与意愿的进一步研究有着重要的参考价值，它们是本部分重要的理论支撑和理论分析框架。结合本部分研究基础和前述的农村老年人代际支持的数据分析结果，本部分重点分析四个问题：

1.“血亲道义”或者“孝”对农村成年子女赡养行动存在重要影响

在农村老年人家庭养老分析中，老人普遍认为成年子女赡养老人是天经地义的。“血亲道义”或者“孝”的伦理维系着对老人家庭养老的社会承诺，那么“血亲道义”或者“孝”对农村成年子女赡养行动影响是否明显？

2.情感慰藉是农村成年子女赡养行动中的主要行动类别

在农村老年人家庭养老分析中，情感慰藉是老年人最需要的养老行动类别。那么成年子女在实际执行中，情感慰藉是否是农村成年子女赡养行动的主要行动类别？

3.家庭养老仍是农村成年子女主要的养老方式

在农村老年人家庭养老分析中，家庭养老方式是老年人普遍期望的一种养老方式，那么家庭养老是否为农村成年子女赡养行动与意愿的主要养老方式？

4.新型农村社会养老保险实施对农村成年子女家庭养老行动存在影响

从农村家庭养老中父代角度，新型农村社会养老保险实施对农村家庭代际经济支持具有一定的挤出效应，那么从农村成年子女角度，新型农村社会养老保险实施对成年子女家庭养老行动是否存在影响？

二、 农村成年子女家庭养老行动的状况

农村成年子女的家庭养老行动主要体现在子代对父代的赡养行动与赡养义务的履行上，因此本部分主要描述与解释赡养行动状况以及赡养义务状况。

（一）农村成年子女赡养行动状况

1. 成年子女赡养行动三种分类比较

农村成年子女赡养行动包括：经济支持、生活照顾以及情感慰藉三种分类。通过小型抽样调查数据的统计分析，结果如表3-14所示：

表3-14　农村成年子女家庭养老行动体系中三种分类比较① （n＝340）

分类	％
给父母赡养费	44.3
帮父母做家务	38.4
与父母谈心聊天	17.3

通过表3-14，可以看出农村成年子女在赡养行动中给予更多的是经济支持，最少的是情感慰藉，这与老年人需求存在一定的差距，结果说明成年子女的养老供给与老年人的养老需求上存在一定的矛盾。

2. 经济支持状况

经济支持状况，通过每月支付老人货币量以及满足程度来测量。通过小型抽样调查数据的分析，结果如表3-15所示：

---

① 结果通过多重响应统计中响应比例得出。多元响应分析结果分为两类：个案百分比累加不等于1，反映的是每个分类项中响应的比例；响应百分比累加等于1，是对整个项目集合中响应的比例。

表 3-15　每月支付老人赡养费情况（n=340）

每月支付老人赡养费情况	%	赡养费满足老人情况	%
50 元以下	17.3	完全不能满足	6.2
50—100 元	24.7	基本不能满足	14.8
100—150 元	20.1	基本能满足	67.9
150—200 元	13.9	完全能满足	11.1
200 元以上	24.0		

表 3-15 中每月支付老人赡养费情况通过非参数的 K-S 检验，说明数据的随机性较好，样本具有良好的代表性。绝大多数（79%）的子女经济赡养能满足老人所需，但是仍有 21% 的农村成年子女认为自己的经济支持不能满足老人日常开销。这与老年人对经济支持评价结果比较接近，说明小型调查数据具有比较好的匹配性和客观性。

3. 未定期探望父母状况分析

由表 3-15 可以看出，农村成年子女赡养行动中，更多的是经济支持，而较少生活照顾和情感慰藉。通过 145 个未定期探望父母的样本数据[①]，分析了其原因。结果如表 3-16：

表 3-16　未定期探望父母的原因分析[②]（n=145）

分类	%
工作忙	16.7
要照顾孩子	23.4
身处异地，交通不便	33.7
关系不好不想去	3.5
已经给了钱，去不去无所谓	20.1
其他	2.6

---

① 小型调查数据库中农村成年子女的调查样本中，有 145 人未定期探望父母。

② 该统计结果通过多元响应中响应比百分比得出。

由表3-16可以看出，农村成年子女外出务工造成的居住安排隔离对未定期探望父母产生一定影响，这也与学者们的研究一致①。由此也可以看出，与父母的分居的确造成了生活照顾上的困难。要照顾孩子对未定期探望父母影响也较大，可以反映出家庭的核心化对农村家庭养老的影响。另外"已经给了钱，去不去无所谓"选项也占20.1%，这反映农村成年子女在赡养行动中，更重视经济赡养行为，而忽视了生活照顾与情感慰藉活动。

从因其他事情未能看望父母内疚状态的数据结果，也能在一定程度上反映当代农村成年子女现实的家庭伦理观。结果如表3-17：

表3-17　未能定期看望父母内疚状态分布（n=145）

分类	%
有过内疚	25.6
没有内疚	74.4

由表3-17可以看出，在未能看望父母的青年人中，有74.4%的人没有内疚，这也印证了阎云翔所指出的中国当代农村成年子女精神特质——自我为中心。这种自我为中心，体现在农村的青壮年越来越具备个人权利的意识，并且越来越能够表达自己的利益需求②，从而忽视了对父母的关注。

（二）农村成年子女赡养行动状况的影响因素

农村成年子女赡养行动状况的影响因素分析主要从居住安排、新型农村社会养老实施以及多因素比较等展开论述。

---

① 张文娟、李树茁：《农村劳动力外流对农村家庭养老的影响分析》，《中国软科学》2004年第8期。
② ［美］阎云翔：《私人生活的变革：一个中国村庄里的爱情、家庭与亲密关系（1949—1999）》，龚小夏译，上海书店出版社2009年版，第243—246页。

1. 居住安排对农村成年子女赡养行动状况的影响

小型调查数据采用与父母同居和与父母分居反映子代与父代的居住安排状况，通过对调查数据经过交互分析，可以得出如表3-18所示的结果：

表3-18 居住安排对农村成年子女赡养行动状况的影响（n=340）

交互分析	相关关系	显著性水平
居住安排对经济支持行动影响	−0.137	0.034
居住安排对生活照顾行动影响	0.215	0.018
居住安排对情感慰藉行动影响	0.034	0.078

通过表3-18可以看出，居住安排对经济支持产生负向显著影响，对生活照顾产生正向显著影响，而居住安排对情感慰藉未产生显著影响。居住的隔离未能减少对父母的经济支持，反而增加，主要愿意通过外出务工，实现个人收入的提升。与此同时，居住的隔离确实阻碍了对父母的生活照顾。

2. 新型农村社会养老保险实施对成年子女家庭养老行动的影响

新型农村社会养老保险自2009年在国内全面推广，对农村成年子女赡养行动也产生了一定的影响，这种影响主要体现在经济支持，未对生活照顾与精神慰藉产生显著影响。通过数据分析，结果如表3-19所示：

表3-19 新型农村社会养老保险参与情况对农村成年子女赡养行动的影响（n=340）

交互分析	相关关系	显著性水平
新农保了解程度对经济支持影响	−0.109	0.035
新农保参与状况对经济支持影响	−0.123	0.027
新农保参与时间对经济支持影响	−0.157	0.015
新农保了解程度对生活照顾影响	0.078	0.096
新农保参与状况对生活照顾影响	0.089	0.073
新农保参与时间对生活照顾影响	0.092	0.048

续表

交互分析	相关关系	显著性水平
新农保了解程度对精神慰藉影响	0.003	0.146
新农保参与状况对精神慰藉影响	0.011	0.128
新农保参与时间对精神慰藉影响	0.017	0.097

通过表3-19所示，新农保的了解程度、参与状况与参与时间都对经济支持产生了影响（均通过显著性水平检验），并且相关程度在递增（依次为-0.109、-0.123以及-0.157），同时说明参与时间越长，对获取经济支持等待时间就越少，在一定程度上会制约着成年子女对老年人的经济支持。新农保实施情况中，只有参与时间对生活照顾产生了影响，而新农保了解程度与参与情况未对生活照顾产生影响。新农保实施情况各项均未对精神慰藉产生影响。

3. 多因素对成年子女经济支持影响分析

在成年子女赡养行动中，经济支持是最重要的内容。从文献可以看出，影响农村成年子女赡养经济支持行动的因素有很多，如性别、年龄、文化程度、个人收入、婚姻状况、自身子女数量、抚养负担状况、父母收入状况、兄弟姐妹承担赡养状况、分家状况、居住安排情况以及新型农村社会养老保险的参与情况等。为比较它们的影响力，本书采用了最优尺度模型进行统计分析。由于自身子女数量与抚养负担状况之间存在较强共线性，故剔除了自身子女数量变量。将剔除后的自变量代入最优尺度模型，结果如表3-20所示：

表3-20 多因素对成年子女经济支持影响的最优尺度回归分析（n=340）

自变量	回归系数	显著度
性别	0.005	0.194
年龄	0.014	0.102

续表

自变量	回归系数	显著度
文化程度	0.012	0.085
个人收入	0.223	0.018
婚姻状况	0.032	0.079
抚养负担状况	−0.173	0.032
父母收入状况	−0.108	0.039
分家状况	0.067	0.073
兄弟姐妹承担赡养状况	0.071	0.076
居住安排	−0.156	0.037
新型农村社会养老保险的参与情况	−0.097	0.041
$R^2 = 0.203$　　　调整的 $R^2 = 0.196$　　　F 值 = 78.133　　　sig. = 0.015			

从表 3-20 模型的拟合优度（调整的 $R^2 = 0.196$，F 值 = 78.133，sig. = 0.015）可以看出模型成立。通过各个变量的显著度可以看出，在该模型中个人收入、抚养负担状况、父母收入状况、居住安排以及新型农村社会养老保险的参与情况等变量通过了显著性水平检验，而性别、年龄、文化程度、婚姻状况、兄弟姐妹承担赡养状况、分家状况未通过显著性水平检验。

在通过显著性水平检验的变量中，根据其回归系数的大小可以看出它们影响力的大小，依次是个人收入（0.223）、抚养负担状况（−0.173）、父母收入状况（−0.108）、居住安排（−0.156）以及新型农村社会养老保险的参与情况（−0.097）。根据回归系数的方向，可以发现它们的关系为：个人收入越高，对父母的经济支持越多；抚养负担越轻，对父母的经济支持越多；分居的，对父母的经济支持越多；父母收入越少，对父母的经济支持越多；未参与新型农村社会养老保险，对父母的经济支持越多。

通过个人收入、父母负担状况以及父母收入状况的回归系数与方向可以看出，农村成年子女在给予父母经济支持的过程中，更多考虑个人情况与核心家庭情况，农村成年子女家庭已经呈现出核心化状态。范成杰的研究也指出，农村成年子女在赡养行动中，经济流向主要是向下代，而不是向上代。农村家庭养老过程中，存在代际承诺不平衡的情况①。

（三）农村成年子女赡养行动满意度及影响因素

农村成年子女赡养行动满意度是指农村成年子女对自身提供父代支持的自我评价，本书用非常满意、比较满意、不太满意以及很不满意来进行测量。通过频数分析，结果如表3-21所示：

表3-21　农村成年子女赡养行动满意度分布（n=340）

分类	%
非常满意	8.1
比较满意	42.2
不太满意	41.3
很不满意	8.4

由表3-21可以看出，该数据基本符合正态，也通过了非参数K-S检验，说明调查数据质量良好，具有推论总体的可能性。另外通过数据可以发现，成年子女对赡养行动自我评价不高，基本是半数满意，半数不满意。

根据既往相关理论与文献，性别、年龄、文化程度、个人收入、婚姻状况、自身子女数量、负担状况、父母收入状况、兄弟姐妹状况、分家状况对成年子女赡养行动存在相关。本书将这些变量作为自变量，农村成年子女赡养行动满意度为因变量，通过交互分析，通过显著性水平检验的只有自身年收入、孩子数量以及抚养负担等三个因素，具体结果如表3-22所示：

---

① 范成杰：《农村家庭养老中的性别差异变化及其意义——对鄂中H村一养老个案的分析》，《华中科技大学学报》（社会科学版）2009年第4期。

表3-22　农村成年子女赡养行动满意度交互分析状况（n=340）

交互分析	相关关系	显著性水平
自身年收入与赡养行动满意度	0.335	0.004
育有子女数量与赡养行动满意度	−0.243	0.022
抚养负担与赡养行动满意度	−0.265	0.015

自身年收入与赡养行动满意度说明自身经济状况对赡养行动存在较大关联。而自身子女数量与抚养负担与赡养行动满意度存在反向关系，也再次说明在代际赡养中，子代关注重心已经明显向下代转移，家庭的核心化与自身的理性考虑已经渗透到家庭养老行动中。

通过数据发现，经济支持状况与赡养行动满意度之间存在显著相关，结果显示，经济支持状况对自身赡养行动满意度存在比较高的相关（dy = 0.346），并且通过了显著性水平检验（0.017）。这说明，在不考虑其他因素的情况下，农村成年子女给予父母经济支持越多，对自身赡养行动满意度也就越高。由此可以看出，在农村成年子女看来，赡养行动更看重经济支持，这也从一个侧面解释了成年子女在赡养行动中提供更多的是经济支持。

（四）赡养义务执行状况及影响因素

赡养义务指赡养过程中的责任，涉及赡养义务执行情况与赡养义务的态度。赡养义务执行情况涉及赡养义务的划分标准以及赡养义务的承担者等问题；赡养义务的态度涉及赡养义务划分标准的满意度、赡养义务执行人的意愿以及对赡养义务影响因素的评价等。

1. 赡养义务执行情况

赡养义务执行，作为一种社会行动，主要由赡养义务执行原则、赡养义务执行人、执行过程以及效果等构成。赡养义务执行的原则，是赡养义务执行的行动准则，赡养义务划分的标准是其核心构成要素。通过数据分析，其结果如表3-23所示：

表3-23　赡养义务的划分标准①（n＝340）

赡养义务的划分标准	％
家里排行大小	13.5
自身经济情况	30.3
孝心	19.9
性别	20.5
父母对个人的养育投入	15.8

通过表3-23可以看出，成年子女在家庭议定赡养责任人的时候，更多考虑的是自身经济情况，而不是孝心，这反映了传统孝道有所淡化。在个案访谈中，有98个个案（占个案总体的81.7%）认为现在成年子代的孝道不如以前。个案［09-XF-L］，［10-YC-CY］的访谈也说明了这个情况。

个案［09-XF-L］，女，69岁，老伴健在，三个儿子两个女儿。总和媳妇拌嘴，总觉得自己养的儿子不中用。以前自己做媳妇的时候，老人说一，自己不敢说二。现在倒好了，媳妇说一，自己儿子不敢说二，我也只能听媳妇的指使，这完全都颠倒了啊。自己媳妇总瞒着老人吃好的，喝好的，手腕上戴5000多元的玉镯子，对老人总是给我们吃剩菜剩饭。我每次说她两句，她就跟我闹，跟儿子闹要回娘家，搞得我现在对她都不好说什么，觉得生活很憋气。

个案［10-YC-CY］，男，70岁，丧偶，有三个儿子两个女儿，自己独居在两层楼的房子里面，以前搞过家禽饲养，有些积蓄。他说："老伴去世后，决定和三个儿子分家，自己保留了原有的房子和一些积蓄，以用于养老。在这个问题上，三个儿子觉得我做得不对，他们说老都老了，能把房子和钱带进棺材里面去吗？他们认为

---

① 该数据通过多元响应中响应百分比得出，百分比累加为100%。

我应该把钱都分给他们，房子也分给他们，但我知道他们都是白眼狼，给了他们还有我的好吗？老伴去世前，曾给我说，让我自己留点钱，不要都分给儿子们，幸好我听了她的话。逢年过节还要我这个老人给他们一点家庭补贴，他们小孩子过年压岁钱和生日，都是成千成千的给，他们却完全不想给我一些生活费，认为没有必要。我也不图那个钱，至少做儿子的应该对老人讲点孝心。以前我们对老人毕恭毕敬的，现在倒反过来了。"

在传统社会中，百善孝为先，赡养老人在某种程度上是一种社会职责，其意义远远超过道德规范，但是在现代社会中，子女不再唯父母马首是瞻，更加追求自我发展，要求与父母平等的对话。在传统社会中，老年人被认为是财富、知识、权威的象征，他们自然会要求并接受子女的赡养，成为想当然的养老对象，而农村成年子女也会将赡养父母的责任视为自己必须履行的天职，从而形成唯父母是从的养老施行者。传统社会从政治上、经济上和思想上对家庭养老进行全方位的支持，例如儒家传统、家族、祠堂等，但是在现代社会，市场经济影响下的农村成年子女外出谋求新的经济来源，职业自主性和经济自主性在逐步增强，传统的家庭养老观念发生动摇，改变后的家庭价值观则鼓励家庭关系的平等互助，传统孝道的道德约束力度下降成为必然。

通过调查数据和案例分析可以看出，中国传统赡养伦理——血亲道义受到以个人为中心价值观极大的冲击，血亲道义对赡养行动的影响在下降，其重要性不如从前，而是出现了理性化的取向（例如书中已经证实，农村成年子女在家庭赡养过程中，会考虑自身经济能力与抚养负担等）。

西方学者帕森斯就曾指出，行动者的社会行动不是孤立的，同时也不是自己随意选择的，而是由所处的社会文化中伦理和规范决定的。因此行动者面对他人如何选择自己的行动会客观受到社会诸多要素制约①。农村老年人对赡养的需求更强调情感、整体的家庭需要，而农村成年子女则更理性、更

---

① 蔡禾：《现代社会学理论述评》，安徽人民出版社1992年版，第64—65页。

自我，两种不同的行为与需求体现着传统社会与现代社会各自塑造群体的差别，例如孝道对农村老年人与成年子女的影响。

通过父母家庭内部兄弟姐妹分担赡养义务状况，来说明赡养义务的承担者状况，数据结果如表3-24所示：

表3-24 赡养义务承担者分布状况（n=340）

赡养义务承担者状况	%
共同承担	71.2
独自承担①	28.8

通过表3-24所示，家庭内部兄弟姐妹共同承担赡养义务占总体的71.2%，这也是合作模式在家庭赡养义务中的具体体现。贝克尔指出家庭成员会在家庭责任和资源分配中寻求合作，从而达到帕累托最优。家庭也往往被视为照顾家庭成员利益，寻求利益最大化而实现家庭责任与资源最佳配置的紧密网络②。家庭成员通过共同合作来完成对父母的赡养责任。

2. 赡养义务的态度

赡养义务的态度涉及农村成年子女对赡养义务划分标准的态度、赡养义务执行人的意愿以及对赡养义务影响因素的倾向等方面的分析。赡养义务划分标准的态度、赡养义务执行人的意愿的统计结果如表3-25所示：

---

① 鉴于在30—50岁的农村成年子女普遍上是有兄弟姐妹，没有兄弟姐妹只是极少数。因此从总体而言，该数据还是有较好的代表性。

② Becker G. S. & Tomes N. (1979)，"An Equilibrium Theory of the Distribution of Income and Intergenerational Mobility"，*Journal of Political Economy*，87（6），pp. 1187-1189.

表 3-25　赡养义务划分标准的态度、赡养义务执行人的意愿状况（n=340）

赡养义务划分标准的态度	%	赡养义务执行人的意愿	%
非常满意	17.0	公平	35.3
比较满意	47.6	还可以	51.4
一般	31.0	不太公平	9.7
不满意	3.4	非常不公平	3.6
非常不满意	1.0		

通过表 3-25 所示，农村成年子女分家协商后对赡养义务的划定，大体上还是比较满意的，也认为较公平，但是仍然期望兄弟姐妹能够承担更多的责任，结果如表 3-26 所示：

表 3-26　期待兄弟姐妹承担更多责任态度（n=340）

期待兄弟姐妹承担更多责任态度	%
是	66.9
否	33.1

农村成年子女在对待赡养义务上，通过分家等协商机制，求得彼此自身经济能力、赡养责任的平衡点，同时也期望其他兄弟姐妹能承担更多责任，这充分体现了以个人为中心的理性主义。在湖北省农村实地收集的案例表明，在赡养过程中，由于农村成年子女受个人为中心理性主义的影响，从而造成互相推诿，最后造成老年人未能得到很好的赡养。

通过频率分析，农村成年子女对赡养义务主导因素的分布如表 3-27 所示：

表3-27　农村成年子女对赡养义务主导因素倾向的分布① （n=340）

农村成年子女赡养义务主导因素的倾向	％
经济因素	24.3
与父母关系	14.0
自身的赡养态度	20.2
孝的伦理道德	19.1
舆论压力	20.5
其他	1.9

由表3-27所示，农村成年子女赡养义务主导因素的倾向已呈出多元化状态，从分布上，经济因素选择的最多（24.3%），社会舆论压力其次（20.5%），而原有维系家庭养老的精神支柱——"孝"伦理道德仅占19.1%，"孝"伦理的作用有限。

三、 农村成年子女家庭养老意愿的状况

农村成年子女家庭养老意愿的状况说明农村成年子女对家庭养老方式的选择，本书通过现实的养老方式、期望的养老方式以及对新型农村社会养老保险的态度来展开分析。

（一） 现实的养老方式、期望的养老方式对比分析

通过现实的养老方式、期望的养老方式对比，可以发现成年子女家庭养老变化意愿的发展趋势。通过频率分析，结果如下：

---

① 结果通过多元响应的响应比分析得出。

表 3-28 现实的养老方式以及期望的养老方式分布状况 （n=340）

现实的养老方式	%	期望的养老方式	%
家庭养老方式	74.1	家庭养老方式	51.0
机构养老方式	6.1	机构养老方式	17.6
老人自我养老	9.8	老人自我养老	10.2
国家保险养老	10.0	国家保险养老	21.2

由表 3-28 所示，现实的养老方式是以家庭赡养模式为主，占总体的 74.1%，通过现实养老方式与期望养老方式的比较发现，家庭养老仍然是最重要的养老方式，同时也是农村成年子女赡养行动与意愿的主要养老方式。

另外通过表 3-28 中现实的养老方式与期望的养老方式比较也可以发现，家庭养老方式期望率下降明显，而由其他社会养老方式去履行养老责任。农村成年子女与老年人的家庭养老方式期望存在一定的差距，这种差距反映出家庭养老方式的重要性在降低。

（二）对新型农村社会养老保险态度分析

通过频数分析，农村成年子女对国家主导的新型农村社会养老保险态度分布，如 3-29 所示：

表 3-29 对国家主导的新农保态度分析 （n=340）

对农村养老保险态度分析	%
很有必要	40.9
有必要	45.1
没有必要	14.0

由表 3-29 可以看出，农村成年子女普遍支持新农保。通过交互分析发现，抚养负担对新农保态度影响较大。结果如表 3-30 所示：

表 3-30　抚养负担与农村养老保险态度的交互分析（n=340）

交互分析	相关关系	显著性水平
抚养负担与农村养老保险态度的交互分析	0.236	0.027

由表 3-30 可以看出，抚养负担越重，参加新型农村社会养老保险的积极性越高。因此可以看出，农村成年子女选择家庭养老方式，还是新型农村社会养老保险，都是以自身利益为考虑，经过理性的比较和权衡之后做出的选择。费孝通就曾指出，乡土社会正在经历欲望到需要的变迁。在传统社会中，欲望的满足是一种生理的本能，而在现代社会中，人们越来越多的是需要。需要的满足则需经过理性思考，以满足自身目的。农村成年子女的赡养行动就是这样一种基于理性的思考过程①。

第五节　本章小结

（一）基于考克斯等人的研究、假设以及后续研究的技术需要，在本章验证了经济发展水平、公共转移支付状况与家庭私人转移支付状况的三角关系。

（二）研究结果表明，区域背景代表的经济发展水平与家庭结构之间存在一定的相关性。通过"五普"数据、"六普"数据以及 2015 年抽样调查数据反映，中国家庭结构已经呈现明显的小型化与核心化态势。与家庭小型化与核心化密切相关的子代规模，是代际合作视角下影响家庭养老的重要内生变量。

（三）通过 PSM 倾向值匹配技术与 RD 断点回归技术，均证实新农保参保状况对农村家庭代际经济支持存在一定的挤出效应，即说明公共转移支付状况会影响家庭私人转移支付状况。

---

①　费孝通：《乡土中国：生育制度》，北京大学出版社 1998 年版，第 85—86 页。

（四）代际经济支持的区域分布不显著，可能存在的合理解释是家庭养老的路径依赖。数据结果说明代际经济支持与区域经济发展水平之间不具备相关性，也提示后面的研究分析不需要使用基于区域层级的多层分析。

（五）"血亲道义"或者"孝"对农村成年子女赡养行动的影响力下降。在家庭养老过程中，农村成年子女的养老供给与需求存在不平衡的状况，成年子女提供更多的是经济支持，与老年人情感需求有出入。农村成年子女在赡养行动中，更多体现的是以自我为中心的理性主义。两种不同的家庭养老预期体现着传统社会与现代社会各自塑造群体的差别。家庭养老仍是农村成年子女赡养行动与意愿的主要养老方式，但是基于家庭核心化发展趋势，农村成年子女也正在接受其他养老方式，家庭养老方式的重要性在降低。新型农村社会养老保险对农村成年子女的代际赡养行动存在差异性影响，主要体现在对经济支持的负向影响上，但对生活照顾以及精神慰藉支持未产生显著影响。

第四章 农村家庭代际经济支持 状况与影响因素分析

代际经济支持是家庭养老的重要内容，是目前农村老年人重要的生活来源。本章将以代际经济支持为切入点，分析中国农村家庭养老的现状。在代际合作视角下，家庭养老的内生机制为反馈关系与单位制，那么农村家庭养老现状应重点分析家庭反馈关系与单位制的现状。本章利用 CHARLS 两期截面数据，以代际经济支持为切入点论证农村家庭养老中的反馈关系与单位制现状。同时本章将分析子代规模的家庭养老效用以及子代规模对反馈关系与单位制的影响。通过分析农村老年人投资回报效应，本章将验证代际合作视角中的利他主义或交换关系假设。

第一节 代际经济支持中的反馈关系与单位制

在代际合作视角下，家庭养老是重要的家庭价值商品，家庭养老依赖于家庭中的反馈关系与紧密合作形成的单位制。在代际经济支持中，反馈关系说明了亲子两代的经济流向，而单位制则说明了父代进入老年期后获得家庭的投资回报，即投资与赡养关系。

一、家庭代际经济流向的反馈关系

既往的代际经济流向研究大多缺乏全国性代表数据，同时也较缺乏纵向的追踪调查，因此较难分析全国性农村家庭私人转移支付状况。2000 年以来中国陆续出现全国性代表数据库，为分析农村家庭的私人转移支付提供了更丰富的研究资料。

CHARLS 数据在开展农村家庭成员经济互动研究中，强调了分居家庭的前提性条件，这虽然限制了对农村全部家庭类型的研究，但同时也增加了研究的精确性。因为同居家庭，无论是分灶还是不分灶，都很难把代际经济支持与家庭共同费用区分开。另外通过"五普"数据、"六普"数据以及 2015 年抽样调查数据已经发现，多代家庭在逐渐减少，分居家庭在逐渐增加，分居家庭的状况对全部家庭的代表效力在增加。因此本书以农村分居家庭为研究对象分析农村家庭的私人转移支付问题。

费孝通（1983）已经指出了中国家庭存在反馈过程。从代际经济支持角度看，反馈关系即意味着农村子代给父母的经济支持要大于父母给子女的经济供给，即家庭中父代在老年期获得代际经济流动的净收入。CHARLS 一期、二期数据在测量代际经济流动中选用了货币化支持以及实物化支持的指标。为方便度量，CHARLS 数据在测量过程中将实物化支持用货币来体现[1]。通过对 CHARLS 一期、二期数据中父代一年内获得子代的经济支持以及给予子代的经济供给问题进行编程运算，结果如表 4-1 所示：

---

① CHARLS 一期数据中反映老年人获得代际经济支持的题目为 CE007、CE009 以及 CE010，反映给予子女的经济扶助的题目为 CE027、CE029 以及 CE030；CHARLS 二期数据中反映老年人获得代际经济支持的题目为 CE009_ 1、CE009_ 3 以及 CE010，反映给予子女的经济扶助的题目为 CE029_ 1、CE029_ 3 以及 CE030。

表 4-1　农村家庭代际经济支持状况

CHARLS 一期				CHARLS 二期			
均值	标准差	反馈值①	反馈比②	均值	标准差	反馈值③	反馈比
2783.98	5845.91	2099.64	98.56%	3034.71	6954.30	2133.76	93.96%

*表中数据结果的单位为元（人民币）。

表 4-1 结果所示，CHARLS 一期数据中老年人获得代际经济支持的均值为 2783.98 元，老年人对子代经济供给金额的平均值为 694.34 元。CHARLS 二期数据中老年人获得代际经济支持的均值为 3034.71 元，老年人对子代经济供给金额的平均值为 900.95 元。CHARLS 一期农村老年人净流入（即反馈）的均值为 2099.64 元，CHARLS 二期该项数值为 2133.76 元。经计算得出，CHARLS 一期、二期数据的反馈比为 98.56% 与 93.96%，数据显示农村老年人代际经济流动的特点为净流入，即得到的经济支持大于提供的经济供给，充分反映了农村家庭养老存在反馈关系。不同于西方的家庭现实，子代没有明确的义务与传统去赡养老年人，而在中国，子代有明确的义务与传统去赡养老人。贝克尔指出子代是家庭中的重要人力资源，子代对父代而言更多的是心理回报，但中国的现实却足以说明子代对父代而言并非仅仅只有心理的回报，也有着重要的经济回报作用。经济回报作为代际合作在家庭内部的重要价值商品，对合作式的中国农村家庭具有重要的作用。

---

① 反馈值为老年人获得经济支持的均值与给予子代经济供给的均值之间的差值，体现反馈的差距。

② 反馈比为农村老年人代际经济流入大于代际经济流出的样本数除以经济支持有效样本数的比值。

③ 前面已经指出，CHARLS 一期、二期数据在测量代际经济支持时题目设计上有一定差异，因此无法形成纵向面板数据，两期代际经济支持数值之间的变动不具有明显的参考价值，但从同基线同样本的代际经济流入与流出数值对比来看，仍具有较好的分析价值。

二、　代际经济支持中的单位制：　年龄

单位制体现了家庭内部父代与子代约定的义务与权利，为实现家庭效用最大化而彼此贡献。从代际交叠角度看，父代在子代幼年期完成了抚育任务，那么在子代成年之后则应对父代进行回馈。子代对父代进行回馈最明显的要素就是年龄。父代进入老年期后随着身体功能的衰退，从外部获取经济收入能力会逐步降低，子代对父代的经济支持会弥补部分不足。因此从年龄角度分析，如果农村家庭体现着单位制的特点，那么子代对父代的经济供给会随着年龄的增加而增加。为考证年龄对代际经济支持的影响，通过代际经济支持的年龄分布状况以及年龄对代际经济支持的 Logistic 模型展开分析。对代际经济支持的测量采用代际经济支持获得的状况（二分变量）。

（1）农村老年人代际经济支持的年龄队列分布状况

在代际经济支持的年龄分析中，研究团队运用了队列分析方法，将老年人的年龄以 60 岁为起点，以 5 岁为一组进行分割①，分成 7 个年龄组。结果如表 4-2 所示：

表 4-2　农村老年人获得代际经济支持比例状况

队列	CHARLS 一期			CHARLS 二期		
	均值	95％置信度水平上下限		均值	95％置信度水平上下限	
60—64 岁	0.460	0.428	0.491	0.770	0.744	0.780
65—69 岁	0.531	0.497	0.565	0.826	0.799	0.853
70—74 岁	0.602	0.563	0.640	0.844	0.815	0.874
75—79 岁	0.656	0.610	0.702	0.870	0.836	0.903
80—84 岁	0.694	0.642	0.745	0.919	0.882	0.954
85—89 岁	0.684	0.610	0.756	0.884	0.816	0.952
90 岁及以上	0.633	0.510	0.756	0.759	0.600	0.917

---

① 参照"五普"数据与 2015 年抽样调查数据，农村老年人 90 岁以上已经较少，因此本书将 90 岁及以上的老年人归类为一组。

表 4-2 的结果显示，从整体上看，农村老年人获得子代经济支持的比例随着年龄的增加而增加。CHARLS 两期数据均显示，60—64 岁组到 80—84 岁组随着年龄队列的变大，而获得代际经济支持的比例在增加。同时增加趋势中也存在拐点，CHARLS 一期数据与二期数据的拐点均为 85—89 岁。85—89 岁组以及 90 岁以上组别获得代际经济支持的比例显示出减少趋势。

那么是不是意味着 85—89 岁组以及 90 岁以上组别获得家庭支持在减少呢？2015 年中国人口抽样调查数据显示，整体老年人获得家庭其他成员[①]支持的比例在队列中随着队列变大而不断增加，不存在拐点。那 CHARLS 数据是否存在测量效度的问题呢？研究团队对数据进行了进一步的清查，结果发现在 85 岁以上组别的老年人中，存在来自非子代的经济支持，这部分非子代的经济支持主要来自隔代（即第三代或者说孙代）的经济支持。如果累加第三代的经济支持，农村老年人获得代际经济支持的比例依然随着年龄组增大而增加。

按照家庭的代际交叠理论和反馈关系，孙代对第一代（父代）的回报主要来自第二代（子代）的投资，而第二代（子代）的投资能力来自第一代（父代）的投资结果。因此从代际交叠看，隔代的经济回报来源于第一代（父代）的转移支付结果。从而可以说明，中国农村家庭通过单位制的形式，固定了家庭成员任务与预期收益，强化了家庭成员的赡养行为。农村老年人家庭养老意愿数据（表 3-11）表明的农村老年人家庭养老路径依赖，也反映了农村家庭单位制下的老年人预期收益。在研究团队开展的案例研究中，绝大多数老年人也反映了这个问题，他们认为子代养老人是"天经地义"的。

同时应指出，农村老年人在部分年龄组中的标准差较大，造成了表 4-2 中 95% 置信水平条件下，代际经济支持的上、下限在部分年龄组中存在一定

---

① 2015 年中国人口抽样调查数据中的家庭其他成员并非只包括子代，也有来自家庭中的其他成员，例如孙代。

的差异，表明中国农村的家庭单位制不稳定，存在离散的影响因素。

（2）年龄对农村老年人代际经济支持状况的影响

年龄对代际经济支持影响的 Logistic 模型中，控制变量分别为性别、健康状况、受教育程度、婚姻状况、儿子数量、女儿数量以及老年人个人收入①等。在模型中，年龄是自变量，代际经济支持状况为因变量，首先将自变量与因变量代入模型，得到估计模型Ⅰ；将控制变量：性别、健康状况、受教育水平、婚姻状况、儿子数量、女儿数量以及老年人个人收入等代入模型，得到估计模型Ⅱ。为说明估计结果的稳健性，本书从模型Ⅱ中挑选了通过 5% 的显著性水平检验的变量，得到模型Ⅲ。CHARLS 一期相关数据的具体估计结果如表 4-3 所示。

表 4-3　年龄对农村老年人代际经济支持影响的 Logistic 模型估计结果（一期）

变量	模型Ⅰ 系数/相伴概率	模型Ⅱ 系数/相伴概率	模型Ⅲ 系数/相伴概率
自变量			
年龄	0.211***/1.235	0.086*/1.089	0.131***/1.139
控制变量			
性别		−0.199*/0.819	−0.160*/0.852
健康状况		−0.025/0.975	
受教育程度		−0.199/0.980	
婚姻状况		−0.171/0.843	
儿子数量		0.062**/1.064	0.068***/1.071
女儿数量		0.067**/1.069	0.053**/1.055
个人收入		0.026/1.026	
Wald chi2	78.68***	85.37***	126.33***

①　吸收项目中期评审专家意见，个人收入与新农保参保状况存在一定的关联性，同时是否有个人收入已经在 CHARLS 数据中与诸多的社会保障制度有关联（题目为 GA003），因此与社会保障制度相关的控制变量就在后文分析中略去。

续表

变量	模型Ⅰ 系数/相伴概率	模型Ⅱ 系数/相伴概率	模型Ⅲ 系数/相伴概率
BIC	−22810.937	−16562.343	−22818.387
正确分类预测百分比	58.64%	60.65%	59.16%

注：对估计模型的标准误进行了稳健性调整（Robust）；*、**、***分别表示显著性水平小于
0.05、0.01、0.001。

　　表4-3数据显示，利用CHARLS一期相关数据拟合的三个模型的Wald
chi2值都通过了显著性水平检验。为求得一个解释效率更优的数学模型，本
书通过BIC值以及正确分类预测值（以0.5为割点）来进行综合判断。相较
模型Ⅰ，模型Ⅱ的正确分类预测值较高，表明模型Ⅱ中控制变量增加了模型
的预测效力。相较模型Ⅱ，模型Ⅲ的正确分类预测值虽然有轻微降低，但模
型Ⅲ的BIC值较模型Ⅱ的BIC值明显变小。因此综合比较，模型Ⅲ是较好的
解释模型。另外模型Ⅲ中剔除的4个未通过显著性水平检验的变量并未对模
型的解释力造成影响（Wald chi2并未减少，反而增加），这也说明代入模型
Ⅲ的4个变量具有足够的稳健性。

　　根据一期数据模型Ⅰ、Ⅱ、Ⅲ的估计结果，年龄通过了显著性水平检
验，即在1‰的显著性条件下（sig. =0.000），即使受其他变量控制，年龄对
农村老年人代际经济支持的影响依然稳健。按照相同步骤，形成了二期数据
的估计模型，同样将自变量、控制变量与因变量代入Logistic模型①。通过
Wald chi2值、BIC值以及正确分类预测值等拟合优度检验，依然显示在1‰
的显著性条件下（sig. =0.000），即使受其他变量控制，年龄对农村老年人
代际经济支持的影响依然稳健。由此可以说明，年龄对农村代际经济支持影
响存在显著性影响。

　　在一期、二期最优估计的模型中，在控制其他变量的条件下，年龄每增

---

　　① 在一期、二期数据的估计结果大致相同的情况下，为避免表格太多和过程部分太冗
长，会省略掉一部分数据的论证过程，下同。

大一个年龄组，则农村老年人获得的代际经济支持概率将会增加 13.94% 以及 15.26%。为分析年龄对农村老年人代际经济支持状况的具体影响，本书对表 4-3 模型Ⅲ中年龄的影响状况做了进一步的细化分析（年龄为 7 个队列）。表 4-4 显示一期、二期数据中年龄对代际经济支持的影响，表 4-4 中的系数与发生比均以年龄组为 60—64 岁为参照组，控制变量为性别、儿子数量与女儿数量。

表 4-4　年龄组对农村老年人代际经济支持的影响

年龄组	CHARLS 一期估计结果	CHARLS 二期估计结果
65—69 岁	0.251**/1.285	0.234/1.263
70—74 岁	0.486***/1.625	0.275/1.317
75—79 岁	0.678***/1.970	0.494**/1.640
80—84 岁	0.783***/2.188	1.259***/3.521
85—89 岁	0.680***/1.974	0.403/1.496
90 岁及以上	0.453/1.574	−0.566/0.876

表 4-4 中数据显示，在队列变动趋势中依然存在 85—89 岁组别的拐点。与表 4-2 中数据对比，可以发现两者拐点一致，变动趋势也较为一致，说明年龄在控制性别、儿子数量与女儿数量后，影响变动趋势较为一致。数据结果说明，单位制在中国农村家庭依然具有较好的控制力，父代在老年期能逐渐获得经济投资的收益①。这也在一定程度上验证了贝克尔的观点，他认为孩子具有耐用消费品的特性。随着父代老年期年龄的增加，既往的投资转换为收益的可能性会进一步增加。

---

① 前面已有论述在 85 岁以上组别，孙代（第三代）对父代（第一代）在增加经济支持，这种支持也是间接影响第一代投资的结果，因此也可视为第一代投资的收益，年龄的递增效应与家庭单位制的影响也基本成立。

第二节　子代规模对代际经济支持的影响

"五普"数据、"六普"数据与"七普"数据对比显示家庭结构已经呈现小型化和核心化的发展趋势。小型化意味着家庭中子代规模在日渐缩小，而核心化则意味着原有主干家庭或者扩大化家庭正在进行家庭的重新整合，亲子两代家庭的居住安排为分居状态。同时从中国实际来看，核心家庭的一个突出特征就是少子化。因此家庭小型化与核心化都与子代规模有着密切的关系。在代际合作视角下，子代规模对家庭效用产生重要影响。家庭养老中的代际经济支持作为家庭效用的重要组成部分，子代规模是否对代际经济支持产生显著影响？子代规模中的儿子数量与女儿数量是否依然对代际经济支持产生显著影响？这是本部分重点分析的问题。

一、　子代数量对代际经济支持的影响

代际经济支持在反馈关系中体现着农村老年人私人转移支付的净流入，而单位制体现着农村父代在老年期从子代获得早年投资的回报，存在年龄的递增效应。由于子代数量是多值连续变量，在 CHARLS 一、二期数据中均存在 10 个以上子代的样本，不利于后续的分析。为进一步分析子代数量的影响，研究团队根据中位数，以 3 作为截断点，将子代数量变量分为少子女家庭（子代数量≤3）以及多子女家庭（子代数量>3）。

（1）子代数量对代际反馈经济支持的影响

在 CHARLS 一期数据中，分别计算了少子女家庭与多子女家庭的代际经济支持的均值、标准差、反馈值以及反馈比。结果如表 4-5 所示：

表4-5　农村家庭代际经济支持状况

CHARLS 一期少子女家庭				CHARLS 一期多子女家庭			
均值	标准差	反馈值	反馈比	均值	标准差	反馈值	反馈比
2336.34	120.82	1522.95	92.58%	3581.56	201.28	2614.10	98.03%

＊表中数据结果的单位为元（人民币）。

表4-5 中结果显示，多子女家庭的代际经济支持均值高于少子女家庭的代际支持的均值，同时多子女家庭的经济反馈值也明显增加，增加了1091.15 元，另外具备反馈关系的样本比例也有一定增加，增加了5.45%。CHARLS 二期数据按照此分析步骤，也得出较为一致的结论，一期数据得出的结论较稳健。因此多子女家庭有利于代际反馈经济支持。

（2）子代数量对年龄队列代际回报率的影响

农村老年人随着年龄组增大而代际回报率也相应增加，体现了家庭内部父代与子代约定的义务与权利，父代在老年期能获得相应的投资回报。利用CHARLS 一期、二期数据，分析了子代数量与年龄组代际回报率的交互关系，结果如表4-6 所示：

表4-6　子代数量与年龄组代际回报率

年龄组	CHARLS 一期		CHARLS 二期	
	少子女均值	多子女均值	少子女均值	多子女均值
60—64 岁	0.427	0.498	0.722	0.870
65—69 岁	0.524	0.535	0.768	0.877
70—74 岁	0.389	0.645	0.766	0.875
75—79 岁	0.524	0.671	0.639	0.923
80—84 岁	0.458	0.714	0.742	0.947
85—89 岁	0.500	0.701	0.571	0.944
90 岁及以上	0.400	0.655	0.429	0.863

表 4-6 中结果显示，无论一期还是二期，多子女家庭的年龄队列代际回报率均高于少子女家庭的年龄队列代际回报率。比较各队列的差值，一期与二期数据中 80 岁及以上年龄组中多子女家庭代际回报率显著高于少子女家庭代际回报率。另外从队列比较来看，无论是一期还是二期，多子女家庭队列代际回报率递增更稳定（除 90 岁及以上），少子女家庭队列代际回报率出现不规则变动态势。因此无论从回报率大小，还是回报率递增的稳定性上，多子女家庭更有优势。

（3）子代数量影响的多元分析

子代数量对代际经济支持影响的 Logistic 模型中，控制变量分为性别、年龄、健康状况、受教育水平、婚姻状况以及老年人个人收入等。在模型中，子代数量是自变量，代际经济支持状况为因变量，首先将自变量与因变量代入模型，得到估计模型 I；将控制变量：性别、年龄、健康状况、受教育水平、婚姻状况以及老年人个人收入①等代入模型，得到估计模型 II；为说明估计结果的稳健性，本书从模型 II 中挑选了通过 5% 的显著性水平检验的变量，得到模型 III。CHARLS 一期相关数据的具体估计结果如表 4-7 所示。

表 4-7　子代数量对农村老年人代际经济支持影响的 Logistic 模型估计结果（一期）

变量	模型 I 系数/相伴概率	模型 II 系数/相伴概率	模型 III 系数/相伴概率
自变量			
子代数量	0.247***/1.281	0.185***/1.203	0.233***/1.263
控制变量			
性别		−0.172/0.842	

① 由于子代数量与儿子数量和女儿数量存在较高的相关性，因此选用控制变量过程中，儿子数量和女儿数量省略。同理，对儿子数量与女儿数量对代际经济支持影响的分析中，也会省去子代数量。

续表

变量	模型 I 系数/相伴概率	模型 II 系数/相伴概率	模型 III 系数/相伴概率
年龄		0.140**/1.150	0.112**/1.118
健康状况		−0.140*/0.869	−0.208***/0.811
受教育程度		−0.022/0.978	
婚姻状况		−0.096/0.909	
个人收入		−0.074/0.928	
Wald chi2	77.55***	71.69***	77.68***
BIC	−15254.46	−10651.289	−15234.32
正确分类预测百分比	57.59%	58.95%	59.96%

注：对估计模型的标准误进行了稳健性调整（Robust）；＊、＊＊、＊＊＊分别表示显著性水平小于
0.05、0.01、0.001。

表 4-7 数据显示，利用 CHARLS 一期相关数据拟合的三个模型的 Wald
chi2 值都通过了显著性水平检验。为求得一个解释效率更优的数学模型，本
书通过 BIC 值以及正确分类预测值（以 0.5 为割点）来进行综合判断，模型
III 是较好的解释模型。另外模型 III 中剔除的 4 个未通过显著性水平检验的变
量并未对模型的解释力造成影响，这也说明代入模型 III 的 3 个变量具有足够
的稳健性。

根据一期数据模型 I、II、III 的估计结果，子代数量均通过了显著性水
平检验，即在 1‰的显著性条件下（sig.＝0.000），即使受其他变量控制，子
代数量对农村老年人代际经济支持的影响依然稳健。按照相同步骤，形成了
二期数据的估计模型，同样将自变量、控制变量与因变量代入 Logistic 模
型①。通过 Wald chi2 值、BIC 值以及正确分类预测值等拟合优度检验，依然
显示在 1‰的显著性条件下（sig.＝0.000），即使受其他变量控制，在

---

① 在一期、二期数据的估计结果大致相同的情况下，为避免表格太多和过程部分太冗
长，会省略掉一部分数据的论证过程，下同。

CHARLS 二期数据子代数量中对农村老年人代际经济支持的影响依然稳健。由此可以说明，子代数量对农村代际经济支持存在显著性的稳健影响。

在一期、二期最优估计的模型中，在控制其他变量的条件下，子女数量每增加一个，则农村老年人获得的代际经济支持概率将会增加 26.34% 以及 21.96%。为分析子代数量对农村老年人代际经济支持状况的具体影响，对表 4-7 模型Ⅲ中子代数量的影响状况做了进一步的细化分析（子代数量为 9 个等级，以 1 个为参照组，最大值为家中有 9 个及以上子女）。表 4-8 显示了一期、二期数据中子代数量对代际经济支持的影响，表 4-8 中的系数与发生比均以家中 1 个子女为参照组，控制变量为性别、年龄与健康状况。

表 4-8　子代数量对农村老年人代际经济支持的影响

子代数量	CHARLS 一期估计结果	CHARLS 二期估计结果
2 个	0. 339*/1. 404	0. 182*/1. 199
3 个	0. 483***/1. 622	0. 717***/2. 048
4 个	0. 820***/2. 270	1. 342***/3. 829
5 个	0. 943***/2. 567	1. 938***/6. 951
6 个	0. 885**/2. 424	1. 615***/5. 029
7 个	1. 262/3. 531	1. 733***/5. 658
8 个	0. 657/1. 068	2. 865/17. 560
9 个及以上	0. 752/2. 123	1. 283/3. 609

注：对估计模型的标准误进行了稳健性调整（Robust）；*、**、***分别表示显著性水平小于 0. 05、0. 01、0. 001。

表 4-8 中数据显示，CHARLS 一期、二期估计结果中，对农村老年人代际经济支持存在显著性影响的子代数量均在 2 到 7 个范围内①。在通过显著性水平的子代数量范围内，可以明显发现 CHARLS 一期、二期数据均存在影

---

① 当然不排除由于 8 个及以上子女数样本偏少带来的显著性水平检验未通过的可能性。

响的拐点，即子女数为 5。在显著性水平 0.05 的条件下，子女数在 2—5 的区间内，均呈现递增态势，但是在 6—7 的区间内已经出现下降的趋势。国内也有支持 5 个子女数拐点影响的经验研究，徐勤（1996）利用保定市老年人及代际关系调查数据分析发现，随着子代数量的增加，对父母的支持比例也基本呈现出上升态势，但在子代数量为 5 个时，达到影响的最大值。即当子代数量为 6 个及以上时，对父代的经济支持比例反而随着子代数量的增加而呈现下降态势。

二、 儿子数量与女儿数量对代际经济支持的影响

通过儿子数量、女儿数量与代际经济支持的交互分析发现，在 CHARLS 一期、二期的数据中均发现儿子数量、女儿数量与代际经济支持均呈现显著性相关（显著性水平均小于 0.01）。本部分按照子代数量对代际经济支持影响的分析策略，来分析儿子数量与女儿数量对经济支持的影响①。

（1）儿子数量、女儿数量对代际经济支持的影响

为进一步分析儿子数量、女儿数量对代际经济支持的影响，通过老年人代际流入金额减去老年人代际流出金额，从而获得每个个案的代际反馈值，即净流入值。在 CHARLS 一期数据中老年人获得代际经济支持的有效样本数为 1876 个，而给子女代际供给的仅有 169 个，两者能匹配的有效样本仅有 67 个②。由于样本数太少，故而略去了 CHARLS 一期相关的分析。CHARLS 二期数据老年人代际供给的人数显著增加，代际流入与代际流出的匹配数也明显增加，代际反馈值的有效样本为 3077 个，因此儿子数量、女儿数量对

① 根据前期的试算发现，儿子数量与女儿数量较难根据均值与中位数进行截断划分，由此儿子数量、女儿数量与年龄队列代际回报率之间的关系则显得杂乱无章，无从论述。因此在儿子数量与女儿数量对代际经济支持的影响分析中省略了年龄队列代际回报率部分。
② 在 CHARLS 一期数据中，存在代际经济流入与流出匹配不对应的情况，因此有效的流入与流出匹配样本仅有 67 个。

代际反馈经济支持的影响通过 CHARLS 二期数据加以说明①。CHARLS 二期
数据中儿子数量与女儿数量代际反馈经济支持的均值如表 4-9 所示：

表 4-9　儿子数量与女儿数量代际经济净流入状况

数量	儿子数量均值	女儿数量均值
1 个	1166. 61	1172. 92
2 个	1688. 01	1758. 35
3 个	1281. 82	1692. 76
4 个	1920. 47	2195. 36
5 个	2170. 31	2023. 15
6 个	3699. 69	2045. 83
7 个	862. 86	3464
8 个	58000②	300
9 个	1560	/

＊表中代际经济反馈支持的单位为元（人民币）。

　　根据表 4-9 中所得到的数据进行了平均数计算。经过计算，儿子数量提
供的代际经济反馈（老人代际转移支付的净收入）均值为 8038.85，而女儿
数量提供的代际经济反馈均值为 1628.04。仅从平均值而言，儿子提供的净
收入支持高于女儿提供的净收入，但是就加权平均数而言，女儿提供的净收
入又略高于儿子提供的净收入。结合子女数量的频数，经过加权平均值运算
得出，儿子提供的净收入的加权平均值为 1509.92，而女儿提供的净收入的
加权平均值为 1577.51。从 CHARLS 二期数据来看，儿子提供的代际转移净
收入总量应比女儿提供的净收入总量要高，但是女儿对农村老年人代际转移

---

　　① 儿子数量、女儿数量对代际反馈经济支持的影响由于只能通过 CHARLS 二期数据加以
分析，因此该分析结论还有待多期数据结果加以验证。
　　② CHARLS 二期数据中儿子数量为 8 个和 9 个的样本数只有 1 个，女儿数量最大值为 8
个，故女儿数量为 9 个的均值为缺省。

净收入也在发挥着明显的作用，这也与近年更多的实证研究结果相一致，女儿在农村家庭养老中发挥着重要的作用。

研究团队剔除了估计有偏的子代数量（分别为儿子数量为8个和9个以及女儿数量为9个①），选择了1—7个儿子数量与女儿数量的代际净收入，通过折线图形式绘制了图4-1。

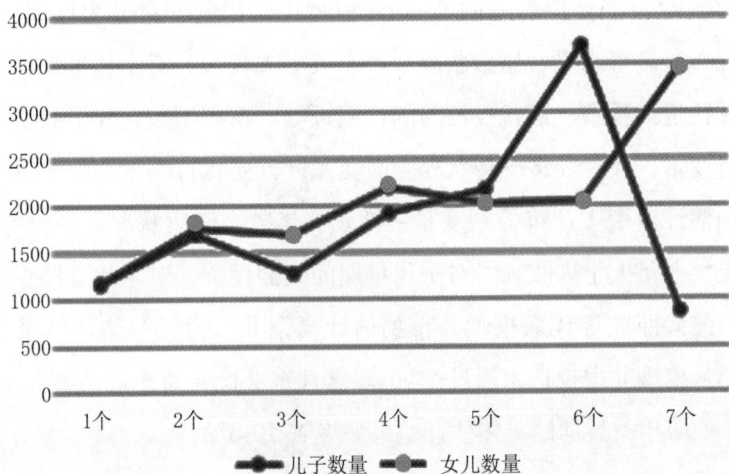

图4-1　儿子数量与女儿数量代际反馈经济支持状况

图4-1显示儿子数量与女儿数量的代际经济净收入的范围大体接近，也再次证明女儿在农村家庭养老中的重要性。同时如同子代数量一样，儿子数量也存在净收入的明显拐点。当儿子数量为6个时，出现了拐点。儿子数量为6个时，农村老年人代际转移支付的净收入达到最大值，而儿子数量为7个时，净收入出现大幅下降。女儿数量在1—7个的范围内代际转移的净收入呈现波动增加的态势。当然与CHARLS一期数据对比，儿子数量和女儿数量的代际反馈状况还有待于控制其他变量，得出更明确的描述和解释。

（2）儿子数量与女儿数量影响的多元分析

---

① 儿子数量为8个和9个以及女儿数量为9个的样本数太小，不足以支撑研究结论。

经过对 CHARLS 一期、二期数据的分析，结合研究团队前期所做的小型数据与案例研究，中国农村老年人（60 岁及以上）绝大多数存在第三代，隔代养育是中国农村家庭养老中的一个重要内生问题。结合相关文献，在儿子数量与女儿数量对代际经济支持的影响中，应加入对子代早期的大额投资、对子代近期投资、隔代投资与隔代照顾等控制变量。因此儿子数量与女儿数量对代际经济支持影响的 Logistic 模型中，控制变量分为性别、年龄、健康状况、受教育水平、婚姻状况、老年人个人收入、对子代早期的大额投资、对子代近期投资、隔代投资与隔代照顾等。在模型中，儿子数量与女儿数量是自变量，代际经济支持状况为因变量，首先将自变量与因变量代入模型，得到估计模型 I；将控制变量：性别、年龄、健康状况、受教育水平、婚姻状况、老年人个人收入、对子代早期的大额投资、对子代近期投资、隔代投资与隔代照顾等代入模型，得到估计模型 II。为说明估计结果的稳健性，本书从模型 II 中挑选了通过 5% 的显著性水平检验的变量，得到模型 III。CHARLS 一期相关数据的具体估计结果如表 4-10 所示。

表 4-10　儿子数量、女儿数量对代际经济支持影响的 Logistic 模型估计结果（一期）

变量	模型 I 系数/相伴概率	模型 II 系数/相伴概率	模型 III 系数/相伴概率
自变量			
儿子数量	0.101 *** /1.106	0.063 * /1.064	0.081 ** /1.084
女儿数量	0.080 *** /1.083	0.065 * /1.067	0.063 * /1.065
控制变量			
性别		−0.280 * /0.755	−0.295 ** /0.744
年龄		0.141 ** /1.152	0.199 *** /1.221
健康状况		−0.039/0.961	
受教育程度		−0.090/0.913	

续表

变量	模型 I 系数/相伴概率	模型 II 系数/相伴概率	模型 III 系数/相伴概率
婚姻状况		−0.275/0.758	
个人收入		0.012/1.011	
对子代早期的大额投资		−0.170/0.843	
对子代近期投资		−0.432/0.649	
隔代投资		0.739 *** /2.094	0.708 *** /2.031
隔代照顾		0.425 *** /1.530	0.470 *** /1.601
Wald chi2	71.28 ***	96.16 ***	114.20 ***
BIC	−17953.73	−8546.99	−11998.846
正确分类预测百分比	59.30%	60.15%	60.65%

注：对估计模型的标准误进行了稳健性调整（Robust）；*、**、***分别表示显著性水平小于
0.05、0.01、0.001。

表 4-10 数据显示，利用 CHARLS 一期相关数据拟合的三个模型的 Wald chi2 值都通过了显著性水平检验。为求得一个解释效率更优的数学模型，本书通过 BIC 值以及正确分类预测值（以 0.5 为割点）来进行综合判断，模型 III 是较好的解释模型。另外模型 III 中剔除的 6 个未通过显著性水平检验的变量并未对模型的解释力造成影响，这也说明代入模型 III 的 6 个变量具有足够的稳健性。

根据一期数据模型 I、II、III 的估计结果，儿子数量与女儿数量均通过了显著性水平检验，即在 1‰的显著性条件下（sig. =0.000），即使受其他变量控制，儿子数量与女儿数量对农村老年人代际经济支持的影响依然稳健。按照相同步骤，形成了 CHARLS 二期数据的估计模型，同样将自变量、控制变量与因变量代入 Logistic 模型①。通过 Wald chi2 值、BIC 值以及正确分类

———————————

① 在 CHARLS 一期、二期数据的估计结果大致相同的情况下，为避免表格太多和过程部分太冗长，会省略掉一部分数据的论证过程，下同。

预测值等拟合优度检验，依然显示在1‰的显著性条件下（sig. = 0.000），即使受其他变量控制，儿子数量与女儿数量对农村老年人代际经济支持的影响依然稳健。由此可以说明，儿子数量与女儿数量对农村代际经济支持影响存在显著性的稳健影响。

在 CHARLS 一期、二期最优估计的模型中，控制其他变量的条件下，儿子数量与女儿数量每增加一个，则农村老年人获得的代际经济支持概率将会增加 8.44%、6.51%（一期）和 37.24%、63.52%（二期）①。为分析儿子数量与女儿数量对农村老年人代际经济支持状况的具体影响，本书对表4-10 模型Ⅲ中儿子数量与女儿数量的影响状况做了进一步的细化分析（儿子数量与女儿数量分别为 9 个等级，以 1 个为参照组，最大值为家中有 9 个及以上子女）。表 4-11 显示了一期、二期数据中儿子、女儿数量对代际经济支持的影响，表4-11 中的系数与发生比均以家中 1 个子女为参照组，控制变量依次为性别、年龄、隔代投资与对隔代照顾。控制变量为表 4-10 中模型Ⅲ的控制变量，因为表4-10 中的模型Ⅲ是最优估计模型。

表4-11　儿子、女儿数量对农村老年人代际经济支持的影响

数量	CHARLS 一期		CHARLS 二期	
	儿子数量的影响	女儿数量的影响	儿子数量的影响	女儿数量的影响
2 个	0.039*/1.040	0.008/1.008	0.29*5/1.344	0.951***/2.589
3 个	0.291*/1.337	0.080/1.083	0.783***/2.188	1.054***/2.871
4 个	0.389**/1.475	0.270/1.310	1.087***/2.966	1.257***/3.517
5 个	0.572**/1.772	0.023/1.024	1.189**/3.286	1.740**/5.702
6 个	0.390*/1.476	0.158/1.172	0.554/1.740	2.067*/7.902

---

① 前面已经说明，两期数据代际经济获得概率的测量不同，二期数据是通过数值累加转换得出，没有直接测量的题目，因此 CHARLS 一期与二期数据获得的代际经济支持概率并不具有数值的纵向比较性价值。

续表

数量	CHARLS 一期		CHARLS 二期	
	儿子数量的影响	女儿数量的影响	儿子数量的影响	女儿数量的影响
7 个	0.504*/1.656	0.475/1.609	/①	/
8 个	0.230/1.258	0.879/2.409	/	/
9 个及以上	0.497/1.644	0.235/1.265	/	/

注：对估计模型的标准误进行了稳健性调整（Robust）；＊、＊＊、＊＊＊分别表示显著性水平小于
0.05、0.01、0.001。

表 4-11 中数据显示，CHARLS 一期、二期中儿子数量与女儿数量对代际经济支持影响有一定的差异。在 CHARLS 一期数据中，儿子数量在 2—7个范围内均通过了显著性水平检验，而女儿数量在梯队数量分析中均未通过显著性水平检验。CHARLS 一期数据中儿子数量在 2—7 个显著影响的范围中存在拐点，即儿子数量为 5 个时。在儿子数量在 2—5 个区间时，其影响系数呈现递增态势，而在 6—7 个区间时儿子数量的影响出现降低。

在 CHARLS 二期数据中儿子数量和女儿数量均在 2—6 个区间内通过显著性水平检验。在控制其他变量的情况下，儿子数量在 2—5 个区间与一期估计结果相同，均呈现递增态势，但是儿子数量在 6 个时，影响明显下降。不同于一期数据结果，在控制其他变量的情况下女儿数量在第二期数据中呈现出递增态势。

尽管 CHARLS 一期与二期数据在代际经济获得概率的测量内容有差异，导致不能形成面板数据以及比较数值的差异，但是从截面数据比较，儿子数量对代际经济支持获得概率的影响均存在拐点。在控制其他变量与显著性水平 5%的条件下，一期、二期数据均显示拐点为 5②。通过一期数据与二期数

---

① 在二期数据中，儿子数量 7 个、8 个以及 9 个（没有 9 个以上），女儿数量 6 个与 7 个（没有 8 个及以上），由于以上数值个案数较少，Logisitic 模型未给出相应数值。

② 二期数据中儿子数量为 6 个时获得代际净收益最大（表 4-9 所示），是在未控制其他变量的情况得出的。

103

据对比发现，女儿数量对代际经济支持获得概率的影响已经呈现出明显的梯队递增态势，二期数据中女儿数量在 2—6 个区间的代际净收益递增（表 4-9 所示）均说明女儿数量对家庭养老也产生了重要影响。

第三节　代际经济支持过程：利他主义或交换关系

代际经济支持集中体现了父代的投资与收益过程。研究数据结果已经展现了代际经济支持过程中的反馈特点，即父代在老年期获取的代际转移支付为净经济收入，同时也说明了代际经济支持年龄队列递增状况，表明了家庭单位制的代际投资收益。代际合作视角下，利他主义或交换关系对家庭效用有着重要影响。在利他主义关系中，家庭成员的代际合作是为了实现整个家庭效用最大化，彼此互相贡献，父代在老年期能获得较稳定的收益。但在交换关系中，家庭成员的代际合作是为了实现成员自身效用最大化。父代在老年期将较难获得稳定的收益，收益的获得将根据投资状况与自身条件而定。

一、　利他主义或交换关系假设的本土化构造

无论持利他主义观点的贝克尔还是持交换论的考克斯，基本从父代角度论述家庭投资的选择问题。有别于西方家庭养老的文化传统，中国家庭的代际经济支持体现着中国家庭养老自身的文化传统与家庭格局（例如尊老爱幼）。在中国的文化情境下，父代与子代的互动，也包括多代间的互动（例如隔代养育）成为研究中国家庭养老的重要现实基础。

为便于后面的分析，有必要简单回顾一下贝克尔的利他主义观点与考克斯的交换论。贝克尔在分析家庭效用过程中，强调了父代在家庭的作用，子代被称为利他主义受益者的作用，子代的家庭效用只是置于重要参数位置。贝克尔家庭总效用的构造公式为：

$$U_h = U\left[Z_{1h}, \cdots, Z_{mh}, \Psi\left(U_w\right)\right] \tag{式 4.1}$$

式 4.1 中，Z_h 与 U_w 分别代表利他主义者（父代）和利他主义受益者的效用，Ψ 是 U_w 的正函数。不同于贝克尔以利他主义父代为前提构造的分析模型，考克斯构造数据模型中，将父代和子代当作两个单独的互相影响的要素。考克斯指出，父代和子代的家庭效用模型为：

$$U_d = U \ (C_d, \ s, \ V \ (Cr, \ s) \ ) \eqno{（式 4.2）}$$

式 4.2 中 U_d 是父代的家庭福利，V 是子代的家庭福利，C_i，$i = d$，r 是父代与子代家庭价值产品的消费，而 s 指的是子代提供给父代的服务。式 4.2 既包括利他主义过程也包括交换的过程，父代照顾子代，同时子代提供家庭价值产品[①]。那么家庭中利他主义过程和交换关系如何界定？考克斯认为，如果父代是利他主义者，会增加子代收益，家庭交换的概率会降低。父代的家庭效用降低，但家庭整体效用增加。但如果是交换关系，就会导致家庭交换的概率增加，但是父代家庭收益不会下降，同时父代在给子代投资的过程中具有选择性。简单而言，如果父代的投资基于后期的投资回报预期，那么就是交换关系；如果父代的投资基于家庭的整体效用（例如投资能力较差的子女），那么就是利他主义过程。

贝克尔与考克斯均是从父代角度去论述家庭代际转移支付的过程，原因在于西方家庭传统和研究环境，子代基本没有义务与责任去照顾父代。正如贝克尔所言，父代对子代的收益预期更多是心理上的回报而非经济上的回报。有别于西方传统，中国农村家庭养老有着明显的反馈特征以及单位制特点，体现着农村家庭合作式格局。在中国的研究情境下，代际转移支付可以从子代对父代的经济支持角度分析，借用考克斯利他主义或交换的代际转移支付公式构造，验证中国农村家庭养老中的利他主义或交换关系。

中国农村情境下，绝大多数老年人均存在第三代，而且隔代养育成为一种普遍的家庭生活形式，因此在考克斯提出的公式（式 4.2）内部应该加上

---

① Donald Cox & M. R. Rank, "Inter Vivos Transfers and Intergenerational Exchange", *The Review of Economics and Statistics*, 1992, 74（2），pp. 305-314.

隔代养育的内容，同时子代对父代的服务绝不仅限于心理与生活照顾，还要包括货币化的经济支持。由此式 4.2 也可以表述为，老年人家庭福利可以由子代提供的经济支持与服务构成，这种经济支持与服务可以表述为利他主义过程也可以表述为交换关系。如果老年人的代际回报（家庭福利的一种）不受子代的投资以及隔代养育的影响，那么这个过程可以称为利他主义过程，反之如果老年人的代际回报受到子代的投资以及隔代养育的影响，这个过程则应称为交换关系过程。

贝克尔认为家庭福利产品的生产依赖于货币和时间。因此对子代的投资可以用货币化的早期大额投资①以及近期的货币化投资来测量，而隔代投资可以利用空闲时间照看孙代以及给予孙代的货币化投资进行测量。按照代际转移支付中的利他主义和交换关系的界定，如果代际转移支付中存在交换关系，则会形成如下四个假设：

H1：对子代早期的大额投资影响着农村老年人代际经济获得状况；

H2：对子代近期的投资影响着农村老年人代际经济获得状况；

H3：隔代投资影响着农村老年人代际经济获得状况；

H4：隔代照顾的大额投资影响着农村老年人代际经济获得状况。

二、 利他主义或交换关系的数据验证

本书利用 CHARLS 一期数据与二期数据展开经验数据验证，如果两期截面数据呈现相对统一的结果，则说明研究结论的稳健性较好。按照研究设计，本书首先利用一期数据开展了经验数据的验证工作。遵循"更准确的数据选择，更合适的分析技术，更稳健的分析结果"的分析原则，本部分的因变量仍然采用了农村老年人代际经济支持获得状况（二分变量）。变量的选取基于以下三点：第一，国内外尽管也有部分学者使用经济支持连续变量

---

① CHARLS 一期数据是以 5000 元及以上等值货币或商品称为大额投资，而在二期数据中则是利用彩礼和房产等作为大额投入。

（货币化的经济支持具体值），但该数据主要由受访者估计得出，同时还有部分值需要计算估计量最大值与最小值的平均值，如果采用较精确的估计模型，反而会使估计结果的误差较大；第二，CHARLS 一期数据与二期数据在对货币化的经济支持进行测量的过程中，存在测量内容的不一致性，因此不具有合并成面板数据的前提；第三，国内外也有不少学者利用代际经济获得状况的二分变量作为代际经济支持的测量变量。

按照研究假设，数据分析模型中的自变量为对子代早期大额投入（货币金额≥5000），对子代近期①的投资状况（二分变量）、隔代投资状况（二分变量）以及隔代照顾（二分变量）。按照相关文献，控制变量分别为性别、年龄、健康状况、受教育水平、婚姻状况、儿子数量、女儿数量以及个人收入状况等。鉴于区域经济发展水平对代际经济支持并未产生显著性影响，因此估计模型未选用多层估计模型，而直接使用非条件 Logistic 模型（对标准误进行 Robust 稳健性调整）。同时由于代际经济支持状况数据是在分居家庭中获取，并未调查样本全部家庭类型，可能存在样本选择性偏误。因此通过 PSM 计量分析方法进一步验证了代际投资的回报效应。

（一）Logistic 多元模型的估计结果分析

1. 估计模型的拟合优度与假设验证

利用 CHARLS 一期数据，本书首先将自变量：给予子代的早期大额投资、给予子代的近期投资、隔代投资与隔代照顾以及农村老年人代际经济支持状况（因变量）代入模型，得到估计模型Ⅰ；然后将控制变量：性别、年龄、健康状况、受教育水平、婚姻状况、儿子数量、女儿数量以及个人收入状况代入模型，得到估计模型Ⅱ；为验证估计结果的稳健性，本书从模型Ⅱ中分别挑选了通过 5% 和 1% 显著性水平检验的变量，分别得到估计模型Ⅲ，估计模型Ⅳ。具体估计结果如表 4-12 所示。

---

　　① 本书中，"近期"通常指距调查时一年范围内。

表 4-12 投资回报效应的 Logistic 估计模型结果

变量	模型 I (b/eb)	模型 II (b/eb)	模型 III (b/eb)	模型 IV (b/eb)
自变量				
对子代的大额投资（没有=0）	(−0.241/ 0.786)	(−0.170/ 0.843)		
对子代的近期投资（没有=0）	(−0.338/ 0.713)	(−0.431/ 0.649)		
隔代投资（没有=0）	(0.694***/ 2.002)	(0.739***/ 2.094)	(0.710***/ 2.034)	(0.680***/ 1.974)
隔代照顾（没有=0）	(0.329***/ 1.390)	(0.425***/ 1.530)	(0.479***/ 1.614)	(0.476**/ 1.610)
控制变量				
性别（女=0）		(−0.280*/ 0.755)	(−0.260*/ .770)	
年龄（60—64岁=1）		(0.141***/ 1.152)	(0.185***/ 1.203)	(0.189***/ 1.209)
健康状况（很差=1）		(−0.039/ 0.961)		
受教育水平（从未上学=1）		(−0.090/ 0.914)		
婚姻状况（其他=0）		(−0.275*/ 0.759)	(−0.198/ 0.820)	
儿子数量（子女数=1）		(0.063***/ 1.065)	(0.074**/ 1.077)	(0.078**/ 1.081)
女儿数量（女儿数量=1）		(0.065***/ 1.067)	(0.055**/ 1.057)	(0.065*/ 1.068)
个人收入状况（无收入=0）		(0.011/ 1.011)		
Wald chi2 BIC	55.41*** −15139.21	93.13*** −8547.00	99.38*** −11994.07	95.90*** −12004.47
正确分类概率	55.56%	60.15%	60.34%	60.16%

注：括号中的数值是对标准误进行稳健性调整（Robust）；变量旁边括号内赋值为参照组；* p<0.05；** p<0.01；*** p<0.001（双尾检验）。

表4-12中数据结果显示，4个模型的 Wald chi2 值均通过了 1‰显著性水平检验。综合 BIC 值以及 Correctly classified 预测值（以 0.5 为割点），求得一个解释效率更优的数学模型。综合四个模型拟合优度指标，估计模型Ⅳ的拟合优度较好且较稳健，对农村老年人代际经济支持的解释力度较佳。模型Ⅳ较模型Ⅲ而言，进入模型的变量均通过了显著性水平检验，而且模型的解释敏感性并未呈现明显下降，表明从模型Ⅱ中剔除的未通过显著性水平1%变量对结果估计未造成明显的解释影响。

按照 CHARLS 一期数据的分析过程，本书对 CHARLS 二期数据也进行了相应的分析。分析结果显示，隔代投资与隔代照顾依然呈现显著性相关（sig.=0.000），对子代的投资依然未通过显著性水平检验。因此根据二期数据的估计结果，可以得出给予子代的两种投入（大额投资与近期投资）都未通过显著性水平检验，即在5%的显著性条件下，研究假设 H1、H2 不成立，但给予孙代的两类投入（隔代投资与隔代照顾）通过了显著性水平检验，即在1‰的显著性条件下，研究假设 H3、H4 成立。

2. 给予子代投入影响的解释

CHARLS 一期与二期通过交互分析均发现，给予子代的近期投资对农村老年人经济支持获得的影响均不显著（sig.$_{(一期)}$ = 0.116，sig.$_{(二期)}$ = 0.078），而给予子代的早期大额投资对农村老年人经济支持获得的影响显著（sig.$_{(一期)}$ = 0.000，sig.$_{(二期)}$ = 0.000），但在 CHARLS 一期数据与二期数据的多元估计模型中，给予子代大额投资的影响受控制变量的影响，均变得不显著，表明早期的大额投资影响并不是独立影响变量。另外控制相关变量的情况下，年龄变量依旧呈现出显著性相关，也表明农村家庭内部存在明显的代际合作，而这种合作不受既往子代的投资与眼前的投资影响。随着年龄的递增，子代对父代的供给也在相应递增。因此可以表明子代投资回报的非显著效应体现出了利他主义过程。

3. 隔代投资与隔代照顾影响的解释

在表4-12四个估计模型中，在给予子代投入和其他变量的控制下，隔代投资与隔代照顾均通过显著性水平检验。通过估计模型Ⅳ可以得出，在CHARLS 一期数据中，在控制其他变量以及 1‰的显著性条件的情况下，实现隔代投资与隔代照顾的农村老年人获得子代经济支持的概率分别会增加91.42%、61.04%。在 CHARLS 二期数据中，控制其他变量以及 1‰的显著性条件的情况下，实现隔代投资与隔代照顾的农村老年人获得子代经济支持的概率分别会增加 73.17%、46.74%。因此无论一期数据还是二期数据，隔代投资与照顾均显示出了投资的回报效应。农村家庭成员之间存在紧密的代际经济交换，这种代际合作对家庭养老有着重要作用。在调研个案中，也有这样的情况。

个案 [10-HS-W]，女，65 岁，老伴健在，有两儿一女，两个儿子都在附近，女儿嫁到邻村。W 和老伴轮流在大儿子家和小儿子家住半年。大儿子和小儿子家境差不多，但是老伴觉得大儿子家比小儿子更对老人尊重和讲孝心。W 认为，虽然在大儿子家住有点累，要帮他们家做点日常家务，最重要的是要把孙子带好，每天都要管孙子的一日三餐，还要带他出去逛，小孙子喜欢闹，每天都出去玩几个小时。在小儿子家也是要做日常家务。但相较而言，感觉大儿子和媳妇对自己更贴心。带小孩子每个人还给 200 块，另外还经常给她买衣裳，如遇到老两口生日还给他们过生日。在小儿子家，能给一日三餐就不错了，有时候还要帮他们洗衣服，经常不给他们零花钱。照理说相较大儿子，老人觉得小时候应该更疼小儿子，有好吃的好喝的，都留给小儿子，但是现在一点都不知道知恩图报，老人觉得算白疼小儿子了。

个案 [10-XF-L]，男，68 岁，身体健康，老伴健在，有两个儿子。大儿子在村子里开一个餐馆，小儿子在村子里开一个超市。虽然老伴健在，但是长期不住一起，因为要分别帮儿子们看孩子。大儿子和小儿子自从开了餐馆和超市后，就经常为人手犯愁，因为现在农村里面年轻人不多，而且还要开出价格不低的工资，更重要的是要厚道，不好吃懒做，请过一些人，都不称心。过来的时候，就和我们商量，改变轮流住的方式，改成一家一人。我身体好些，老伴颈椎不好，最后的安排是，我去大儿子家做点家务，帮着看孙子。大儿子、小儿子对我们还算孝敬，经常还给我一点零花钱，老伴在那边也是一日三餐，有吃有喝，小儿子还算有孝心，对他妈还不错，还带她去看病。我现在没有多的想法，就是健健康康的，能给儿子们多带带孩子，只要身体好就会一直接送他们上下学。

（二）倾向值匹配分析

尽管通过 Logistic 估计模型已经初步检验了隔代投资的回报效应，但是由于代际经济支持获得状况是在分居家庭中开展调查，考虑样本可能存在的选择性偏误，本书将继续通过 PSM 计量方法验证隔代养育对农村老年人代际经济支持的影响①。按照一期与二期分别验证的步骤，本书首先进行的是 CHARLS 一期数据中隔代投资与照顾效应的验证。

1. 倾向值打分

对自变量、控制变量（协变量）进行分类统计，分别建立处理组与对照组。处理组与对照组的均值显示，关键的控制变量（年龄与子女数量）的均值存在一定差异，有可能存在样本选择性偏误问题，有必要进行倾向值匹配分析。

根据倾向值匹配分析的思路，为保证倾向值匹配的平衡要求，将倾向值得分划分为 5 个区间。PSCORE 验算结果显示隔代照顾平衡条件在这 5 个共同支撑区间内得到满足，即处理组所在区间的样本能在同一区间中找到对照组具有相同或相近的禀赋特征样本，从而可以进行倾向值匹配，5 个区间内

---

① 由于在一期数据和二期数据 Logistic 的 4 个估计模型中给予子代的投入对农村老年人代际经济支持的影响均不显著，因此在 PSM 分析部分，未讨论对子代投资的回报。

单元分布情况如表4-13所示。另外隔代投资在4个区间内实现平衡要求①。

表4-13 隔代照顾的回报效应：处理组与对照组的倾向得分分布

区间的最小值（x）	处理组	对照组	总数
0	494	742	1236
0.2	35	124	159
0.3	119	184	303
0.4	204	260	464
0.5	267	204	474
总计	1514	1119	2633

2. 运用倾向值得分进行样本匹配并比较

由于倾向值卡尺分析存在一定估计误差，为保证倾向值计算的稳健性，通过200次重复抽样的自举法（bootstrap）对标准误进行了调整②。通过最邻近匹配方法、分层匹配方法以及核匹配方法分别得出隔代照顾和隔代投资对农村老年人代际经济支持获得的ATT效应。具体结果如表4-14所示：

表4-14 隔代照顾的回报效应：ATT估计值

估计结果	处理组样本数	对照组样本数	ATT估计值	标准误	T值
隔代照顾效应的最邻近匹配方法	643	442	0.115	0.041	2.832 **
隔代照顾效应的分层匹配方法	642	1469	0.119	0.027	4.394 ***
隔代照顾效应的核匹配方法	643	877	0.112	0.027	4.088 ***
隔代投资效应的最邻近匹配方法	312	416	0.125	0.043	3.823 ***

---

① 为使本书看起来更通顺，省略了一些表格，隔代投资的回报效应倾向值分布从略。

② 本书分别进行了100次、200次、300次重复抽样的自举法，结果显示200次重复抽样自举法调整的标准误结果已经呈现收敛状态。

续表

估计结果	处理组样本数	对照组样本数	ATT估计值	标准误	T值
隔代投资效应的分层匹配方法	312	1843	0.123	0.029	4.208***
隔代投资效应的核匹配方法	312	1771	0.124	0.029	4.321***

表4-14显示，通过最邻近匹配方法、分层匹配方法以及核匹配方法，隔代照顾的 ATT 估计值分别为 0.115、0.119、0.112，隔代投资的 ATT 估计值分别为 0.125、0.123、0.124。两组结果均较稳健，未出现较大波动，且均通过 1‰的显著性水平检验。结果表明在考虑样本选择性偏误的情况下，隔代照顾、隔代投资均存在代际经济支持的回报效应。

对二期数据采用同样的步骤，通过最邻近匹配方法、分层匹配方法以及核匹配方法分别对隔代照顾的回报效应和隔代投资的回报效应进行倾向值匹配分析。CHARLS 二期结果显示，隔代照顾和隔代投资均存在显著性的代际经济支持回报效应，隔代照顾的 ATT 估计值分布在 (0.102，0.110) 之间，隔代投资的 ATT 估计值分布在 (0.173，0.179) 之间。CHARLS 一期与二期截面数据的估计结果均显示，隔代投资与隔代照顾均存在代际经济支持的回报效应。

3. **倾向值匹配的稳健性分析**

倾向值匹配第一阶段由于估计倾向值得分时存在不确定性，模型变量的设定取决于研究者，主观性较强。因此为降低进入模型协变量的主观性，阿巴迪和伊本斯（Abadie & Imbens，2002，2006）利用马氏距离，进行放回且允许并列的 K 近邻匹配，同时通过处理组与控制组内部进行二次匹配，求得在异方差条件下成立的稳健性标准误。

通过 nnmatch 统计模块提供的倾向值计算方法，CHARLS 一期隔代照顾与隔代投资效应 ATT 的估计值分别为 0.118、0.127（默认权重矩阵为 inverse variance），且在 1‰水平上显著。按照相同步骤，CHARLS 二期数据隔代照顾与隔代投资效应 ATT 的估计值分别为 0.107、0.181（默认权重矩阵为 inverse variance），且在 1‰水平上显著。结果表明，即使通过二次匹配，在异方差条件下成立的稳健性标准误条件下，CHARLS 二期数据均显示了隔代照顾与隔代投资的回报效应显著。

Logisitic、倾向值匹配计量方法均显示，隔代照顾与隔代投资均对农村老年人代际经济支持存在显著性的解释效应。如果隔代照顾与隔代投资是对子代一种间接的投资形式，那么这种间接投资形式具备回收投资的解释效应，则农村家庭代际投资与回报之间存在显著性的交换关系。

综合对子代早期投资与近期投资影响的不显著性，以及隔代照顾与隔代投资对代际经济支持的解释效应，说明中国农村家庭养老中存在利他主义与交换预期的混合关系。考克斯也指出，在发展中国家存在利他主义与交换预期的混合关系，塞孔迪（Secondi，1997）、陈皆明（1998）、王梦淇（2017）等利用中国调查数据的分析结果也显示中国家庭存在利他主义与交换预期的混合关系①。

三、 混合关系与家庭养老功能

贝克尔指出，家庭成员间通过家庭成员利他主义合作，实现了家庭效用的最大化。贝克尔基于家庭成员之间的利他主义行为，通过代际交叠模型（OLG）分析了家庭中老年人代际经济支持与财产继承之间的关系，即在不减少父代家庭效用的前提下，增进其他成员的家庭效用，从而可以实现家庭效用的帕累托最优。家庭效用的帕累托最优，保证了子代得到相对公平的投资，能力较弱的子代成员会得到相对较多的投资，同时也保障了父代在老年期得到相应的生活照顾和情感满足。从家庭养老功能的角度看，利他主义行为有利于父代在老年期得到稳定的照顾。费孝通（1983）提出的中国农村家庭的反馈模式，也可以被认为是利他主义的家庭行为模式。费孝通认为父代

---

① 王梦淇：《父母收入水平是否影响子女对父母的代际转移》，《经济资料译丛》2017 年第 1 期，第 39—53 页。

养育子代，子代在年老时反馈父代。在反馈家庭模式中，子代与父代之间形成默契关系，从而保障了父代在年老时获得稳定的家庭保障。CHARLS 一期与二期数据表明，对子代投资的非显著回报、年龄队列的递增回报效应均显示了农村老年人获得了一定的家庭保障。

相对于利他主义，交换关系则不利于父代在老年期获得稳定的家庭保障。交换关系承认了投资与赡养存在相应的前提，有了投资则有赡养，两者之间存在明显的利益驱动。父代在老年期想获得稳定的家庭保障，则需要追加相应的投资。CHARLS 一期与二期数据也显示，隔代照顾与隔代投资的代际经济支持回报效应显著，表明父代在老年期要追加相应投资①，以获得更稳定的家庭保障。如果父代在老年期由于身体原因或者经济原因不能给予隔代照顾与隔代投资，则会降低代际经济支持的发生概率，家庭保障的稳定性会受到明显影响。

CHARLS 一期与二期数据中体现的中国农村家庭养老中的混合关系，说明了中国农村家庭养老内部存在变动性因素（例如老年人的健康与晚年收入等），这种变动性会影响农村老年人获得稳定的家庭保障。老人照顾孙辈除了传统意义的享受天伦之乐以外，也有其现实的目的——增进子女关系、彼此互相帮助和照顾。宋璐指出在一个合作模式的家庭中，父母对子女提供照顾孙辈的服务，而后者也提供相应的回报②。陈（Chen，2000）、肖特（Short，2000）的调查也发现父代通过提供照顾孙辈的服务，获取更多的情感支持与经济回馈③。

---

① 隔代照顾和隔代投资作为中国家庭文化传统，增进了农村老年人的生活乐趣。本书并不否认隔代照顾和隔代投资的家庭伦理价值，但同时本书认为隔代照顾与隔代投资对农村老年人的代际支持呈现显著回报效应，则表明了其内在的交换价值。家庭伦理价值与内在的交换价值不应混为一谈。

② 宋璐、李树茁：《当代农村家庭养老性别分工》，社会科学出版社 2011 年版，第 120—121 页。

③ Chen F., Short S. E. & Entwistle B., "The Impact of Grandparental Proximity on Matternal Children in China", *Populatiaon Research and Policy Review*, 2000, 19 (6), pp. 131-590.

第四节　代际合作、家庭养老与家庭规模变动

本书以代际经济支持作为家庭养老分析的切入点，分析了代际经济支持的反馈和单位制，论述了子代规模对代际经济支持的影响，阐明了中国农村家庭私人转移支付中的混合关系。本部分将从经验数据结果中，归纳出代际合作、家庭养老与家庭规模变动三者的关系。

一、代际合作与家庭养老

在代际合作视角下，家庭养老是代际合作的结果，是家庭内部价值商品，体现着货币流动和时间消费。本书以代际经济支持作为家庭养老分析的切入点，分析了家庭养老形成的代际合作机制。

本书通过 CHARLS 一期、二期数据已经证明，反馈关系与单位制是家庭养老的重要机制。CHARLS 一期、二期数据均显示农村老年人代际经济流动的特点为净流入，即得到的经济支持大于提供的经济供给，充分反映了农村家庭存在的反馈特征。同时，农村老年人获得子代经济支持的比例随着年龄队列整体呈现增加态势（尽管子代供给存在拐点）。在多元 Logisitic 回归模型中，控制其他变量的情况下，年龄对代际经济支持获得概率的影响也基本呈现显著递增状态（尽管也存在拐点）。由此表明在家庭内部的代际合作中，子代成年之后对父代提供较持续的经济回馈，并且随着父代的年龄增大，其经济支持的概率基本呈现增大态势。代际合作形成的家庭养老成为中国农村老年人家庭行为的惯性与路径依赖。

在诸多的影响因素中，子代数量成为影响反馈与单位制的重要因素。CHARLS 一期与二期数据均表明，多子女家庭的代际经济支持均值高于少子女家庭的代际经济支持的均值，同时多子女家庭的经济反馈值也明显增加。无论 CHARLS 一期还是二期数据，多子女家庭的年龄队列代际回报率均高于

少子女家庭的年龄队列代际回报率，多子女家庭年龄队列代际回报率更稳定。在控制其他变量的情况下，子代数量对代际经济支持概率呈现显著性正相关，同时以 5 为拐点呈现递增效应（1—5 之间递增，6 及以上呈现下降）。

本书同时也分性别分析了儿子数量与女儿数量的影响。数据结果显示，儿子数量与女儿数量均对代际经济支持获得的概率产生了显著性的正影响。在控制其他变量与显著性水平 5% 的条件下，一期、二期数据均显示儿子数量影响拐点为 5[①]，与此同时，女儿数量对代际经济支持的获得概率也呈现明显增加态势。

从子代数量、儿子数量与女儿数量对农村老年人代际经济支持的影响分析结果来看，在农村"多子多福"有着自身的经济价值和生活风险规避的功能（尽管影响存在拐点）。基于代际经济支持的分析，家庭养老功能的实现（反馈关系与单位制）依赖于子代的规模（尽管规模的影响存在拐点）。贝克尔指出在经济欠发达地区或者传统形态社会，子代规模对家庭效用最大化有着重要的价值。尽管中国农村经济发展程度各异，同时农村的社会形态随着市场化与现代化进展已远非传统形态社会，但是 CHARLS 一期与二期数据均证实，子代规模（不均分性别）仍然是中国农村家庭养老的重要内生因素。

二、　家庭规模变动与家庭养老[②]

尽管由于农村老年人对家庭养老的路径依赖，区域经济发展水平不平衡对家庭养老未产生显著性影响，但是通过对"五普"数据、"六普"数据以及 2015 年人口抽样调查数据的对比分析发现，中国农村家庭规模已经发生

---

　① 二期数据中儿子数量为 6 个时获得代际净收益最大，是在未控制其他变量的情况下得出。

　② 在微观数据中，由于 CHARLS 一期、二期数据中代际经济支持获得概率与经济支持的具体数值测量内容不同，无法形成面板数据，因此无法利用面板数据去验证家庭规模变动与家庭养老之间的内在关系。只能通过宏观趋势与微观数据中的结论进行对应分析，找出其中的现实性矛盾。

了显著性的变化，家庭规模明显在缩小，如表4-15所示：

表4-15　中国农村家庭户规模众数纵向对比表

	2000 年		2010 年		2015 年	
	频数	众数	频数	众数	频数	众数
北京	272863	三人户	254244	二人户	4474	二人户
天津	237844	三人户	225713	三人户	3408	二人户
河北	3838360	四人户	2803792	四人户	42550	二人户
辽宁	1998243	三人户	1545688	三人户	20511	三人户
上海	201081	二人户	394260	二人户	7797	二人户
江苏	3567997	三人户	2880530	二人户	34871	二人户
浙江	2122387	三人户	2403241	二人户	31156	二人户
福建	1380221	四人户	1085564	二人户	15991	二人户
山东	5181550	三人户	4257899	三人户	69991	二人户
广东	1846670	四人户	1669021	四人户	25531	四人户
海南	218838	五人户	247019	四人户	4309	四人户
山西	1599673	四人户	1271860	四人户	20094	二人户
吉林	1283307	三人户	1089524	三人户	14679	三人户
黑龙江	1740830	三人户	1635013	三人户	22115	三人户
安徽	3309034	四人户	2629533	二人户	30985	三人户
江西	2072395	四人户	1690279	四人户	22926	四人户
河南	5334669	四人户	4065963	四人户	53223	四人户
湖北	2648382	四人户	1931322	三人户	30989	二人户
湖南	3524849	四人户	2480012	四人户	33546	四人户
重庆	1819135	三人户	1378456	二人户	18420	二人户
四川	4822630	三人户	3624332	二人户	51498	二人户
贵州	1849992	四人户	1558393	二人户	19338	四人户
云南	2531173	四人户	2098326	四人户	27688	四人户

	2000 年		2010 年		2015 年	
	频数	众数	频数	众数	频数	众数
西藏	53267	四人户	75246	四人户	1387	四人户
陕西	1773065	四人户	1379260	四人户	18848	三人户
内蒙古	1084858	三人户	1049459	三人户	17168	二人户
广西	1973401	四人户	1707101	四人户	23761	四人户
甘肃	1256266	四人户	979034	四人户	13435	四人户
青海	194744	四人户	196429	四人户	2798	四人户
宁夏	232886	四人户	209000	四人户	3103	四人户
新疆	654904	三人户	762288	四人户	12989	四人户

＊数据来源：对"五普""六普"以及 2015 年人口抽样调查汇编而成。

表 4-15 数据显示了我国各省（自治区、直辖市）家庭规模变动状况，在 2000 年"五普"各省（自治区、直辖市）家庭规模众数中还存在海南省的家庭规模众数为 5，但是在"六普"以及 2015 年人口抽样调查数据中，已经不存在家庭规模众数为 5 的省（自治区、直辖市）。通过对省（自治区、直辖市）家庭规模众数的纵向比较也可以发现，除了个别省份有变大状态，绝大多数省份均呈现出家庭规模变小状态。因此无论从全国水平还是分省（自治区、直辖市）来看，家庭规模均呈现出缩小状态①。

家庭养老的实现依赖于反馈关系与单位制，通过 CHARLS 两期数据均发现子代规模对反馈关系和单位制存在显著性影响。整体而言，子代规模越大（不区分性别），反馈关系越稳定且获取的反馈经济支持越多，代际经济支持获得的概率也整体呈现递增趋势，同时多子女家庭的年龄队列代际回报率均高于少子女家庭的年龄队列代际回报率，多子女家庭年龄队列代际回报率更

---

① 由于目前老年人的生存率都在显著性提高，即使家庭中父代人数整体变动不大，但是家庭规模缩小也意味着家庭中子代规模的缩小。

稳定，子代规模对年龄队列代际回报率也呈现显著性递增效应。

即使从递增效应影响的拐点（子代数量为5个，儿子数量也为5个）来看，中国目前的各省区家庭规模中子代数量或儿子数量为5个的家庭也较少。同时中国农村家庭规模无论是全国水平还是分省区水平均呈现下降状态，因此会进一步影响农村家庭养老中的家庭反馈关系与单位制，从而扼制家庭养老功能。因此中国农村家庭规模整体性呈下降态势，对中国家庭养老功能存在负面影响①。

另外通过 CHARLS 一期与二期数据均发现，中国农村家庭养老存在利他主义与交换预期的混合关系。混合关系中的交换预期要求农村父代在老年期继续给予相应的投资和时间消费，而这些依赖于农村老年人的个人健康状况与收入状况，可能降低代际经济支持的发生概率，致使家庭养老保障的稳定性受到明显影响。从家庭内部经济支持的角度看，家庭各成员间秉承着交换与利益最大化原则，对家中老人进行经济支持和赡养任务，个案[09-YC-S]与个案［10-HS-L］说明了这种情况。

个案［09-YC-S］，女，70岁，丧偶，有两儿一女，小儿子和女儿都在外地工作。宋奶奶目前和大儿子住在一起，大儿子在农村教书，收入不高，而且负担沉重，日子过得有些拮据。即便如此，大儿子也对S照顾得很好，相反小儿子和女儿在外地工作，收入不错。不仅不能在身边陪伴老人，甚至很少给老人赡养费，只是过年回家才给老人很少的钱。据老人说，是因为大儿子在分家的时候得到了更多的财物，并且大儿子读的书多，家里花费也多一点，大儿子承担了主要责任，而小儿子的子女一直没让S操心，因此小儿子基本不管S。

---

① 尽管 Becker 指出子代质量可以抵消子代规模下降所带来的影响效应，但是通过 CHARLS 一期与二期数据对比分析发现，农村子代的个人收入并未明显的增加，从而子代质量对子代规模的消减效应在现有的数据中并不存在明显影响。

　　个案［10-HS-L］，男，68 岁，老伴健在，有三个儿子。大儿子在高中毕业后，就到县城就业了，在县城娶了个媳妇。二儿子读了大学，在外地工作，媳妇也是外地的。三儿子读到高二就不读了，在家里搞点养殖。在去年讨论分家的时候，大儿子、二儿子主动提出，家里的房产、钱物都不要，但是赡养的责任都要由三儿子来承担。大儿子、二儿子逢年过节的时候，会定期给家里一点赡养费。通过三个儿子和老人的协商，同意该方案。目前对两位老人的赡养，也是按照去年的协议在执行。三儿子现在对父母还是比较厚道，自己感觉得到父母最多的财富，就应该尽孝心。

　　本书通过 PSM 以及 RD 计量方法已经得出了外部新型农村合作养老制度对农村家庭养老的挤出效应。尽管数据显示，挤出效应呈现较小的状态，但是该状态已经显示外部的公共政策正在对传统的家庭养老功能产生负面的影响。因此基于家庭规模缩小趋势与家庭养老功能的内在矛盾，家庭养老中存在的混合关系以及新型农村合作养老制度的挤出效应，本书认为中国农村家庭养老存在系统性的客观问题①。正如考克斯指出，当私人性转移支付发生系统性的风险时，则应通过系统性的公共福利政策进行覆盖性补缺（overlap），从而增进个人整体性的福利。

第五节　本章小结

　　（一）本章以代际经济支持作为家庭养老分析的切入点，分析了家庭养老中两个重要机制：反馈关系与单位制。通过 CHARLS 一期与二期数据均证实，中国农村家庭养老中存在明显的反馈性转移，同时这种反馈性转移支付，在父代进入老年期整体呈现出增大趋势，这种趋势集中体现了家庭养老

──────────

　　①　本书认为，家庭养老系统性的客观问题是由家庭成员互动、家庭规模、外部挤兑等因素共同造成，家庭伦理建设（例如孝道）不能解决这个问题。

的单位制，即家庭成员代际合作的权利与义务。

（二）子代规模越大，农村家庭的反馈关系与单位制越稳定，家庭养老保障能力越强。子代数量（不区分性别）对家庭养老中的反馈关系与单位制均产生了显著性递增影响。整体而言，子代规模越大（不区分性别），反馈关系越稳定且获取的反馈经济支持越多，代际经济支持获得的概率也整体呈现递增效应。多子女家庭的年龄队列代际回报率均高于少子女家庭的年龄队列代际回报率，多子女家庭年龄队列代际回报率更稳定，子代规模对年龄队列代际回报率也呈现显著性递增趋势。同时本书也发现，子代数量与儿子数量对代际经济支持获得的概率影响存在拐点，即数量分别为 5 时。整体而言，中国农村家庭养老具有子代规模效应。

（三）区别于西方家庭研究，中国家庭养老有着明显的子代反馈特征与隔代养育状况。因此本书从子代投资与隔代养育角度，论证了中国家庭养老中存在利他主义与交换预期的混合关系，混合关系中的交换预期对父代的个人特征（例如健康）与收入水平做了进一步限制，从而可能降低代际经济支持的发生概率，致使家庭养老保障的稳定性受到明显影响。

（四）中国农村家庭养老具有子代规模效应，而中国农村家庭规模变动呈现缩小趋势，从而会负面影响家庭养老功能的发挥。同时基于家庭养老中存在的混合关系、新型农村合作养老制度的挤出效应，本书认为中国农村家庭养老存在系统性的客观问题。

（五）本书认为，应构建系统性的公共福利政策制度进行覆盖性补缺，抵御农村老年人因为家庭养老功能下降而造成的个人生活风险，以此增进个人整体性的福利。

第五章　对策：农村老年人整合照料体系

基于经验数据分析结果，家庭规模缩小会对家庭反馈关系与单位制造成负面影响，从而扼制家庭养老功能。中国农村家庭养老存在系统性的客观问题，应构建系统性的公共福利政策进行覆盖性补缺，从而抵御个人风险，增进农村老年人整体性的福利。按照嵌入性与系统性的原则，基于整合照料理论，本书构建了农村老年人整合照料体系。

第一节　对策构建的准则：嵌入性与系统性

既往的对策研究中，多侧重于某一资源，如政府支持资源（刘子兰，2003；汪沅等，2008）或家庭养老资源（张正军等，2012）等，而对社会资源整体综合运用的研究较少，对策研究也较缺乏整体性理论分析框架，造成对策研究的碎片化。另外也有不少对策分析较缺乏实际的操作性（例如"孝道"）。因此在构建农村家庭养老问题的对策之前，应明确公共福利政策的导入准则：嵌入性与系统性。

一、嵌入性

制度的嵌入性，源自格兰诺维特归纳的一个新经济社会学命题。格兰诺维特在《作为社会结构的经济制度：分析框架》一文中，指出制度是由社会结构形塑的，制度的嵌入往往是一个宏大的、多重因素交织在一起的、整体性的构造，制度不是孤立存在的。总体而言，制度的嵌入性有三个基础性的特性：整体性、弱嵌入性、混合主义等。整体性说明制度的产生、建立与社会结构之间存在密切关系，不可分割；弱嵌入性强调人作为制度生成和执行的主体，具有价值倾向和能动；混合主义是指低度社会化与高度社会化之间的平衡。他指出制度是由社会结构形塑的，制度的嵌入往往是一个宏大的、多重因素交织在一起的、整体性的构造，制度不是孤立存在的①。在对公共福利政策构造过程中，应清晰地指明所构造的公共福利政策与社会之间的关系。

经验数据已经证明，中国农村家庭养老具有子代规模效应，子代规模越大，农村家庭养老功能越稳定，而中国农村家庭规模变动呈现缩小趋势，进而会负面影响家庭养老功能的发挥，同时基于家庭养老中存在的混合关系、新型农村合作养老制度的挤出效应，中国农村家庭养老面对着系统性的客观问题。因此应从外部制度建设着手，进行覆盖性补缺。

在开展家庭养老的外部制度建设中，也应明确中国农村老年人的行动惯性与路径依赖，这些同样也是制度嵌入性的重要基础。经验数据已经表明，中国农村老年人不受经济发展程度控制，对家庭养老存在高度的路径依赖。尽管家庭规模缩小会影响家庭养老功能，但是从 CHARLS 两期数据可以看出，家庭养老中的代际合作基础——反馈关系与单位制依然存在。因此基于嵌入性，在开展家庭养老的外部制度构建过程中，应选择与家庭养老密切相关的公共福利政策，从而更符合政策目标群体的价值观。

---

① 马克·格兰诺维特：《作为社会结构的经济制度：分析框架》，梁玉兰译，《广西社会科学》2001 年第 3 期，第 92 页。

二、系统性

《贝弗里奇报告》在对英国社会保障制度提出政策建议之前，首先强调了政策的碎片化对政策效力的损害，他高度强调了应系统性构建公共福利政策。在中国农村对老年人形成社会支持力的公共福利供给较多，例如居家养老、政府性的养老机构、一些社会组织提供的养老服务，但同时研究团队通过前期的个案访谈与实地观察，可以明显发现中国农村养老资源存在严重的碎片化问题。农村养老支持体系的碎片化是指中国农村制度性养老与非制度性养老、商业性养老资源与非商业性养老资源的分离，具体是指商业性养老机构、商业性养老服务、政府性养老机构、居家养老机构、农村家庭养老等养老支持力量的分离，同时家庭、政府和社会组织三者在为农村老人提供养老服务时供给主体分离，缺乏有效的协作机制。农村养老资源的分散和制度的碎片化，也造成了农村社会资源的浪费，供给效率下降。

家庭养老作为一种传统的社会保障力量，或者说是一种非正式社会支持，而社会保障制度作为正式的社会支持，是国家政府为主导的准公共产品。两者之间的关联建立在准公共产品的特质、历史发展的经验以及数据调查结论与理论解释上。

（一）准公共产品的特质

哈贝马斯认为，家庭是私有领域，是私人领域的核心，其基础性的机制是私人自律。阎云翔与王习明的"乡村治理变迁研究"已经证实，过多的外部行政干预只会让家庭养老进一步丧失其功能。社会保障作为一种准公共产品，其自身的非排他性和非竞争性特质①，决定了它与传统的社会保障力量之间嵌合的可能性。

---

① 米红、杨翠迎：《农村社会养老保障制度基础理论框架研究》，光明日报出版社2006年版，第7页。

（二）历史发展的经验

美国前总统罗斯福认为，安全保障是通过家庭成员之间的互相依靠和居民点内各个家庭之间的互相依靠而取得的。大规模社会和组织行业的复杂情况，使得这种简单的安全保障方法不再适用。因此，需要运用整个民族的积极关心来增进每个个人的安全保障①。国内学者刘燕生在《社会保障的起源、发展和道路选择》一书中就花了大量的篇幅论述家庭养老的功能与变迁。他指出，照顾老年人的责任从家庭过渡到社会，不是一个自发的历史过程，而是一个被动的转移过程，它受制于社会经济发展水平、生活方式、生产方式以及文化、城市化、工业化和现代化进程等因素影响。在历史的发展过程中，通过社会的作用，通过法律的保障来完成社会保障对家庭养老的替代或补充关系②。

由以上可以看出，家庭养老作为一种传统的社会力量，社会保障作为现代的准公共产品，尽管作为非同源的社会力量，但两者之间具有嵌合的可能性。在家庭养老这种家庭价值商品之外，构建一个与家庭养老有着密切联系的公共福利政策，需要一个完整的与系统性的理论框架，去"捏合"碎片化的养老资源，形成有供给效率的公共福利政策。

自20世纪90年代以来，西方国家为整合养老医疗资源，构造了一个相对独立而且目前已经发展相对成熟③的系统性理论——整合照料。本书将按照整合照料理论，构建系统性的农村养老安全网，解决制度碎片问题，提升养老供给效率。希尔（Hill，2007）、杜鹏等（2014）认为整合照料是对传统照料方式的一种深度改革，既调整了以往老年照料的制度框架，又变革了服务理念。整合照料具有系统性和连续性的照料优势，作为系统性的公共福

---

① 关在汉：《罗斯福选集》，商务印书馆1982年版，第89页。
② 刘燕生：《社会保障的起源、发展和道路选择》，法律出版社2001年版，第40—42页。
③ 成熟的一个标志就是国外已经有专门研究整合照料的杂志——*Internationl Journal of Intergrated Care*。

利政策，对中国现阶段农村养老体系完善有着重要的借鉴意义。

尽管本书是以经济支持为切入点分析农村家庭养老问题，但是绝不意味着农村家庭养老中的生活照顾与精神慰藉不存在问题，不需要外部公共福利政策进行覆盖性补缺。为避免政策设计的零碎性，在整合照料体系的功能设计上也相应强调了经济支持、生活照顾与精神慰藉的统一性和完整性。

第二节　农村老年人整合照料体系

肇始于20世纪90年代的整合照料核心特征就是利用现有的资源，加以系统整合，形成具有供给效率的服务体系。基于CHARLS的经验数据已经证实中国农村家庭养老面对着系统性的问题，需要通过外部公共福利政策进行覆盖性补缺。基于嵌入性与系统性的政策导入原则，本书认为以整合照料理论为指导原则，对中国农村的养老资源进行系统整合，从而更好地保障农村老年人的晚年生活质量。

一、整合照料理论及其框架

古德温（Goodwin，2013）提出整合照料是指整合不同的照料资源，使处于碎片化照料中的个体达至健康（主要为健康照料）和社会照料的理想化水平，整合照料的管理者和组织在诸多层次同时发生作用。整合照料包括两种主要的整合机制：一是机构整合模式，即在国家政策推动下着眼于照料机构层面的协调，完善或发展新的"机构"工作网络，整合原有的照料资源以提升服务的可及性。欧洲尤其是北欧等国家主要运用这一模式；二是社区整合模式，即以"社区"为基本照料单位，将国家、机构等照料资源集中调配，以提供不间断的、高质量的社会服务。这一模式，西方以英国、美国为代表，亚洲以日本、新加坡为代表，也是我国可以借鉴的一种模式。中国农村社区仍具有一定的行政管理职能，能更好地发挥农村社区的社会治理功能。

科德纳和施普劳恩贝格（Kodner & Spreeuwenberg, 2002）、罗伯逊（Robertson, 2011）指出整合照料的过程可分为服务输入、提供、服务的管理和组织等（Kodner & Spreeuwenberg, 2002），体现在：（1）由一个以上的组织联合（共同）提供卫生和社会服务；（2）连接初级和次级服务体系；（3）在单一部门内连接不同层次的照料，如健康服务、养老服务等；（4）连接预防和治疗服务。

霍克斯（Hawkes, 2009）认为整合照料从整合方向可分类为垂直整合和横向整合。按照这一分类方式，农村老年人整合照料体系也可分为垂直整合和横向整合。垂直整合是指初级养老体系与次级养老体系的整合。初级养老体系指的是农村家庭养老与制度性养老。次级体系包括商业性养老机构、商业性养老服务等构成要素。横向整合是对农村老年人整合照料体系功能的整合，主要包括向农村老年人提供生活照顾、卫生照护与心理支持等。在横向整合中强调组织整合，政府机构和社会组织之内或之间的老年照料机构实现协同工作、联系或策略性联合。

综合性是整合照料的重要特点，强调社会资源的最大化利用，将农村养老力量进行兼收并蓄，同时通过社会组织加以协调管理。另外在整合照料体系中，强调绩效管理。绩效管理是指对整合照料的质量进行评估与监管。

二、 农村老年人整合照料体系的组成要素

按照整合方向的分类，整合照料体系由农村养老体系中的制度性养老与非制度性养老、商业性养老资源与非商业性养老资源等要素构成，可将其分成初级养老体系与次级养老体系，构建以家庭养老和政府兜底为基础的农村整合照料体系（如图5-1所示）。

非商业性养老资源包括制度性养老与非制度性养老，为初级服务体系的构成要素。制度性养老包含政府性养老机构、国家相关的养老保障制度。政

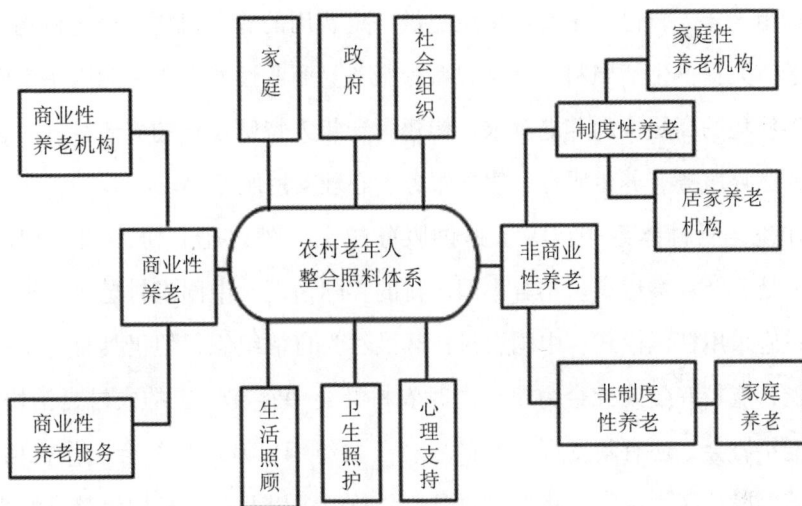

图 5-1　农村整合照料体系建构图

府性养老机构即政府主办的社会福利机构，是指在事业单位管理登记机关办理登记手续的养老服务机构，具有国家福利性质。居家养老服务是指政府与社会力量依托社区以居家形式，为老年人提供社会服务，是家庭养老能力不足时的补充。居家养老服务的内容主要包括三个方面：一是物质生活方面的需求，如衣食住行；二是医疗保健方面的需求，如保健、医疗卫生等；三是精神文化方面的需求，如文化娱乐、情感和心理慰藉等。

非制度性养老主要指农村家庭养老。家庭养老是中国农村最主要、最长久的养老模式。经验数据已经表明，中国农村老年人对家庭养老存在较高的路径依赖，并且不受经济发展水平控制。由于中国家庭子代规模衰减以及其他一些因素，中国家庭面临着系统性的问题。基于嵌入性原则，在农村老年人整合照料体系中要符合政策目标群体的价值观，应优先考虑家庭养老的供给能力。当出现子代数量少以及家庭养老供给能力缺位的状况，应对服务目标进行补缺性覆盖。

商业性养老资源包括商业性养老机构与商业性养老服务，为次级服务体系的构成要素。商业性养老机构是指实行交费入住制度的养老院、疗养所等，即由老年人自己、子女或单位提供一定费用的养老机构。养老机构为入住的老年人提供生活照料、精神慰藉等服务。商业性养老服务为满足老年人日益多样化的高层次的养老需求，构建为老年人特殊设计的养老社区，提供专业的医疗服务、养生服务、娱乐服务、心理支持服务等。

在整合照料体系中，除了提供服务的主体外，还有协调和管理的主体——社区及社会组织。结合中国农村的实际情况，中国农村老年人整合照料体系应采用社区模式。中国农村社区虽然为自治组织，但仍具有一定的行政功能，能较好凝聚社会力量。同时农村社会中存在一定的农村自治协会，例如老年协会，还有新发展起来的农村公益组织以及农村社会工作机构等。因此需要以社区为单位，将农村协会、公益组织以及社工机构等整合起来成立老年整合照料监管机构，履行评估、监督以及协调功能。评估指结合农村老年人个人及其家庭状况，选择服务主体以及评估服务效果等；监督是指家庭、社区以及社会组织在给农村老年人提供服务过程中监督服务投递状况；协调是指结合农村老年人实际情况，当服务主体不能满足农村老年人需求时，协调另外的服务主体展开服务。

老年人整合照料体系，将促进中国农村养老服务出现四大转型：从家庭照护到制度监管照护的转型；从以家庭为中心的赡养照料为主到家庭养老与制度性养老共同支撑的转型；从保障老年人衣食住行基本生活到提供康复照料、情感护理等服务保障的转型；从传统的经验性管理到标准化管理的转型等。

三、 农村老年人整合照料体系的功能

政策导入的系统性要求规避政策设计的零碎性，因此在整合照料体系的功能设计上也相应强调了经济支持、生活照顾与精神慰藉的统一性和完整性。

一是为老年人提供生活照顾，如衣食住行等最基本的生活物质需求上的

照顾。按照可持续原则，避免社会资源重复叠加和浪费。应通过个案评估的方式，以家庭为单位，考虑老年人的实际情况，优先选择家庭养老。如果通过评估发现家庭养老照顾功能缺失，则应通过制度性的居家养老方式进行补缺。基于研究发现，在家庭养老功能评估过程中，应重点考虑 85 岁及以上的老年家庭，同时对少子女家庭也应重点评估。另外对于少量鳏寡孤独的老人，则可通过政府救济性的养老院给予更多扶助。

二是为老年人提供卫生照护，如定期体检、提供常用药品、上门医疗服务等。农村老年人的卫生照护，应充分吸收美国等国家的经验，以社区为单位开展分类管理。通过社区的评估，按照社区内老年人的人数与高龄化状态，分成不同类型与等级，予以配备不同的卫生照护资源，尽可能实现资源利用的最大化，避免均等化所带来的资源浪费以及照护不周。

三是为老年人提供心理支持。心理支持主要指提供心理咨询、舒缓情绪障碍以及预警自杀倾向等。目前我国城市社区普遍建立了家庭卫生随访制度，国家也应在农村加大卫生投入，尤其是对农村留守老人的卫生投入。通过农村老年人的卫生随访制度，重点关照农村留守老人，及时发现老年人的心理问题。

四、 农村老年人整合照料工作机制与服务过程

农村老年人整合照料体系功能的实施有赖于一套完善的工作机制以及科学的服务过程。整合照料体系的优势就在于系统性与科学性。系统性表明了构成要素之间的衔接和执行效率，而科学性强调服务过程的科学性。

（一）农村老年人整合照料体系的工作机制

整合照料体系工作机制可以概括为：系统协作、分类服务、综合保障、科学监管。主要体现在四个方面：

1. 初级服务体系与次级服务体系衔接

农村老年人整合照料工作体系分为初级服务体系与次级服务体系。农村

老年人整合照料体系嵌入农村政府与社会之中，强调政府兜底，全社会共同参与的治理理念。

基于嵌入性，农村老年人整合照料体系中初级服务体系主要包括农村家庭养老、居家养老以及政府开办的机构养老院。在中国农村，家庭养老目前仍然是一支重要的社会力量，也承担着重要的经济支持作用，同时对老年人的生活照顾以及心理支持也发挥着其他社会力量不具备的功能。对家庭养老功能缺位家庭，应通过居家养老满足生活照顾的需求。对于少量无子女家庭的老年人，应通过政府开办的机构养老院予以支持。

次级服务体系主要包括政府性卫生系统、公益性社会组织、商业性机构及其服务。政府性卫生系统主要提供家庭卫生随访服务以及心理问题干预服务。公益性社会组织主要由慈善性机构与农村社会工作机构提供服务，而商业性机构主要提供商业性的机构养老以及保险等服务，商业性机构主要满足多层次的养老需求。

针对农村社区老年人的个案差异，匹配相应服务体系。差异化的服务体系匹配体现了社会资源的最大化利用，也是可持续原则的具体表现。当初级服务体系中发生服务投递障碍时，及时更改服务主体。初级服务体系以及次级服务体系由社区养老监管机构或社会组织予以评估与监管。

2. 服务对象的分类

在农村老年人整合照料工作机制中，先由组织决策和业务指导的部门确定整合照料的目标区域与人口，再由下属的各个责任部门进一步分类，匹配相应的服务体系。在做出决策前，对服务对象需求进行事前评估。贝雷特和佩特曼·布莱德沃（Berehtold & Peytremann Bridevau，2011）指出成功的整合照料要聚焦被照料者，即服务对象。整合照料的目标要明确，聚焦要遵从整体主义、服务对象为中心的哲学，包括所有的目标区域和人口，并促进服务对象的参与。

由于我国农村老年人人数众多，应坚持"社区—个人"的分类原则，建立完善的社区扫描机制。先对全社区进行分类，然后针对少量不匹配的个案进行重新分类。根据社区的老年人口数量、高龄化比例以及相应的社区资源指标，进行全社区的匹配。匹配后，应通过随访制度，观察个案的匹配状况。如果发现少量的不匹配个案，再进行重新分类，匹配相应的服务体系。

3. 服务体系的综合性

整合照料的重要特征之一就是综合性。综合性体现在服务供给主体的综合性和服务内容的多样性上。在农村老年人整合照料体系中，包含初级服务体系以及次级服务体系，供给主体来自家庭、社区、社会性组织、商业性机构等。农村老年人整合照料体系根据对服务对象需求的事前评估，为服务对象提供全面性、综合性的服务，如生活照顾、卫生照护、心理支持等。

4. 科学监管的绩效考核

整合照料的系统性意味着社会资源的最大化利用以及政策执行的效力，因此需要科学监管的绩效考核体系，对农村老年人整合照料的质量进行评估与监管。在绩效考核中，以"成本—收益"方法审视不同整合照料模型对养老资源使用的效果，用利益相关者的视角测量照料的绩效，以实际效果给予照料者一定的激励。绩效考核往往需要高素质的人力资源。为节约社会资源，节省物力与财力，绩效考核应主要针对政府投入多，家庭状况复杂的少量农村老年人个案。

（二）农村老年人整合照料体系的服务过程

农村老年人整合照料体系具有综合性、社会性、公共性等特点，需要多方协调、整合资源，建立一套科学工作机制以理顺工作关系，从而确保服务工作落到实处。整合照料体系的突出特点就是社会资源的最大化利用，同时最大化发挥养老功能，两者实现帕累托最优化。

按照公共产品生命周期，整合照料服务阶段包含服务主体与供应对象及其需求等。它们的关系体现在：通过整合把家庭、社区以及机构组织起来，为农村老年人提供全方位、全过程、全阶段的服务。农村老年人整合照料是一个全过程管理流程。服务供应区间主要对应服务主体各项工作，而服务对象链接区间则对应服务主体与服务对象之间的交互关系，服务需求满足区间则对应服务对象在接受服务投递后，需求满足状况。基于公共产品生命周期，服务供应区间、服务对象链接区间、服务需求满足区间关系模型如图5-2所示：

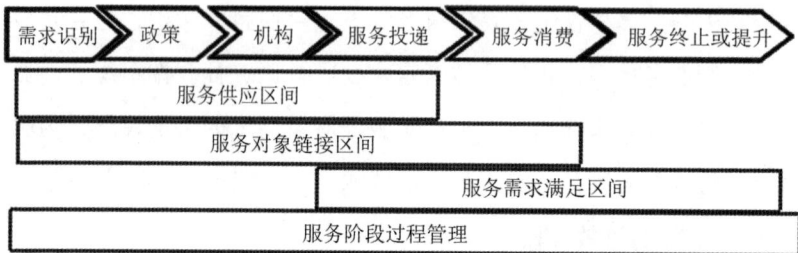

图 5-2　整合照料体系的服务过程

图5-2表明，农村老年人整合照料是全过程管理的机制，整合照料可以分成前期服务、中期服务与后期服务三个阶段。前期服务是农村老年人整合照料前所需要的服务准备，包括公共政策建立、决策机构和供应主体的甄别与确立、需求识别等；中期服务是指照料服务输出、服务投递与服务产品消费，包括资金、宣传、服务对象的甄别与服务使用等；后期服务是指服务效果评估，照料服务供给的终止、转移、升级等。

五、　农村老年人整合照料体系发展的关键问题

基于中国农村家庭养老系统性的问题以及政策导入的嵌入性与系统性原则，本书提出了系统性的农村老年人整合照料体系。尽管整合照料体系看似庞杂，但实际由于整合照料的系统性，其过程管理和服务投递也具有相当强的可操行性。在农村老年人整合照料体系发展过程中有几个关键的问题，主要为：

(一) 政府的主导与投入

中国农村家庭养老的系统性问题已经表明了中国农村家庭养老会存在长期性的衰退。尽管中国农村老年人口基数大,养老压力大,但是政府应履行覆盖性补缺的兜底责任。当然需要指出的是,整合照料体系强调政策的执行效力,因此兜底责任是建立在分类匹配、科学评估与绩效管理的基础上。由于中国农村仍然存在反馈关系与单位制,家庭养老仍将在一定时期内发挥着重要作用。政策目标对象的科学评估与绩效管理便成为兜底责任的前置性约束条件。

(二) 完善社区扫描机制

中国农村老年人口基数大,现实性的约束条件决定了不可能采用个人扫描,而应充分吸收美国的社区扫描机制经验。相对于其他人群,农村老年人流动性相对较弱,社区内的老年人群相对固定,因此中国农村老年人的社区扫描机制对整合照料体系的功能实施具有重要作用。基于本书中的数据发现,在展开农村老年人的社区扫描过程中,应重点考察"高龄老人"(85岁及以上)的比例以及老年人的子代数量状况,从而为制度性补缺提供基础性的资料。社区扫描机制是科学评估的重要基础,在政策匹配过程中以社区扫描结果优先匹配,对社区中的少量个案则应由社区评估完成。

(三) 完善农村社区职能

基于研究团队前期开展的案例研究发现,城市社区管理更有效率,农村社区的管理相对较松懈,而且执行力较弱。中国农村老年人整合照料体系按照社区模式开展,社区职能发挥对整合照料体系的实施具有关键性的作用。在整合照料体系中,社区的主要职责表现为少量的个案匹配、服务投送、绩效评估等工作。在农村整合照料功能实施与服务过程管理上,社区都具有较大的责任。中央政府应如同加强城市社区职能管理一样，高度重视农村社区的社会治理能力建设，从而保障整合照料体系的执行效力。在农村社区职能提升的环节中，重要的步骤就是提高社区管理人员的管理水平与职业素质，配备较高文化水平与业务素质的管理人员。

（四）安排专业性社会工作人员入驻农村社区

由于在整合照料实施过程中，存在少量个案的评估与绩效评估工作，同时也涉及部分家庭关系的协调与家庭能力发展问题，因此安排专业性社会工作人员入驻农村社区，应是农村社区人员素质提高的重要组成部分。"十四五"时期，我国在发展完善"一社区一社工"的制度。在为社区配备社工的过程中，应优先考虑农村社区。让专业性的社会工作人员充分参与农村整合照料体系的建设与服务过程中，强化服务能力，从而提高农村整合照料体系的执行效力。

第三节　本章小结

（一）基于调查数据发现的养老问题与农村老年人的养老需求，应在农村老年人家庭养老需求与社会政策之间建立有机整合，维系农村社会的和谐发展。

（二）基于系统性的整合照料理论，本书构建了农村老年人整合照料体系，对农村养老体系中制度性养老与非制度性养老、商业性养老资源与非商业性养老资源进行整合，分成初级养老体系和次级养老体系。同时论述了整合照料体系的构成要素及其功能，阐明了整合照料体系的工作机制与服务过程。

（三）在中国农村整合照料体系的发展过程中，应充分重视政府的主导与投入、完善社区扫描机制、完善农村社区职能以及安排专业性社会工作人员入驻农村社区等问题。

第六章　总结与展望

本书从多学科视野，系统归纳了代际合作视角下农村家庭养老的内生机制——反馈关系与单位制，运用两期 CHARLS 基线调查数据论证了中国农村家庭养老的系统性问题，并提出了相应的系统性的公共福利政策。本章将系统总结研究的发现、贡献与不足以及未来的研究展望。

第一节　研究总结

基于理论创新的研究目的和实证研究的方法，本书归纳了代际合作视角的相关命题、分析了中国农村家庭养老所面对的现实性问题以及阐述了系统性的公共福利政策。主要结论如下：

（1）代际合作视角表明，家庭是一个重要的社会单位，家庭成员追求家庭效用的最大化，形成家庭单位制。家庭单位制说明代际合作会增进家庭效用，家庭中的投资与赡养关系满足着父代与子代的共同需求。同时家庭养老是一种重要的家庭价值商品，表明家庭内部存在反馈关系，家庭的小型化会对家庭代际合作关系产生影响。另外经济发展水平会影响家庭养老的私人转移支付功能。

（2）在代际合作视角下，本书系统论证了中国农村家庭养老的合作式特点，力图分析中国农村家庭的反馈关系与单位制具体表现形式，子代规模对反馈关系与单位制的影响以及验证代际合作过程中的利他主义或交换关系假设。另外也探讨了以区域背景代表的不同经济发展水平对代际经济支持的影响。

（3）本书按照"代表性数据、更准确的数据选择，更合适的分析技术，更稳健的分析结果"技术思路，选用 CHARLS 两期截面数据来共同分析所要验证的问题，以求得研究结论的稳健性。

（4）基于考克斯等人的研究假设以及研究的技术需要，本书验证了经济发展水平、公共转移支付状况以及家庭私人转移支付状况的关系。经验数据表明，区域经济发展不平衡与家庭结构之间存在一定的相关性。通过 PSM 倾向值匹配技术与 RD 断点回归技术，均证实新农保参保状况对农村家庭代际经济支持造成一定的挤出效应，这说明公共转移支付状况会影响到家庭私人转移支付状况，但代际经济支持与经济发展水平之间不具备相关性。"五普"数据、"六普"数据以及"七普"数据对比反映，中国家庭结构已经呈现明显的小型化趋势。

（5）本书以代际经济支持作为家庭养老分析的切入点，分析了家庭养老中两个重要机制：反馈关系与单位制。CHARLS 一期与二期数据均证实，中国农村家庭养老中存在明显的反馈性转移，中国农村家庭的单位制集中反映在年龄变动上，父代进入老年期后反馈性转移支付整体呈现出增大趋势。。

同时本书发现了子代规模越大，农村家庭的反馈关系与单位制越稳定，家庭养老保障能力越高，解释了中国农村"多子多福"传统生活路径的内在合理性，也说明了子代规模是家庭养老重要的内生变量。

区别于西方家庭研究，中国家庭养老有着明显的子代反馈特征与隔代养育状况。因此本书从子代投资与隔代养育角度，论证了中国家庭养老中存在利他主义与交换预期的混合关系。混合关系中的交换预期存在父代的个人特征（例如健康）与收入水平状况等制约性条件，从而可能降低代际经济支持的发生概率，致使家庭养老保障的稳定性受到明显影响。

中国农村家庭养老具有子代规模效应，而中国农村家庭规模变动呈现缩小趋势，从而会负面影响家庭养老功能的发挥，同时基于家庭养老中存在的混合关系、新型农村合作养老制度的挤出效应，本书认为中国农村家庭养老存在系统性的客观问题。

（6）基于中国农村家庭养老存在系统性的问题，孤立和零碎性的对策对中国农村家庭养老问题会缺乏政策效力。本书强调了公共福利政策导入的"嵌入性"与"系统性"。基于系统性的整合照料理论，本书构建了农村老年人整合照料体系，对农村养老体系中制度性养老与非制度性养老，商业性养老资源与非商业性养老资源进行整合，分成初级养老体系和次级养老体系。同时论述了整合照料体系的构成要素及其功能，阐明了整合照料体系的工作机制与服务过程。本书也阐明了在中国农村整合照料体系的发展过程中需要解决的几个关键问题。

第二节　研究贡献与不足

本书经过前期的小型调查数据以及案例观察的探索性研究，经过本书研究者对 CHARLS 两期基线数据的反复验证与思考，对家庭养老的理论文献与经验研究资料系统性的归纳，同时也经过了多次征集意见与反复修改，形成了本书的主体内容。本书为目前中国农村家庭养老的理论与经验研究做出了一定的贡献，但也存在一些难以克服的不足。

一、　研究贡献

（1）本书系统归纳和整理了家庭养老中的代际合作视角理论，并进行了本土化的创新。尽管家庭养老的经典理论已经阐明了代际合作的一些观点与命题，但缺乏系统性。本书从经典理论中进行了系统的归纳，形成了若干个内在关系紧密的研究命题与研究问题。

同时本书将本土化的反馈关系与单位制注入代际合作内容中。有别于西方的研究经验，中国家庭研究中的"反馈关系"与"单位制"是中国本土化家庭养老中的自身特点。本书运用经验资料也系统地阐明了中国农村家庭养老中"反馈关系"与"单位制"的具体表现形式。

（2）本书深入论述了家庭养老中子代规模效应。子代规模与家庭养老功能之间的关系，一直是中国人口学界关注的焦点问题。本书通过 CHARLS 两期数据说明了家庭养老中的子代规模效应，并分析了影响的拐点问题。本书一项重要的创新在于子代规模对家庭养老中"反馈关系"与"单位制"的影响，从而进一步加深了分析的力度。

（3）宏观与微观数据的结合。在社会科学研究中，最难开展的是宏观与微观的结合。在中国人口学研究中，也较少看到宏观的人口数据与微观的调查数据的结合分析。分析的难度在于，要从宏观的人口数据中找到问题，并且该问题正好是微观调查数据的重要影响变量，这需要研究者多次循环验证它们之间的内在关系，并寻找到恰如其分的逻辑与分析路径。子代规模缩小与家庭养老的子代规模效应之间的矛盾，是本书研究者对宏观数据与微观数据经过反复深入分析之后得出的研究结论。

（4）系统性的农村老年人整合照料体系。基于嵌入性与系统性的公共福利政策导入原则，本书系统地阐明了中国家庭养老问题所对应的公共福利政策，并论述了农村老年人整合照料体系的构成要素、功能及其工作机制与服务过程等。

二、 研究不足

（1）本书的主要结论基于代际经济支持分析得出，但是家庭养老绝非只有代际经济支持，生活照顾与精神慰藉同样也是家庭养老的重要功能。在代际合作分析框架中，生活照顾与精神慰藉同样也应是重要的分析内容。早期研究中利用前期小型调查数据对生活照顾与精神慰藉展开了一些分析，但是考虑分析数据的一致性以及研究分析的整体性，在本书中仍是以代际经济支持为切入点展开分析。

（2）二手数据的不足。CHARLS 数据在国内外的研究应用已经具有较高的声誉，但是二手数据也有其研究应用中难以克服的不足，主要体现在研究需要的对应上。经济支持、生活照顾与精神慰藉均是家庭养老的重要内容，但是 CHARLS 数据偏重于经济支持。同时在 CHARLS 数据中对经济支持的分析只限于分居家庭，显然分居家庭不是中国农村家庭的全貌，这也给本书的技术分析提出了较高的要求，同时也带来了本书不可克服的局限性。尽管可以选用本书研究者早期调查的小型数据库，但是作为国家社科基金项目，其分析的价值应具有全局性。经过反复论证，本书研究者认为尽管 CHARLS 数据存在应用上的局限性，但是基于对全国资料的代表性，本书仍然选用 CHARLS 数据作为主要的分析数据。

（3）一些有待争议的问题。在研究分析过程中，对某些变量的操作化也可能存在不可避免的学术争议。例如经济发展背景对家庭养老中私人转移支付影响的分析中，本书依旧沿用区域经济学中的"东、中、西"部传统省份划分，而这些省份的划分存在一定的争议（当然也有较多的学者使用）。又如选用"新农保参保状况"还是"领取保险金"来测量公共转移支付状况亦存在一定的争议。部分学者认为"新农保参保状况"存在政策推行与行政执行效力等外部的影响，但是在较多的研究中以及一些权威性期刊上，仍然用"新农保参保状况"作为测量变量展开研究。

（4）限于行文的逻辑，失能老年群体的分析没有展开论述。在众多的老年群体的分类中，失能老人的脆弱性生存状况（包括家庭养老状况）应予以展开论述和分析，但考虑本书是基于代际合作视角下探讨农村代际支持问题，为避免行文逻辑零散以及章节的分支过多，略去了该部分的分析。为回应这个研究不足，作者从生存空间理论出发，论述了失能老人的生存状况，详见附录三的研究报告。

第三节 研究展望

由于家庭是人类社会的初级单位，未来随着更多的经验数据以及理论分析框架出现，家庭养老的研究注定会呈现出更多元化的态势。本研究的贡献与不足都已经成为过去时，面对未来的中国家庭养老研究，本书研究者认为本土化的中国农村家庭养老研究仍存在较多的发展空间，主要体现在：

（1）代际合作视角的进一步拓展与分析。本书对经典家庭理论进行了归纳整理，形成了家庭养老的代际合作视角。本书已经对代际合作视角的主要研究命题与研究问题进行了系统性阐述，但是本书研究者认为还存在较多欠缺的地方，例如反馈关系与单位制之间的关系等，这些问题还有待于经验资料的积累。

（2）代际合作视角对家庭养老其他组成部分的拓展。限于本书论述的逻辑性，代际合作视角的分析主要适用于代际经济支持，那么代际合作视角是否同样适用于生活照顾与精神慰藉，则有待于更多更丰富的实证研究资料加以诠释。

（3）本土化家庭养老研究的深入。本书将本土化的反馈关系与单位制的概念注入代际合作视角中，但是是否有内涵更丰富的本土化概念去分析农村家庭养老问题尚未可知。因此随着我国老龄化尤其高龄化的进一步发展以及原有残障群体规模的自然累积，将会进一步加深中国家庭养老的本土化认识，构建更为丰富的理论内涵。

（4）对失能老人生存状态的进一步分析。本书以农村家庭养老为切入点，分析了老年群体在家庭层面的生活状态。随着我国老龄化尤其高龄化的进一步发展以及原有残障群体人口的自然累积，失能老人的生存状态（包含失能老人的家庭养老状态）是值得重点研究的问题。

中国经济发展的多层次性，中国农村家庭自身的反馈特质以及诸多东方文化家庭养老要素，都为中国本土化的家庭养老研究奠定了充分的研究土壤。多学科视野的导入以及本土化研究的深入，都将为世界范围内的家庭研究创造更多的分析视野与话语体系。

附录 I　问卷调查

问卷编号：□□□□□□

农村家庭养老状况调查问卷

亲爱的朋友：

您好！我是《代际合作视角下农村家庭养老现状与对策》项目的调查员。为更好地了解目前我国农村家庭代际支持状况与影响因素，为政策的改进与推广提供参考，研究团队进行了本次调研。您的回答没有好坏对错之分，本次调查绝对尊重个人隐私，我们承诺对填写的个人信息保密。请在您选择的答案上打"√"，如无特殊说明，全为单选题。谢谢您的配合！

《代际合作视角下农村家庭养老现状与对策》课题组

2015 年 1 月

一、　基本信息

1. 您的性别是

A 男　　　　　　B 女

2. 您的年龄是＿＿＿＿＿岁

3. 您的文化程度是

A 小学及以下　　　B 初中　　　　　C 高中或中专　　　　D 大专及以上

4. 您的婚姻状况是

A 已婚　　　　　　B 未婚　　　　　C 离异　　　　　　　D 丧偶

E 其他

5. 您的政治面貌

A 群众　　　　　　B 共青团员　　　C 中共党员　　　　　D 民主党派成员

E 其他

6. 您的房屋是：

A 土房　　　　　　B 单层砖瓦房　 C 多层砖瓦房　　　D 其他

7. 您住在主卧室或者偏房

A 主卧室　　　　　B 偏房

8. 您的子女一般是否与您同住

A 是　　　　　　　B 否

9. 您的子女大多都住在

A 同村　　　　　　B 同县　　　　　C 同市　　　　　　　D 同省

E 异省　　　　　　F 其他

二、　经济支持需求

1. 您目前的家庭年收入是

A 1000 元以下　　　　　　　　　　B 1000—3000 元

C 3000—5000 元   D 5000—10000 元

E 10000—20000 元   F 20000 元以上

2. 您目前的个人月收入是

A 100 元以下   B 100—300 元

C 300—500 元   D 500—1000 元

E 1000—2000 元   F 2000 元以上

3. 您目前的收入来源主要是

A 退休工资   B 子女供给养老需求

C 国家发放的养老金或贫困补助 D 家庭收入（做农务或经营店铺等）

E 其他

4. 您觉得您当前收入能满足您的日常生活需要吗

A 完全不能满足   B 基本不能满足

C 勉强足够   D 较好足够

E 完全足够

5. 您会定期向子女提及赡养费吗

A 会   B 不会

6. 在赡养您时，_____主要承担赡养费用

A 儿子儿媳   B 女儿女婿

C 亲戚   D 国家发放的养老金或养老补助

E 其他

7. 一般您的子女给您赡养费的状况为

A 定期给赡养费   B 不定期给赡养费

C 偶尔给赡养费   D 完全不给赡养费

8. 您的子女基本上现在是否都有稳定的职业

A 是   B 否

9. 您的子女一般给您赡养费的态度是

A 主动给予   B 一提醒就给

C 需要多次提醒才给   D 完全不想给

10. 您的子女一般通过何种方式赡养您

A 经济支持   B 定期回家照看

C 请人照看   D 不理不问

E 其他

11. 您的收入目前主要用于：

A 看病   B 购买生活用品

C 水电及电话费用   D 报刊、书籍、游玩等休闲消费

E 孙子孙女消费   F 其他消费

12. 您给子女教育和成长投入的费用占您收入的比例为

A 很大部分   B 比较大部分

C 比较小部分   D 很小部分

13. 子女婚配费用占用您储蓄状况为

A 很小部分   B 比较小部分

C 比较大部分   D 很大部分

14. 您是否参加了当前的新型农村社会养老保险（新农保）

A 参加了   B 没有参加（直接跳转至 17 题）

15. 您参加新型农村社会养老保险的时间是_____月

16. 您参加养老保险后，子女与您的赡养互动状况为：

	增加	减少	不变
物质支持	_____	_____	_____
生活照顾	_____	_____	_____
精神慰藉	_____	_____	_____

17. 您对新型农村社会养老保险的了解情况是

A 没听过   B 不太了解   C 一般   D 比较了解

E 非常了解

18. 您认为政府对养老的保障政策力度是否满足您当前的需要

A 完全不能满足   B 基本不能满足

C 一般，仍需加强保障力度   D 基本满足

E 完全满足

三、 生活照料需求

1. 您在家中与谁同住

A 独居   B 配偶   C 未婚子女   D 一个已婚子女

E 子女家轮流   F 亲戚照顾   G 其他_____ （请注明）

2. 您的生活主要由谁来照顾

A 配偶   B 邻居   C 亲友   D 子女及孙子女

E 雇人照顾   F 无人照顾

3. 您现在养育几个子女

A 没有（跳转至 15 题）   B 1 个

C 2 个   D 3 个及以上

4. 您认为基本上您的子女对您是否孝顺

A 是   B 否

5. 您的子女一般多久探望您一次

A 居住在一起   B 一至两个月

C 三个月至半年   D 半年到一年

E 一年以上   F 从未探望过

6. 您在家感到不适通常会

A 自己硬撑过去   B 自己买药或用偏方

C 去村卫生院看   D 去大医院看

E 告诉子女

7. 生病或者行动不便导致生活不能自理时，子女会愿意照料您的饮食起居吗

A 非常愿意　　　B 愿意　　　　　C 一般　　　　D 比较不愿意

E 非常不愿意

8. 您觉得亲戚对您的扶持程度是

A 很小　　　　　B 比较小　　　　C 一般　　　　D 比较大

E 很大

9. 您觉得亲戚对您养老的作用主要体现在

A 有困难的时候，互相帮助　　　　B 互相走动，更多的时候是感情需要

C 其他，请注明（＿＿＿＿＿＿＿）

10. 您在家时，子女基本上愿意为您提供日常生活上的帮助吗

A 非常愿意　　　B 愿意　　　　　C 一般　　　　D 不愿意

E 非常不愿意

11. 您的子女一般会为您提供哪些方面的帮助

A 食物供给　　　B 衣物　　　　　C 出行　　　　D 直接的经济支持

E 生病时照料

12. 您的子女有几个留在家中或本村

A 没有　　　　　B 1 个　　　　　C 2 个　　　　D 3 个及以上

13. 您是否与子女分家住

A 是　　　　　　B 否

14. 您与子女一起居住的意愿

A 非常愿意　　　B 愿意　　　　　C 一般　　　　D 不愿意

E 非常不愿意

15. 目前的健康状态为

A 很健康　　　　B 比较健康　　　C 一般　　　　D 较差

E 很差

16. 您是否患有以下一种或是多种慢性疾病（多选）

A 高血压　　　　B 心脏病　　　　C 糖尿病　　　D 脑血管疾病

E 慢性支气管炎　　　　　　　　　F 腰腿疼痛

G 胃肠道疾病   H 胆系疾病

I 肿瘤或癌症   J 其他疾病（请注明）

17. 您认为所在村子女不赡养老人的情况是

A 没有   B 1—5 个   C 5—10 个   D 10 个以上

E 不关心这个问题，不知道

18. 村委会对不赡养老人行为干预效果为

A 很差   B 较差   C 一般   D 较好

E 很好

19. 对不赡养父母的子女，您觉得亲戚和朋友的态度是

A 对不孝子女不议论

B 对不孝子女会有些议论、谴责

C 对不孝子女会有很多议论、谴责

20. 您认为应该采用以下哪种养老方式：

A 家庭养老   B 养老院（敬老院）

C 老人自我养老   D 社会保险养老

E 其他

四、 情感慰藉需求

1. 您和子女一般主要联系方式为

A 网络   B 电话   C 书信   D 托人看望

E 其他

2. 基本上子女和您电话（座机或者手机）联系状态为

A 很少   B 较少   C 一般   D 较多

E 很多

3. 子女对您生日重视程度

A 非常重视   B 比较重视   C 一般   D 不怎么重视

E 不闻不问

4. 逢年过节您的子女一般是否和您一起度过

A 经常　　　　　B 偶尔　　　　　C 从未

5. 您子女关心您的程度为

A 不关心　　　　B 偶尔关心　　　　C 经常关心

6. 您是否有照顾孙辈

A 有　　　　　　B 没有（直接跳转至 8 题）

7. 您照顾孙辈的原因为（可多选）

A 能做就做，减轻子女负担　　　B 打发时间

C 增进子女关系、彼此照顾　　　D 带孩子很有乐趣

E 其他

8. 您有帮助子女做家务吗

A 经常　　　　　B 偶尔　　　　　C 一般　　　　D 很少

E 从未

9. 您与子女的感情

A 很好　　　　　B 较好　　　　　C 一般　　　　D 较差

E 很差

10. 您对子女提供的家庭养老满意度为

A 很差　　　　　B 较差　　　　　C 一般　　　　D 较好

E 很好

感谢您的支持与配合，祝您身体健康，生活幸福！

附录Ⅱ 个案资料概况表

个案资料概况表（1）

个案编号	性别	年龄	婚姻状况	育有子女状况
09-YC-S	女	70 岁	丧偶	两儿一女
09-HS-C	女	71 岁	老伴健在	三女一儿
09-HS-G	女	62 岁	老伴健在	三个儿子
09-HS-H	女	78 岁	老伴健在	三个儿子
09-HS-J	女	75 岁	丧偶	三个儿子
09-HS-L	男	70 岁	老伴健在	两个女儿
09-HS-LL	女	75 岁	老伴健在	三个女儿
09-HS-LYF	男	61 岁	老伴健在	四个儿子
09-HS-LGH	女	61 岁	老伴健在	两女一儿
09-HS-M	女	71 岁	丧偶	两女一儿
09-HS-Q	女	78 岁	丧偶	三女一儿
09-HS-SG	男	59 岁	丧偶	两女一儿
09-HS-SH	男	78 岁	丧偶	三个女儿
09-HS-STY	男	67 岁	老伴健在	三儿一女
09-HS-SRD	男	77 岁	丧偶	三个女儿
09-HS-W	女	71 岁	老伴健在	三女一儿
09-HS-W	女	76 岁	老伴健在	两儿两女

个案编号	性别	年龄	婚姻状况	育有子女状况
09-HS-Z	女	78 岁	老伴健在	三女一儿
09-HS-Z	男	63 岁	老伴健在	三女一儿
09-WH-H	男	64 岁	老伴健在	三女一儿
09-WH-H	男	77 岁	老伴健在	一儿三女
09-WH-LY	男	61 岁	老伴健在	三个儿子
09-WH-L	女	72 岁	丧偶	二个女儿
09-WH-M	女	66 岁	老伴健在	二个女儿
09-WH-P	男	71 岁	丧偶	两个儿子
09-WH-Q	男	64 岁	丧偶	两女一儿
09-WH-WHR	女	67 岁	丧偶	一儿一女
09-WH-W	女	66 岁	老伴健在	两儿两女
09-WH-WHH	女	77 岁	丧偶	两个女儿
09-WH-WRT	男	69 岁	老伴健在	三儿一女
09-WH-Y	女	66 岁	丧偶	三女一儿
09-XF-H	女	73 岁	老伴健在	两儿一女
09-XF-H	男	69 岁	老伴健在	三个儿子
09-XF-J	女	74 岁	丧偶	两儿一女
09-XF-L	女	69 岁	老伴健在	三儿两女
09-XF-LY	女	69 岁	老伴健在	三个儿子
09-XF-LLY	男	77 岁	丧偶	三儿一女
09-XF-LRG	女	60 岁	老伴健在	两个女儿
09-XF-LFG	男	77 岁	丧偶	三儿两女
09-XF-P	女	63 岁	丧偶	两女一儿
09-XF-P	男	64 岁	老伴健在	两个女儿
09-XF-S	男	72 岁	老伴健在	三儿两女
09-XF-S	男	67 岁	老伴健在	三女两儿
09-XF-S	女	71 岁	老伴健在	三个儿子

续表

个案编号	性别	年龄	婚姻状况	育有子女状况
09-XF-W	女	68岁	丧偶	三个女儿
09-XF-Y	男	66岁	老伴健在	三个女儿
09-YC-C	男	63岁	丧偶	两女一儿
09-YC-H	男	71岁	丧偶	两儿一女
09-YC-HPH	男	67岁	老伴健在	两女一儿
09-YC-HRF	女	73岁	丧偶	三个儿子
09-YC-HGF	女	71岁	丧偶	三女两儿
09-YC-LFD	男	70岁	老伴健在	三个儿子
09-YC-LDS	女	69岁	老伴健在	三个儿子
09-YC-LRY	女	77岁	丧偶	一儿三女
09-YC-LTY	男	78岁	老伴健在	三儿两女
09-YC-LYL	男	72岁	丧偶	二儿一女
09-YC-Q	男	62岁	丧偶	三女两儿
09-YC-T	女	64岁	老伴健在	三女一儿
09-YC-T	男	76岁	老伴健在	一儿三女
09-YC-Y	女	70岁	丧偶	一儿两女
09-YC-Y	女	70岁	老伴健在	三个儿子
09-YC-YG	女	77岁	老伴健在	三儿一女
09-YC-Z	男	62岁	丧偶	四个儿子
09-YC-ZD	女	77岁	丧偶	两儿一女
10-HS-HG	女	70岁	老伴健在	三女一儿
10-HS-HF	女	77岁	老伴健在	三个女儿
10-HS-HFR	女	66岁	老伴健在	四个儿子
10-HS-HRY	女	59岁	丧偶	三个儿子
10-HS-J	男	66岁	丧偶	三儿一女
10-HS-L	男	68岁	老伴健在	三个儿子
10-HS-LY	女	77岁	丧偶	三个儿子

续表

个案编号	性别	年龄	婚姻状况	育有子女状况
10-HS-S	男	69 岁	老伴健在	两儿两女
10-HS-W	女	65 岁	老伴健在	两儿一女
10-HS-Y	女	66 岁	老伴健在	三个女儿
10-HS-YG	男	75 岁	丧偶	三儿一女
10-HS-Z	女	78 岁	老伴健在	三个儿子
10-HS-ZDF	女	68 岁	老伴健在	三个儿子
10-WH-H	男	60 岁	丧偶	三个儿子
10-WH-H	男	77 岁	丧偶	三女一儿
10-WH-Q	男	74 岁	老伴健在	两儿一女
10-WH-S	女	66 岁	丧偶	一儿三女
10-WH-WFG	男	78 岁	老伴健在	一儿两女
10-WH-WDG	男	66 岁	丧偶	三女一儿
10-WH-WRF	女	71 岁	老伴健在	三个儿子
10-WH-WF	男	71 岁	丧偶	两儿一女
10-WH-WSF	女	72 岁	老伴健在	三个儿子
10-WH-X	男	72 岁	丧偶	二女一儿
10-XF-C	男	66 岁	老伴健在	三女两儿
10-XF-H	男	69 岁	丧偶	两儿一女
10-XF-HH	女	67 岁	丧偶	二个儿子
10-XF-G	女	73 岁	老伴健在	一儿三女
10-XF-F	女	77 岁	老伴健在	一儿三女
10-XF-HL	女	75 岁	丧偶	三儿一女
10-XF-HYY	男	69 岁	丧偶	三女两儿
10-XF-HG	女	72 岁	老伴健在	二女一儿
10-XF-L	男	68 岁	老伴健在	二个儿子
10-XF-LG	女	67 岁	老伴健在	三个儿子
10-XF-LYF	男	66 岁	老伴健在	两儿两女

续表

个案编号	性别	年龄	婚姻状况	育有子女状况
10-XF-LYY	女	78 岁	老伴健在	四个儿子
10-XF-P	女	71 岁	老伴健在	两女一儿
10-XF-P	男	70 岁	老伴健在	三个儿子
10-XF-S	女	73 岁	丧偶	一儿一女
10-XF-WL	女	67 岁	丧偶	两个儿子
10-XF-X	女	66 岁	老伴健在	三个儿子
10-YC-C	男	77 岁	老伴健在	两个儿子
10-YC-CF	男	73 岁	丧偶	三个儿子
10-YC-CD	男	77 岁	老伴健在	四女一儿
10-YC-CY	男	70 岁	丧偶	三儿两女
10-YC-CJS	女	64 岁	老伴健在	两个女儿
10-YC-H	女	76 岁	丧偶	三女两儿
10-YC-H	男	60 岁	丧偶	三女一儿
10-YC-HH	男	69 岁	丧偶	三儿一女
10-YC-L	女	65 岁	丧偶	三个儿子
10-YC-L	男	69 岁	丧偶	三儿一女
10-YC-Q	男	75 岁	丧偶	三个儿子
10-YC-W	男	64 岁	老伴健在	三个儿子
10-YC-J	女	67 岁	老伴健在	二个儿子
10-YC-YGF	男	67 岁	丧偶	二女一儿
10-YC-YTY	女	67 岁	老伴健在	三个女儿
10-WH-HL	男	72 岁	丧偶	两个儿子

个案资料概况表（2）

个案编号	性别	年龄	婚姻状况	育有子女状况
BH-F-73	女	73	丧偶	三儿一女
BJ-F-72	女	72	配偶健在	一儿两女
BJ-F-74	女	74	丧偶	一儿一女
BJ-F-74	女	74	配偶健在	一儿
BJ-F-82	女	82	丧偶	三女
BJ-F-89	女	89	丧偶	一儿一女
BJ-M-60	男	60	配偶健在	一儿
BJ-M-74	男	74	配偶健在	一儿
BJ-M-76	男	76	配偶健在	一儿两女
CH-F-64	女	64	配偶健在	二儿
CH-M-63	男	63	配偶健在	二女
CH-M-67	男	67	配偶健在	一儿一女
DQ-F-62	女	62	配偶健在	三儿两女
DQ-F-67	女	67	配偶健在	一儿一女
DQ-F-72	女	72	配偶健在	一儿三女
DQ-F-75	女	75	丧偶	两儿一女
DQ-M-64	男	64	丧偶	两儿两女
DQ-M-65	男	65	配偶健在	两儿
DQ-M-68	男	68	丧偶	三儿一女
DQ-M-71	男	71	配偶健在	一儿两女
ES-F-66	女	66	丧偶	一儿一女
ES-F-69	女	69	配偶健在	二儿二女
ES-M-61	男	61	配偶健在	一儿一女
ES-M-65	男	65	再婚	三儿
ES-M-71	男	71	配偶健在	一儿三女
ES-M-77	男	77	丧偶	三儿二女

个案编号	性别	年龄	婚姻状况	育有子女状况
ES-M-80	男	80	配偶健在	三儿一女
FS-F-66	女	66	配偶健在	一儿二女
FS-M-67	男	67	丧偶	二儿
FS-M-78	男	78	配偶健在	二儿二女
GL-F-63	女	63	配偶健在	两儿两女
GL-M-62	男	62	配偶健在	三个儿子
GL-M-65	男	65	配偶健在	一儿一女
GL-M-66	男	66	配偶健在	两子
GL-M-67	男	67	配偶健在	一儿两女
GL-M-70	男	70	丧偶	两儿一女
HM-F-62	女	62	丧偶	一儿一女
HM-F-70	女	70	配偶健在	两儿一女
HM-F-73	女	73	丧偶	两女
HM-F-84	女	84	丧偶	两儿三女
HM-M-64	男	64	配偶健在	一子
HM-M-65	男	65	丧偶	一儿一女
HM-M-70	男	70	配偶健在	两儿两女
HM-M-78	女	78	配偶健在	一女
HZ-F-63	女	63	配偶健在	两女
HZ-F-65	女	65	配偶健在	一儿两女
HZ-F-68	女	68	配偶健在	一儿两女
HZ-F-70	女	70	配偶健在	一子
HZ-F-72	女	72	丧偶	一儿两女
HZ-M-61	男	61	配偶健在	一儿一女
HZ-M-75	男	75	配偶健在	两儿一女
HZ-M-77	男	77	丧偶	两儿
LC-F-60	女	60	丧偶	一儿一女

续表

个案编号	性别	年龄	婚姻状况	育有子女状况
LC-F-74	女	74	丧偶	一儿一女
LC-F-85	女	85	丧偶	五儿二女
LC-M-60	男	60	配偶健在	一儿二女
LC-M-62	男	62	配偶健在	二儿
LC-M-65	男	65	离异	二儿一女
LC-M-68	男	68	配偶健在	一女
LC-M-72	男	72	配偶健在	一女
LH-F-74	女	74	配偶健在	四女
LH-M-78	男	78	配偶健在	二儿三女
LJ-F-72	女	72	丧偶	两子一女
LJ-F-78	女	78	配偶健在	两子两女
LJ-F-82	女	82	丧偶	两子两女
LJ-M-67	男	67	配偶健在	三子
LJ-M-68	男	68	丧偶	两子一女
LJ-M-73	男	73	配偶健在	一子一女
LJ-M-82	男	60	独居	无子女
LJ-M-88	男	88	丧偶	两子五女
LN-F-68	女	68	丧偶	一子
LN-F-81	女	81	丧偶	两子一女
LN-M-58	男	58	配偶健在	一子一女
LN-M-70	男	70	配偶健在	两子一女
LZ-F-68	女	68	配偶健在	一儿一女
QZ-F-73	女	73	配偶健在	四女一儿
SB-F-H	女	88	丧偶	两儿四女
SB-F-L	女	62	配偶健在	一儿一女
SB-F-W	女	61	配偶健在	一个儿子
SB-F-W	女	60	配偶健在	两个女儿

续表

个案编号	性别	年龄	婚姻状况	育有子女状况
SB-F-W	女	66	配偶健在	一儿一女
SB-M-G	男	60	配偶健在	两个儿子
SB-M-J	男	79	丧偶	两儿两女
SB-M-W	男	71	丧偶	两儿五女
SH-F-65	女	65	配偶健在	一女两子
SH-F-72	女	72	丧偶	一女两子
SH-F-74	女	74	配偶健在	三子一女
SH-F-74	女	74	丧偶	一女一子
SH-M-60	男	60	配偶健在	两女
SH-M-66	男	66	配偶健在	一子一女
SH-M-76	男	76	配偶健在	两子一女
SH-M-76	男	76	配偶健在	三女两子
TM-F-69	女	69	配偶健在	一儿二女
TM-M-66	男	66	丧偶	两儿四女
TM-M-71	男	71	丧偶	三儿两女
WH-F-61	女	61	配偶健在	一女
WH-F-62	女	62	丧偶	两子
WH-F-68	女	68	配偶健在	一女
WH-F-69	女	69	配偶健在	一儿一女
WH-F-73	女	73	配偶健在	一儿
WH-F-73	女	73	配偶健在	两儿一女
WH-F-89	女	89	配偶健在	一儿一女
WH-F-91	女	91	配偶健在	两儿一女
WH-M-62	男	62	丧偶	两子
WH-M-62	男	62	配偶健在	一儿
WH-M-65	男	65	配偶健在	一儿一女
WH-M-65	男	65	配偶健在	两子一女

个案编号	性别	年龄	婚姻状况	育有子女状况
WH-M-65	男	65	配偶健在	两儿一女
WH-M-66	男	66	配偶健在	一儿一女
WH-M-70	男	70	配偶健在	一女
WH-M-76	男	76	配偶健在	一儿三女
WL-F-69	女	69	配偶健在	二儿一女
WL-F-71	女	71	丧偶	二儿二女
WL-F-76	女	76	丧偶	三儿二女
WL-M-75	男	75	配偶健在	一儿一女
WL-M-77	男	77	配偶健在	二儿二女
WL-M-82	男	82	配偶健在	二儿一女
WX-F-66	女	66	配偶健在	一儿一女
WX-F-68	女	68	配偶健在	二儿
WX-F-70	女	70	配偶健在	一儿
WX-F-72	女	72	配偶健在	一儿二女
WX-F-73	男	73	配偶健在	二儿
WX-F-74	女	74	丧偶	一女
WX-M-70	男	70	配偶健在	二儿
WX-M-70	男	70	配偶健在	一女
XA-F-65	女	65	配偶健在	一儿一女
XA-F-66	女	66	丧偶	一儿一女
XA-F-71	男	71	丧偶	两女
XA-M-60	男	60	配偶健在	一儿一女
XA-M-67	女	67	配偶健在	一儿二女
XA-M-72	男	72	配偶健在	一儿二女
XA-M-77	男	77	配偶健在	一儿二女
XA-M-78	男	78	配偶健在	一儿四女
YC-F-60	女	60	配偶健在	一女一儿

个案编号	性别	年龄	婚姻状况	育有子女状况
YC-F-62	女	62	丧偶	四女
YC-F-62	男	62	配偶健在	两儿一女
YC-F-65	女	65	配偶健在	两儿
YC-F-67	男	67	丧偶	三儿
YC-M-58	男	58	配偶健在	两儿两女
YC-M-59	女	59	配偶健在	两女一儿
YC-M-61	男	61	配偶健在	一儿一女
YC-M-65	男	65	丧偶	两女一儿
YC-M-71	男	71	配偶健在	四儿一女
YC-M-78	男	78	配偶健在	一儿一女
YC-M-80	男	80	丧偶	一儿一女
YC-W-65	女	65	配偶健在	两个女儿
YC-W-72	女	72	丧偶	三个儿子
YY-F-75	女	75	丧偶	二女
YY-F-80	女	80	配偶健在	一儿一女
YY-F-85	女	85	丧偶	无子女
YY-F-89	女	89	丧偶	三儿二女
YZ-F-62	女	62	配偶健在	一女
YZ-F-62	女	62	丧偶	一子两女
YZ-F-64	女	64	丧偶	一子一女
YZ-F-65	女	65	配偶健在	一子
YZ-F-67	女	67	配偶健在	两子
YZ-F-68	女	68	丧偶	一儿二女
YZ-F-69	女	69	配偶健在	两女一子
YZ-F-71	女	71	配偶健在	一儿一女
YZ-M-50	男	50	配偶健在	一儿两女
YZ-M-65	男	65	配偶健在	二儿

个案编号	性别	年龄	婚姻状况	育有子女状况
YZ-M-67	男	67	离异	一女
YZ-M-67	男	67	配偶健在	一子一女
YZ-M-69	男	69	配偶健在	一子一女
YZ-M-73	男	73	配偶健在	一子
ZJ-F-79	女	79	配偶健在	四女
ZJ-F-80	女	80	配偶健在	三儿一女
ZJ-F-82	女	82	丧偶	二儿一女
ZJ-M-81	男	81	配偶健在	三儿一女
ZJ-M-85	男	85	配偶健在	四女

附录Ⅲ　失能老人生存空间状态分析

引　言

　　快速增长的人口老龄化问题引起了党和政府的高度重视。2016 年习近平总书记在我国人口老龄化的形势和对策专题会议上，提出了"坚持党委领导、政府主导、社会参与、全民行动相结合，坚持应对人口老龄化和促进经济社会发展相结合，坚持满足老年人需求和解决人口老龄化问题相结合，努力挖掘人口老龄化给国家发展带来的活力和机遇，努力满足老年人日益增长的物质文化需求，推动老龄事业全面协调可持续发展"的发展方针①。2017年国务院出台了《"十三五"国家老龄事业发展和养老体系建设规划》，对"十三五"期间老龄事业发展给出了明确的行动指南②。为更好地服务于老年群体，国家老龄委于 2017 年 7 月召开了贯彻落实国务院办公厅《关于制定和实施老年人照顾服务项目的意见》座谈会，对老年群体的照顾服务项目

---

　　①　习近平：《推动老龄事业全面协调可持续发展》，2016 年 5 月 28 日，见 http：//news. xinhuanet. com/politics/2016-05/28/c_ 1118948763. htm。
　　②　国务院关于印发《"十三五"国家老龄事业发展和养老体系建设规划的通知》，2017 年 3 月 26 日，见 http：//www. gov. cn/zhengce/content/2017-03/06/content_ 5173930. htm。

进行了全局性的谋划①。失能老年群体作为老年群体中的一个特别值得关注的群体，也在《关于制定和实施老年人照顾服务项目的意见》中予以重点强调与关照。

随着老龄化比例逐步增大，高龄老年人群的堆积效应，失能老人群体规模和比例也在逐步扩大。据《长期照料服务制度研究》课题预测，2050年我国80岁及以上的高龄老年人将超过1亿，临终无子女的老年人将达到7900万左右，另外失能、半失能老人将达到1亿左右。如此庞大的群体，将会对社会经济协调发展产生重要的影响②。政府与学界高度重视失能老人的社会照顾问题。学界围绕失能老年群体开展了大量的研究，取得较为丰硕的研究成果。但仍需指出的是，既往研究中对失能老年群体的分析研究较多运用全国性的人口统计资料，较少运用动态性追踪调查数据分析失能老年群体的微观生活状态。失能老年群体最重要的生活空间更多集中在家庭和社区，这是全国性的人口统计资料较少也较难顾及的调查层面，同时2000年以来中国出现了相关的研究数据平台，为动态追踪失能老年群体提供了分析的可能。

在人口老龄化背景下，鉴于现实层面的重要性与研究价值，本书通过具有全国代表性的动态追踪调查数据，利用生存空间的理论框架分析了当前失能老人的微观生存空间状况与需求问题。同时基于多层次、多样性的失能老年群体需求，运用整合照料理论，构建了系统性的养老安全网，通过社区平台对失能老人养老体系中制度性养老与非制度性养老、商业性养老资源与非商业性养老资源进行了整合，从而更好地形成养老资源的社会合力，推动中国老龄事业全面协调可持续发展。

---

① 全国老龄办：贯彻落实国务院办公厅《关于制定和实施老年人照顾服务项目的意见》座谈会在京召开，2017年7月31日，见http：//www.cncaprc.gov.cn/contents/2/182980.html。

② 长期照料服务制度研究课题组：《长期照料服务制度研究》，华龄出版社2014年版，第3—4页。

一、 研究背景

本章将对失能老人生存状态与整合照料理论进行文献回顾，对相关研究内容进行归纳总结与评价。同时本章将阐明本书意义、拟解决的关键问题以及创新之处等。

（一） 文献回顾

1. 失能老人生存状况与对策文献综述

（1） 失能老人界定的文献分析

现有研究中对于失能老人的界定有狭义和广义之分：

狭义的界定从基本生活能力角度（BADL）展开。例如国家应对人口老龄化战略研究课题组对失能老人的界定从基本生活能力角度展开。中国老龄科学研究中心（2011）也是从 6 项基本生活能力，即吃饭、穿衣、上下床、上厕所、室内走动和洗澡等去界定失能老人[1]。国内也有不少学者采用基本生活能力测量指标来界定失能老人，以此开展相关研究[2]。

广义上失能老人的界定，将失能从基本生活能力扩展到了心理、认知以及社会适应能力等内容。潘金洪（2012）、徐新鹏、王瑞腾、肖云（2014）等学者认为失能老人是指因年老、患病、心理失调等原因导致各种机体功能出现障碍，日常活动受限，部分或完全丧失生活自理能力的老年人[3][4]。张思锋（2016）将失能老人定义为 60 周岁及以上，因为疾病、衰老、心理失

---

[1] 中国老龄科学研究中心课题组：《全国城乡失能老人状况研究》，《残疾人研究》2011 年第 2 期。

[2] 相关文献较多，不一一枚举。

[3] 潘金洪、帅友良、孙唐水等：《中国老年人口失能率及失能规模分析——基于第六次全国人口普查数据》，《南京人口管理干部学院学报》2012 年第 4 期。

[4] 徐新鹏、王瑞腾、肖云：《冰山模型视角下我国失能老人长期照护服务人才素质需求分析》，《西部经济管理论坛》2014 年第 1 期。

调等因素造成心理和身体功能损伤，从而日常活动受限，需要他人帮助的老人①。还有一些学者也从认知能力方面进行界定，如张玉琼（2016）认为失能老人不仅应包括存在身体障碍的老人，还应该包括存在认知功能障碍，即记忆、定向、注意判断等大脑功能丧失的老人②。由于经济发展阶段以及历史文化环境不同，国外的研究中较多采用广义的失能概念。

（2）失能老人生存状况文献分析

根据国家统计局数据，2000年中国65岁及以上人口占总人口的比例达到7%。自从迈入老龄化社会，中国人口老龄化不仅在持续加深，且有加速迹象。截至2015年底，全国60岁及以上老年人口23086万人，占总人口的16.7%，其中65岁及以上人口15003万人，占总人口的10.8%③。

根据苏群（2015）、彭晨（2016）等人的研究分析发现，女性失能老人多于男性，构成也以高龄老人居多。就失能率而言，城市高于农村，且在需要帮助的项目上城乡差异显著，例如洗澡、吃饭、穿衣、上厕所、室内活动与大小便失禁这几项中，穿衣、洗澡、控制大小便三项农村失能老人的自理能力更高，而另几项则是城市失能老人的自理能力更高④⑤。

关于失能老人的照料，苏群等学者指出，无论是在农村，还是城市，家庭照料仍是最主要的照料形式，城市和农村老人依靠家庭照料的比例分别达到81%和94%，接受居家照料和机构照料的失能老人比例较低；尽管农村也有约6%的失能老人接受居家照料和机构照料，但同比显著低于城市失能老

---

① 张思锋、唐敏、周淼：《基于我国失能老人生存状况分析的养老照护体系框架研究》，《西安交通大学学报》（社会科学版）2016年第2期。

② 张玉琼、许琳：《家庭政策视角下的失能老人养老服务研究》，《理论研讨》2016年第2期。

③ 《2015年全国1%人口抽样调查主要数据公报》，见http：//www.stats.gov.cn/tjsj/zxfb/201604/t20160420_1346151.html。

④ 苏群：《我国失能老人长期照料现状及影响因素——基于城乡差异的视角》，《人口与经济》2015年第4期。

⑤ 彭晨、吴明：《我国老年人失能失智及长期照护的现状》，《解放军预防医学杂志》2016年第3期。

人的比例；在家庭养老中，无论城市还是农村，女性都更多地承担了照料老人的工作。失能老人群体还体现出以下几个特点：

失能老人人口规模日益庞大。在房立冰（2014）、王乐芝（2015）、潘林青、曹盛（2016）等人的研究中均提及，即使在几种计算规则下失能老人的占比有略微差别，失能老人的规模将会快速增长是不可否认的事实；欧霞（2013）、曹盛（2016）等学者提出中度及重度失能老人的比例也在不断上升，反映出不断增长的护理及医疗需要、对养老提出的更高层次的需求①②③④⑤。

年龄与失能的概率成正相关。王乐芝通过研究发现，低年龄组的老人生活自理能力明显高于高龄老人，失能老人规模会随着年龄的增长呈现向左倾斜的倒"V"字分布，失能老人最多出现在 70—74 岁组。曹盛（2016）通过统计失能老人在各个年龄段分布的比重提到这一规律⑥。

家庭贫困、经济来源少。经济状况是制约失能老人生活水平以及照料好坏的重要因素。大多数失能老人的经济来源中占绝大比重的是来自子女的赡养费，他们的经济状况也基本取决于子女赡养的意愿（曹盛，2016），加之照料成本较高，社会福利制度覆盖不广泛，失能老人往往得不到较好的照料，从而导致生活质量的下降，这一点在苏群、潘林青、欧霞等学者的研究中也有体现。胡玉娟（2015）将失能老人的主要特征概括为"五多"，即高龄多、女性多、丧偶多、疾病多、低收入家庭多⑦。

———————

① 房立冰：《中国失能老人机构照护供需失衡及对策研究》，重庆大学，2014 年。
② 王乐芝、曾水英：《关于失能老人状况与老年长期护理保险的研究综述》，《人口学刊》2015 年第 4 期。
③ 潘林青、叶婧：《聚焦失能老人的安生之困》，《农家参谋》2017 年第 7 期。
④ 曹盛、刘娉：《农村失能老人长期照护现状及对策——以陕西省关中地区五泉镇为例》，《安徽农业科学》2016 年第 32 期。
⑤ 欧霞：《失能老人生活质量现状及护理服务对策》，《齐鲁护理杂志》2013 年第 3 期。
⑥ 王乐芝、曾水英：《关于失能老人状况与老年长期护理保险的研究综述》，《人口学刊》2015 年第 4 期。
⑦ 胡玉娟、熊俊超：《建立长期照护保险破解老人失能危机——以广东省珠海市为例》，《上海城市管理》2015 年第 6 期。

精神压力过大，缺乏慰藉。欧霞（2013）指出精神压力过大的失能老人往往因疾病和身体的原因需要花费大量的药物治疗和生活护理费用，更加依赖家属及他人照料生活，这种情况让失能老人在承受健康压迫的同时，也受到拖累家人心理、精神上的双重折磨。

（3）失能老人生存问题对策的文献分析

近年来，学者们针对失能老人生存状态及其困境开展了多视角的研究，并以各自的视角提出了相关的建议解决对策，就建立失能老人长期照护体系达成共识，学者们普遍认为，解决失能老人生存困境，长期照护体系是关键。但从目前来看，制度建设中尚存在法律法规不完善、资源短缺、服务质量参差不齐等问题。因此学者们多从以下几方面提出政策建议：

首先，制度建设要以宣传引导为基础，大力弘扬孝道，肯定典型有利于社会正能量的行为。这有利于激发照护者信心，不仅使整个社会形成"尊老、敬老、养老"的社会主义新气象，还能鼓舞社会成员参与养老体系建设中，使更多人关注养老现状，促成养老的全民参与（曹盛，2016；朱晨迪，2017)[1][2]。同时，学者还强调在社区照护方面仍需加大宣传，多渠道推广社区照顾的服务理念和专业工作方法，以更快更好地提高失能老人的生活质量（詹瑞媛，2014)[3]。

其次，建立健全相关政策法规体系。这方面学者意见较为一致。从制度建设的层面上来看，一些学者认为，建立全面的政策法规体系、健全制度设计，是为失能老人提供标准化长期照护的首要保障（罗小华等，2014；肖云

---

[1]　曹盛、刘娉：《农村失能老人长期照护现状及对策——以陕西省关中地区五泉镇为例》，《安徽农业科学》2016年第32期。

[2]　朱晨迪、温志强：《我国城市失能老人养老困境及对策探究》，《劳动保障世界》2017年第18期。

[3]　詹瑞媛：《上海城市失能老年人长期照护的社会支持体系研究》，华东师范大学，2014年。

等，2015；张云英等，2017）①②③。李明（2014）等认为应将失能老人长期照护体系纳入社会政策的范围中，使长期照护体系朝着社会化、专业化、制度化的方向发展④。于泽浩（2009）提出国家和政府应该在失能老人长期照护体系建设中履行至关重要的角色，由中央政府制定出宏观政策方针，地方政府与中央政策相互协调并整合地方资源，共同推动本地发展⑤。失能老人作为社会弱势群体，需要更多的社会福利与资金救助的制度支持，多位学者对此提出不同的建议，如根据老人家庭经济情况与失能程度规定补贴标准、加大构建老龄照料服务体系的财政投入等（姜向群等，2014；刘伊东儿，2017）⑥⑦。

另外，建立老年人长期照护保险制度。从发达国家的实践经验来看，长期照护保险对长期照护体系的发展起着至关重要的作用，是解决失能老人医疗、护理、照料费用的战略性选择。如何建立适合中国国情的老年人长期照护保险制度，学者们的意见产生了分歧。较多的学者认为应采取社会保险模式，遵循"资金筹集社会化，服务提供市场化"的基本原则；或通过强制性的征缴手段为长期照护体系的运行提供资金保障，使国家、个人与用人单位共同分担长期照护费用压力，这种方式同样遵循保基本、互济的原则，既能为国家减轻负担，也可帮助老年人缓解心理与经济上的负担（况成云、况丽

---

① 罗小华、王学义：《我国城市失能老人长期照护问题研究》，西南财经大学，2014 年。

② 肖云、闫一辰、王帅辉：《失能老人机构照护发展的困境与破解》，《江苏商论》2015年第 6 期。

③ 张云英、胡潇月：《西安市失能老年人社区照护服务困境与出路研究》，《电子科技大学学报》（社会科学版）2017 年第 3 期。

④ 李明、李士雪：《中国失能老年人口长期照护服务体系的发展策略》，《山东社会科学》2014 年第 5 期。

⑤ 于泽浩：《城市失能老人家庭照料的困境及应对——以北京牛街为例》，《社会福利》2009 年第 4 期。

⑥ 姜向群、刘妮娜、魏蒙：《失能老年人的生活状况和社区照护服务需求研究》，《老龄科学研究》2014 年第 7 期。

⑦ 刘伊东儿：《城市化背景下农村失能老人长期照护困境及对策建议》，《知识经济》2017 年第 9 期。

等，2012；景跃军等，2014)①②。韩振燕（2012）等人将长期护理保险与养老、医疗保险进行捆绑组合，提倡由社会保险提供最基本的、必要的长期护理服务或其费用支出，这对于保障老年人的基本生存与发展权益，使其老有所医，具有重要的现实意义③。

立足于本国国情，建立具有中国特色的照护模式。由于失能老人的照料需求较大，因此社区居家照护服务体系的建立非常重要（孙继艳等，2016)④。应大力推进失能老人社区健康照护服务的发展，依托社区卫生服务中心等专业机构，结合社会团体、社区志愿者、民间组织等社会力量，加强社区与医院、社区卫生服务站、养老服务机构的合作，组建一支专业服务人才与志愿者相结合的长效服务队伍等，通过上门服务或者日托照顾等服务形式，为失能老人提供涵盖医疗康复、精神慰藉等多层次的照护服务（姜向群，2014；郝晓宁等，2015)⑤⑥。夏伟伟（2013）还提出，在我国照护资源条块分割的情况下，应整合并协调发展居家照护、社区照护、机构照护三种照护方式⑦。

培育专业照护人员，注重建设专业照护队伍。要保证专业照护人员队伍的稳定性与可持续性，就要建立相应的激励机制，改善其待遇，如制定相关

---

① 况成云、况丽、邓平基等：《失能老人照护服务模式构建的伦理学视角》，《中国医学伦理学》2012年第6期。

② 景跃军、李元：《中国失能老年人构成及长期护理需求分析》，《人口学刊》2014年第2期。

③ 韩振燕、梁誉：《关于构建我国老年长期护理保险制度的研究——必要性、经验、效应、设想》，《东南大学学报》（哲学社会科学版）2012年第3期。

④ 孙继艳、郝晓宁、薄涛：《北京市失能老人社区照顾现状及需求分析》，《中国卫生政策研究》2016年第11期。

⑤ 姜向群、刘妮娜、魏蒙：《失能老年人的生活状况和社区照护服务需求研究》，《老龄科学研究》2014年第7期。

⑥ 郝晓宁、薄涛、刘建春等：《北京市失能老人照料现状及需求影响因素研究》，《中国卫生经济》2015年第8期。

⑦ 夏伟伟：《失能老人长期照护服务的递送体系研究》，《大观周刊》2012年第45期。

优惠政策或提高其社会地位（姜向群，2014；张利，2017）①。照护质量直接与照护人员的专业素质挂钩，因此要强化对专业照护或护理人员的培训，加强照护人才队伍建设，同时进行定期考核保障培训成果（郑豫珍、刘继文等，2010；胡玉娟等，2015）②③。长期照护体系的发展要完善人员供给，如开设老年照护服务相关专业，培养具有专业照护服务技能的社会工作者与老年护理人员；积极鼓励志愿者参与长期照护服务供给中来（肖云等，2015；王玉环等，2013）④⑤。

2. 文献简评

既有的研究提供了大量有借鉴价值的文献，但是通过对文献的学习和分析，本书认为既有文献中还存在一些不足：

（1）失能老人生存状况研究缺乏系统性与理论指引。既往的研究对失能老人的生存状况展开了诸多的分析，较零散同时也缺乏理论分析框架，失能老人的生存状况分析的理论还较缺乏。生存空间理论系统地从经济资源、区位、公共服务资源等角度构造了群体生存状况的理论分析框架，能更好地指引失能老人生存状况的经验性研究。

（2）动态性调查数据对比分析较少。2000 年后我国老龄化进程不断加剧，老龄问题研究也在不断深入，对贫困老年群体、失能老年群体、留守老年群体的学术研究也在不断增加。就失能老年群体而言，既往的研究较多从

---

① 张利、杨福、余红剑等：《基层医疗卫生机构参与失能老人长期照料的模式与促进对策》，《中国老年学》2017 年第 3 期。
② 郑豫珍、刘继文、杨玉英：《政府购买护理服务模式下居家养老护理员现状分析》，《新疆医科大学学报》2010 年第 12 期。
③ 胡玉娟、熊俊超：《建立长期照护保险破解老人失能危机——以广东省珠海市为例》，《上海城市管理》2015 年第 6 期。
④ 肖云、闫一辰、王帅辉：《失能老人机构照护发展的困境与破解》，《江苏商论》2015 年第 6 期。
⑤ 王玉环、黄方超、侯蔚蔚等：《老龄化背景下长期照护人员资格准入和工作内容》，《中国老年学杂志》2013 年第 9 期。

截面数据分析失能老人的状态，同时也较多运用国家人口统计数据①，较少也较难从国家人口统计数据进行动态性的深入分析。2000年后，中国逐渐出现了相关的微观数据平台，为动态性分析失能老人生活状况提供了分析的数据。同时由于相关微观数据涉及的生活层面较多，能更为丰富准确地描绘失能老人的生活状态。

另外现有的失能老人微观调查材料和数据存在一定的出入，其中有实证材料的时间、地点、条件的差别，也有统计误差和调查误差，而且对全国性代表数据的运用还较少。同时部分文献研究方法和研究技术运用上还较缺乏严谨性，例如对样本选择性偏误的讨论。样本选择性偏误虽然不是构建模型的内生性问题，但是已经成为严重干扰结论准确性的重要因素。20世纪90年代以来，计量方法得到充分的发展，尤其是对随机实验方法的运用，倾向值匹配较好地解决了选择性偏误的问题②。对样本选择性偏误的规避近年来已经越来越受到学术圈的重视，研究结论的稳健性已经成为可靠结论的重要基础。

（3）失能老人生存困境问题的对策分析上，缺乏整体性的分析视角以及嵌入性考虑。贝弗里奇报告认为，保障制度的建立，应该具有整体性特质，不能片面地从社会现实中割裂出去，应考虑与其他制度的衔接。现有的对策多呈现零散状态，缺乏整体性的分析视角，结论较绝对化和片面。另外在对策建议中，对策的嵌入性也不强，导致操作性和实用性也不太强。另外虽然学界基本认为应对失能老人实施长期照护制度，但在长期照护制度实施过程中的微观环节，尤其是社区如何开展运作，例如社区资源的对接、失能老人

---

① 尽管国家老龄委定期开展了中国城乡老年人生活状况抽样调查，但围绕数据的开发应用较少。

② 倾向值匹配技术近十年发展迅速，而且也得到一定程度的应用。虽然有学者质疑倾向值匹配技术中样本丢失较严重，同时对数据结果的内生性规避也未得到很好的解决，但是出于样本选择性偏误问题，倾向值匹配依然不失为一种较好的选择。倾向值匹配近十年的发展，已经在精细匹配、多重抽样以及带宽选择上获得了较大的突破和发展。因此本书在针对分居家庭，这样存在严重样本选择性的分析问题上会运用倾向值匹配技术来完成计量分析。

服务的投递以及评估等问题仍存在大量的争议和讨论。

（4）缺乏学科交流。老龄事业研究涉及多学科、多范式综合研究领域，既往研究中较缺乏多学科的分析视角。在老龄事业的微观治理上，需要更多借鉴社会医学、人口资源以及社会政策等领域的分析视角。

因此本部分将通过文献凝练，依据生存空间理论，建立分析框架。为反映研究结果的稳健性，本部分以两期全国代表性数据为基础，通过科学的定量研究方法得出研究结论。基于数据分析结果，本部分运用整合照料理论，构建系统性的失能老人保障安全网，从而提出适合我国国情的失能老人保障对策。

（二）研究意义

1. 理论意义

将生存空间理论运用到失能老人状态研究中。生存空间理论是研究某种人群生存状态的系统理论。在本部分，将分析区位分布与社区公共资源分配对失能老人的影响。

将整合照料理论运用到失能老人照料体系建构研究中。整合照料理论是对老年人医养结合照护的一种重要理论，强调了系统性以及结构性要素。本书利用整合照料理论，结合中国实际环境和文化习惯，利用嵌入性的方法，构建了系统性的失能老人照料体系。按照整合照料理论构建失能老人照料体系，将能有效按照国家政策的指导原则，推进理论与实践的整合。有助于推进失能老人社会保障研究中理论与经验研究的结合。

有助于推进失能老人养老问题的社会政策研究。社会政策不是简单对个别问题提出个别性的解决方案。社会政策认为社会问题的产生与解决必须从系统性的角度加以分析才能找到问题的原因，同时只有通过系统性的解决方案才能较好地解决社会问题。因此基于系统性的微观理论——整合照料理论，将改变目前养老问题研究中个别问题和个别对策的孤立状况，系统性地提出多元化养老模式的运行机制，从而推进失能老人养老问题的社会政策研究。

2. 现实意义

提供失能老人人口规模的科学参考。本书利用动态调查大数据（CHARLS），结合"五普"数据、"六普"数据以及2015年人口抽样调查数据，描绘失能老人群体的人口结构特征。

重视社区医疗资源可及性与失能老人之间的关系。本书将分析失能老人医疗资源的空间便利性状况，提供了更系统性的失能老人照料体系。本书基于整合照料理论，构建了符合中国实际特点，有效率的照料体系，供决策部门参考。

有助于整合老年人的养老资源，构建多元化养老模式。整合照料体系强调构成要素之间的内在衔接，通过内在的运行机制，形成多支柱、多方式、多层面的多元化养老模式。

有助于切实保护失能老人"老有所养"的权益。运用系统性理论，建构失能养老安全网，更好地满足失能老人的养老需求。

二、 研究设计

本章将阐述概念界定、研究对象与研究方法、研究假设与问题、数据与模型以及分析框架与技术路线等内容。

（一）概念界定

概念是对现象的一种抽象，它是一类事物的属性在人们主观上的反映。概念是研究的基石，通过逻辑联系起来的概念形成理论。概念有三个特性：潜在可观察的、精确的、对理论的演绎有着重要的作用①。因此清晰地界定概念，将有助于本书的研究。本书中，需要重点界定失能、老年人、生存空

---

① 风笑天：《社会学研究方法》，中国人民大学出版社2005年版，第25—26页。

间、整合照料、对策等核心概念。

既有的文献已经表明受制于经济发展水平与文化传统，国内外政府与学界对失能的界定与标准都有很大的差异。本书采用了金尼（Kinney，1996）对失能状况的界定，失能是指因身体功能出现障碍，影响个体生活自理能力的一种身体状态。由于概念界定的不同，失能状态的测量也体现在不同的维度。国外发达国家将失能从躯体层面，扩展到心理与认知水平层面，限于中国的经济发展水平，国内政府和学界更多采用 ADL（或者 BADL）以及 IADL 测量体系。综观国内外失能测量体系，核心测量体系仍为日常活动能力测量。日常活动能力测量涵盖了老年人的各项基本生活能力，具体包括穿衣、洗澡、吃饭、上下床能力、上厕所能力以及在家走动等。在中等收入发展水平以及经济新常态背景下，"十四五"老龄事业发展高度重视全面协调可持续发展，强调了与社会经济发展的协调关系。因此对失能的测量不宜放得过宽，在本书中，失能是体现在基本生活能力的缺失状态。

"老"主要指家庭内部的长者或者老人。"老"有着生理学的界定，国外普遍以 65 岁以上为老年人，我国在人口统计中以 60 岁与 65 岁为临界值。人到了一定年龄后，身体便出现了衰老症状，造成身体功能衰退，影响了生产和生活的能力。在这个阶段，家庭内部便出现了持续的养老行动。在现代国家体系中，持续完善的社会保障体系会给老年人提供必要的养老保障，例如老年人的社会救助和社会保险。就失能老人而言，其养老资源存在家庭私人领域、国家领域以及市场领域的供给。就失能老人而言，最重要也是最直接的资源来自家庭私人领域以及社区空间的资源。

生存空间概念阐明了空间地理以及社会因素对弱势群体的影响。早在 20 世纪 50 年代，哈里斯和缪尔达尔就提出欠发达地区的经济发展与地理位置有关，这便是早期的空间经济学，之后发展到新经济地理学。贾兰和拉瓦雷（Jalan & Ravallion，1997）提出了空间理论中的一个重要概念——地理资本，与物质财产资本、社会资本相提并论，把多种差异集合在空间地理因素之中，即承认经济社会发展中的教育、卫生、社会保障、政治等各种差异性，最终可以用空间地理位置禀赋不同来加以解释。由于自然或地理禀赋是不易改变的，因此空间特征（包括地理特征和公共服务等）对弱势群体产生了重要影响。学者们从经济、社会和环境3个维度构建生存空间的资本体系，其中有代表性的是伯德（Bird，2007）、伯克和杰恩（Burke & Jayne，2008）建立了由经济、社会和环境3个维度表征的生存空间分析框架。按照此分析框架以及相应的分析问题，经济维度指的是弱势群体的收入状况，社会维度主要指家庭私人领域的支持以及公共领域中的保障体系支持，而环境维度主要指社区空间内社会服务状况与医疗资源状况等。

古德温认为整合照料是指整合不同的照料资源，使处于碎片化照料中的个体达至健康（主要为健康照料）和社会照料的理想化水平，整合照料的管理者和组织在诸多层次同时发生作用①。科德纳和施普劳恩贝格（Kodner & Spreeuwenberg，2002）指出整合照料的过程可分为服务输入、提供、服务的管理和组织等②，体现在：（1）由一个以上的组织联合（共同）提供卫生和社会服务；（2）连接初级和次级服务体系；（3）在单一部门内连接不同层次的照料，如健康服务、养老服务等；（4）连接预防和治疗服务。整合照料从整合方向可分类为垂直整合和横向整合。整体而言，整合照料核心特征就是利用现有的资源，加以系统整合，形成具有供给效率的服务体系。

"对策"（countermeasure）这个词条来自汉代察举制度的一种考试方法——策试。汉文帝二年（公元前178年）下诏举贤良方正能直言极谏者，汉文帝十五年再诏举贤良能直谏者，并亲自加以策试，察举对策制度自此而成立。汉代"对策"指把策题书于简册之上，使应举者作文答问。在现代，对策主要指针对具体问题提出具体解决措施和办法。美国学者托马斯认为政

---

① Goodwin, Nick., "Understanding integrated care: a complex process, a fundamental principle", *International Journal of Integrated Care*, 2013, 1 (13), pp. 213-214.

② Kodner, D. L & Spreeuwenberg, C., " Integrated care: meaning, logic, applications, and implications-a Discussion paper", *International Journal of Integrated Care*, 2002, 2 (4), pp. 315-323.

策有三个基本特征：

（1）关心解释而不是开处方，政策建议是从属于描述和解释的。一个隐含的判断是，解释是开处方的前提；只有通过仔细分析与解释，才能更好地提出公共政策。

（2）对问题分析的前因后果进行科学的研究。这种研究涉及进行推论的科学标准问题。定量技术会有助于完成可行的推论，以揭示公共政策的前因后果。

（3）大胆提出和小心验证关于政策前因后果的命题。积累那些具有普遍意义的可靠研究成果，目标是发展出关于公共政策的理论。这些理论具有可靠性，这些解释能够经得起时间的考验，适合不同的背景①。

通过托马斯的分析不难看出，对策由四个过程构成，首先是描述和解释问题，其次是科学的方法（定量技术）的运用与分析，再次是基于理论解释问题，最后提出相应对策。基于此，本书的研究思路是首先通过定量的数据描述和分析问题，接着进行理论解释，最后提出对策。

（二）研究对象与研究方法

1. 研究对象

研究对象指定所针对的地域范围、研究人群与行为。本书把研究范围限定在失能老人群体，其中对失能的界定范围集中在基本生活能力上。本部分中区域的划分按照常住地（居住 6 个月及以上）来进行划分，而没有采用户籍来进行分类。主要是因为根据相关文献，失能老人的流动性相对较差，另外如果发生了流动，也较多是从农村区域流动到城市区域。进入城市区域的失能老人，尽管社会保障体系未发生较大变化（例如医保），但是家庭支持与区域环境的公共资源支持发生了较大的变化。因此按照农村区域与城市区

———————
① ［美］托马斯·R. 戴伊：《理解公共政策》，彭勃译，华夏出版社 2004 年版，第4—6页。

域的常住状态进行城乡划分更适合失能老人的分析。

2. 研究方法

从国内外学界对研究方式的分类来看，一般把研究方式分为调查研究、实地研究、实验研究、文献研究。根据研究问题，本书主要的研究方式为实地研究以及文献研究。具体运用如下：

（1）实地研究方式的运用。实地研究是一种重要的定性研究方式，也是一种理论建构型的研究方式。实地研究的基本特征是强调"实地"，即研究者一定要深入研究对象的社会生活环境中，靠观察、询问、感受和领悟去理解所研究的现象。实地研究对研究社会隐私问题具有良好的适用性。既有的研究已经表明，失能老人家庭养老支持过程中涉及私人家庭生活，有比较多的个人隐私。在使用问卷调查过程中，有可能出现弃答的情况。另外对一些不方便用问卷调查方式研究的问题，实地研究有着较好的适用效果。研究者在湖北省部分城市和农村进行了案例收集和观察。前期的案例分析和实地观察对本部分的研究具有重要价值，例如失能老人的社区分布等问题。

（2）文献研究方式的运用。随着大数据时代的到来，国内外学者也逐步开始利用大数据展开相关项目研究。在既有的国内外文献中已有不少利用相关数据平台提供的数据库开展经验分析。在可供选择的数据库中，本书选择了 CHARLS 基线调查数据。CHARLS 数据中的家庭调查模块、健康状况与功能模块、医疗保健模块以及工作、退休和养老金模块等为本书提供了较充分的可供利用的分析数据，同时作为全国性代表数据，可以进行宏观数据与微观数据相结合的分析方法。

在微观调查数据使用过程中，研究者始终认为单截面数据无法说明研究结论的稳健性，因此研究小组将 CHARLS 一期与二期数据共同作为本书的分析数据。尽管两期数据的分析为本书增加了大量的分析任务，但是为求得研究结论的稳健性、推论价值以及进行纵向对比分析，本书仍然认为多期截面数据为有效度的分析奠定了良好的数据基础。

同时对失能老人人口变动的分析，采用了"六普"数据以及 2015 年人口抽样调查数据结果，本书注重了宏观数据与微观数据的结合，为微观数据分析结果提供了宏大的社会背景基础。

（三）研究假设与研究问题

本部分以生存空间理论为分析框架，分析失能老人的经济、社会和环境生存资本状况。失能老人的经济生存资本状况主要通过失能老人的各类收入展开分析，失能老人社会生存资本状况主要通过失能老人的家庭支持状况以及社会保障支持展开分析，而环境生存资本主要通过公共医疗资源可及性展开分析。

基于文献分析，失能老人是一个需要关注的弱势群体。按照生存空间理论，失能老人在经济、社会和环境生存资本状况存在一定的缺失状态。失能老人生存空间研究可以提出如下假设：

H1：失能老人经济收入较低。

失能老人经济收入较低，可以通过失能老人的收入与健康老年人收入的比较得出。

H2：失能老人社会支持较差。

失能老人的社会支持体系，主要集中于家庭私人领域与社会保障体系。家庭是社会的最小细胞与重要的社会单位，社会保障是失能老人生活安全的重要组成部分。因此失能老人社会生存体系较差的假设可以被分解为两个小假设：

H2a：失能老人的家庭支持较差；

H2b：失能老人的社会保障支持较差；

H3：失能老人环境支持较差。

就医便利对老年人尤其是失能老人是非常重要的环境支持。因此对于失能老人而言，失能老人的环境支持体系的重要指标是公共医疗资源可及性，尤其是公共医疗资源的空间便利性。本书以公共医疗资源的空间便利性作为失能老人环境支持体系的测量指标，即 H3 可以转换为失能老人公共医疗资源的空间便利性较差。

根据既往文献由于失能老人流动性较差，家庭支持有着格外重要的作用。为更好地解释家庭支持对失能老人的支持状况以及分析其机理性问题，本书假设家庭支持是家庭代际投资的回报。从代际交叠理论来看，家庭养老的实质为代际投资与回报关系。考克斯指出代际投资不应仅仅局限于两代之间，三代之间的多边支持交换更能说明代际交换与合作关系。代际投资不能仅仅局限在经济资源的交换（投入），闲暇消费也应成为构成要素，贝克尔（Becker，1981）认为所有闲暇都含有某种消费，是家庭行为中一种重要的投资内容。因此本书将代际投资定义为三代之间的经济与闲暇消费。按照卡弗里（Caffrey，1992）、斯塔尔克（Stark，1995）、陈皆明（1998）等人关于父代对子代投资的研究，本部分将父代对子代的代际投资操作化为大额经济投资以及近期经济投资，父代对孙代的代际投资操作化为近期经济投资与利用闲暇时间照顾孙代，建立以下 4 个相关假设：

H4：给予子代的早期大额经济投资对失能老年人代际经济支持产生显著性影响；

H5：给予子代的近期经济投资对老年人代际经济支持产生显著性影响；

H6：给予孙代的近期经济投资对老年人代际经济支持产生显著性影响；

H7：闲暇时间照顾孙代对失能老年人代际经济支持产生显著性影响。

同时为解释失能老人的环境支持状况，本书从社区角度展开了分析。因为失能老人的流动性较差，社区的空间资源对失能老人非常重要。为解释失能老人社区空间资源，尤其是医疗空间资源的状况，本书假设失能老人在全国的社区分布中是不均衡的，主要分配在环境资本较差的社区。由此研究建立了如下 2 个假设：

H8：失能老人社区分布非均态；

H9：失能老人所属社区环境资本较差。

（四）数据与计量方法

1. 数据来源

运用文献研究法展开了数据分析，数据来源主要为全国代表性调查数据库以及国家人口统计数据。

在本书中主要使用的全国代表性数据库是 CHARLS 数据库①。CHARLS 数据是北京大学中国社会调查中心开展的一套中国健康与养老追踪调查数据库，在 2011 年与 2013 年分别在全国范围内（除去西藏、青海、台湾地区）展开了基线调查。本书使用的 2011 年（一期）以及 2013 年（二期）基线数据由北京大学中国社会调查中心分别在 2013 年与 2015 年发布。

CHALRS 两期全国基线调查，覆盖 150 个县级单位，450 个村（社区）级单位。CHARLS 在两期数据中均采用了多阶段抽样方法，CHARLS 的初级抽样框（PSU）为县级单位，通过 PPS 抽样方法在县/区和村居展开抽样。另外由于中国经济发展速度较快，村（或社区）的空间面貌也随之发生较大变化，为更好地开展末端抽样，CHARLS 数据在国内首创了电子绘图软件（CHALRS-GIS）技术，用地图法制作村级抽样框。CHARLS 一期数据对 10257 户家庭展开了调查，获取样本数为 17708 人，而 CHARLS 二期数据对 10822 户家庭展开了调查，获取样本数为 18605 人，其中与一期配对样本数为 15770 人，配对样本占比为 84.77%。

2. 数据质量评估

本书考察了 CHARLS 整体数据的代表性与效度问题。附图 2-1 表明了 CHARLS 一期数据（2011 年）与"六普"数据（2010 年）的年龄对应情况。附图 2-1 表明，CHARLS 一期数据与"六普"数据的年龄对应情况基本

---

① 目前全国代表性数据库中针对老年人研究数量不多。从少数数量库中，按照可得性、研究的针对性与项目组既往的研究基础，选择了 CHARLS 数据库。由于 CHARLS 一期、二期数据配对率为 85% 左右，尚可进行纵向数据的对比，而第三期数据与第一期数据配对率较低，故本书中只选取了 CHARLS 一期与二期数据进行稳健性分析以及对比分析。

吻合，说明了 CHARLS 抽取的样本具有较好的代表性。

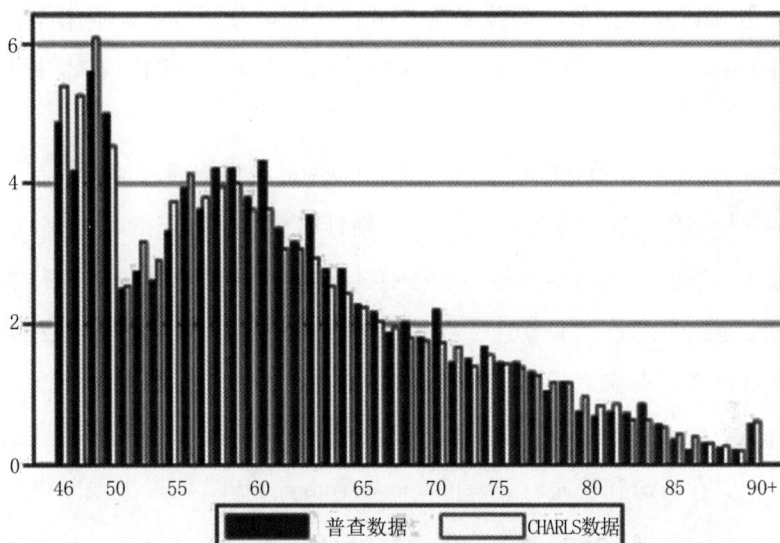

附图 2-1　CHARLS 一期数据与"六普"数据的年龄对应状况

由于在健康测评中，基本生活能力（ADL）已经具备较成熟的测量体系，本书研究者以基本生活能力为例进行了 CHARLS 数据测量效度分析。本书研究者从 CHARLS 一期数据库选取了 DB010 至 DB014 问题来反映基本生活能力，从而获取了 7636 个老年人样本（60 岁及以上）的基本生活能力状况。按照非失能、轻度失能、中度失能与完全失能 4 个标准，结果显示中国老年人的失能率为 22.38%，中重度失能率为 3.25%。按照 CHARLS 数据库的测量标准，中重度失能老人为生活不能自理的老人，这与 2010 年第六次人口普查数据中不能自理的结果（2.95%）基本一致。

3. 数据分析技术

本书按照"代表性数据，更准确的数据选择，更合适的分析技术，更稳健的分析结果"技术分析思路展开经验研究。研究方式不同，其研究技术的选取也不尽相同。本书属于定量研究，在研究技术部分将重点论述研究过程采用的统计技术。

本书拟主要通过单变量的描述性分析、双变量的描述性分析、非条件 Logistic 技术以及倾向值匹配技术（PSM）等数据分析技术。本书不再赘述非条件 Logistic 技术，简要论述一下倾向值匹配技术（PSM）在本书中的运用过程。

虽然 Logistic 多元分析模型以及多层 Logistic 技术能通过加入控制变量的方式，分析老年人获得家庭代际支持的估计概率，但 Logistic 多元分析模型作为最大似然值法依然不能避免由于样本选择性偏误导致的估计有偏等问题。为克服这个问题，本书引入倾向值匹配（PSM）计量方法来进一步分析相关变量对老年人家庭代际经济支持的效应问题。卡梅伦和特里维迪提出 PSM 计量方法通过倾向得分来模拟随机实验过程以消除混杂因素导致的选择性偏误。罗森鲍姆和鲁宾（Rosenbaum & Rubin，1983）指出倾向得分是给定条件下接受干预的条件概率，本书利用 Logit 模型估计得到。自变量发生的概率（倾向得分）为：

$$p(X) = pr[D=1 \mid X] = E[D \mid X] \qquad \text{式 (2.1)}$$

式 2.1 中，D 为自变量，当自变量发生时，D 的取值为 1，反之则为 0；X 是一组影响选择的协变量。在倾向值匹配过程中，卡梅伦和特里维迪（Cameron & Trivedi，2005）指出重要的假设是平衡条件，本书采用了戴基亚和维博（Dehejia & Wahba，2002）提出的倾向得分适当匹配算法，使得平衡条件得以满足。

选择合适的匹配方法，将处理组（$D=1$）中的每一个观测值与对照组（$D=0$）中倾向得分相近的观测值进行匹配。为确保研究结论的稳健性，本书采用了三种不同类型的匹配方法进行样本匹配，分别为：最邻近匹配方法（nearest neighbors matching）、分层匹配方法（stratification matching）以及核匹配方法（kernel matching）。自变量对老年人获得代际支持的平均处理效应（ATT）可以通过比较处理组和对照组的支持状况差异得到。如式 2.2 所示：

$$ATT = E[Support_1 - Support_0 \mid D=1]$$
$$= E\{E[Support_1 - Support_0 \mid D=1, p(X)]\}$$

$$= E \ \{E \ [\ Support_1 \mid D = 1, \ p \ (X) \ ] \ -E \ [\ Support_0 \mid D = 0, \ p \ (X)$$
$$\mid D = 1\} \qquad\qquad 式（2.2）$$

式 2.2 中，$Support_1$ 和 $Support_0$ 分别表示处理组和对照组的支持状况。

（五）研究框架与技术路线

根据研究思路，研究框架拟分成如下三个章节：

第一部分：研究背景

本章将对失能老人生存状态与整合照料理论进行文献回顾，对相关研究内容进行归纳总结与评价。同时本章将阐明目的与意义、拟解决的关键问题以及创新之处等。

第二部分：概念界定与研究设计

本部分主要论述核心概念界定、研究对象与方法、数据、变量与模型以及研究框架与技术路线。

第三部分：失能老人的生存空间状况

本部分主要论述了失能老人的生存状况问题。重点分析了目前失能老人的经济收入状况、社会支持以及失能老人的环境支持状况等问题，阐述了中国失能老人的养老困难与需求，并对失能老人家庭支持状况以及环境资本状况进行了原因剖析。

三、 失能老人的生存空间状况分析

经验性事实是社会政策形成的重要基础。为提升失能老人生活质量，改善失能老人的生存空间环境，提出适宜的多元化照护整合体系，应认真分析中国失能老人的生存空间状况和需求问题。本章将主要通过两期全国性代表数据，并结合全国性人口统计数据，分析与解释失能老人的生存空间状况。按照研究假设与研究内容，本章将从失能老人的人口结构状态、经济资源状态、社会支持状态以及环境支持状态等展开阐述。

（一）失能老人的人口结构分析

1. 年龄与性别分布

失能人口结构状态亦是一种重要的生存状态，表明在中国的物理空间内失能老人的人口特征。失能老人的概念范围较广，可以分为轻度、中度、重度或者半失能、失能等，在本书中泛指失能程度不同的老年人。为更准确地揭示失能老人的人口结构变动规律，本书采用了"六普"数据以及 2015 年人口抽样调查数据中全国分年龄、性别、身体健康状况相关数据展开了分析。由于失能存在程度的不同，本书中以人口统计数据中"生活不能自理"类型老年人来代表失能老人说明相应规律①。结果如附表 3-1 所示：

附表 3-1　失能老人②分年龄与性别的动态状况　　　　（单位:%）

年龄组	"六普"状况			2015 年人口抽样状况		
	总数	男性	女性	总数	男性	女性
60—64 岁	0.88	0.43	0.45	0.80	0.44	0.36
65—69 岁	1.51	0.74	0.77	1.33	0.71	0.62
70—74 岁	2.67	1.27	1.40	2.26	1.11	1.16

---

①　国内学界对失能老人人口结构展开了多样性的研究。本书按照代表性数据与代表性类型的分析策略展开了相关分析。在失能老人的年龄分析中，有学者采用了实点年龄（岁数）来进行分析，分析结果未必具有可靠性。从全国人口普查和抽查数据的反馈来看，被调查者尤其是老年人较多用阴历来计算年纪，同时高龄老年人也存在记忆不清楚的情况，因此实点年龄计算方式未必可靠。采用年龄分段的队列分析尽管精确较实点年龄较差，但是准确性、代表性确有较大的提升。另外按照研究的分析策略，尽管人口调查数据中生活不能自理类型的老年人不能代表全部失能老人，但却是测量最准确的，同时也是最能代表失能老人的类型。在本书的相应问题分析中，依然采用该分析策略来求得具备可靠性的结论。

②　以生活不能自理类型老人来代表失能老人。为避免年龄段的权重问题，以百分比计数。附表 3-1 中的百分比为对应频数除以各分类的总数，例如 60—64 岁的男性生活不能自理型的频数＝60—64 岁的男性失能老人频数/60—64 岁失能老人频数，而总计的男性生活不能自理型的频数＝总计的男性失能老人频数/总计的失能老人频数。

年龄组	"六普"状况			2015 年人口抽样状况		
	总数	男性	女性	总数	男性	女性
75—79 岁	4.33	1.89	2.45	3.87	1.76	2.11
80—84 岁	7.97	3.09	4.88	6.92	2.68	4.23
85—89 岁	12.68	4.13	8.55	12.24	3.99	8.25
90—94 岁	20.96	5.65	15.32	19.62	5.86	13.76
95—99 岁	26.05	5.91	20.14	28.45	6.53	21.93
100 岁及以上	29.19	5.35	23.84	32.89	4.77	27.98
总计	2.95	1.23	1.72	2.60	1.12	1.48

数据来源：分别来自中国统计出版社《中国 2010 年人口普查资料》以及《2015 年全国 1%人口抽样
　　　　　调查资料》。

从附表 3-1 可以发现，以生活不能自理为代表的失能老人在"六普"数据中以及 2010 年人口抽样数据的年龄队列分布中，失能率是逐渐提升，即随着年龄阶段的增长，老年人的失能率会不断增加。较"六普"数据，2015 年人口抽样调查数据中生活不能自理的失能老人占老年人总体的比例略有降低①，在 60—95 岁区间的老年人失能率略有降低，但是 95 岁及以上老年人失能呈现 2%—3%的增长。因此高龄老年人（尤其超高龄老年人）的照护体系应格外重视。

从性别分布来看，尽管女性的预期生命岁数较男性更长（这点可以反映在男女性别的频数上），但是从健康生命余岁上看，相较女性，男性失能率在 70 岁及以上的区间内较低，并且性别之间差距越来越有利于男性。在"六普"数据以及 2015 年人口抽样的调查数据中，均显示该趋势。数据结论显示，女性高龄老年人也应是政策给予必要关注的对象。

---

①　尽管比例相对降低，但是由于 2015 年人口数据为抽样调查数据，可能存在置信区间，因此应审慎应用该结论。

2. 城乡分布状态

通过对"六普"数据以及 2015 年人口抽样数据的城乡对比分析，结果如附表3-2所示：

附表 3-2　失能老人的城乡分布对比　　　　（单位：%）

	城市	镇	乡村
"六普"数据	2.35	2.60	3.32
2015 年人口抽样数据	2.25	2.46	2.85

通过两次人口调查的城乡对比可以发现，城市老年人中生活不能自理型失能老人的比例低于城镇中的分布，更低于乡村中的分布，并且两次调查数据均呈现相同的分布规律。

对城市、镇以及乡村中失能老人的年龄阶段对比可以发现（由于该数据表格较长，故略去），年龄对失能率的递增效应，即年龄队列越大，失能率越高。在年龄段的区域对比中，城市中 60—79 岁年龄段的老年人的失能率要低于镇以及乡村的失能率（其中乡村老人的失能率最高），但是 80 岁以上的城市老年人的失能率却高于镇区域内的失能率。在两次人口统计中，均呈现相对一致的区域分布。从总量分布上来看，农村失能老人存量较多，增量也较快，并且问题也较严重。数据表明，农村失能老人应给予更多关注。

3. 失能老人的总量与失能状况

限于我国自身的经济发展水平以及老龄事业全面协调可持续的发展方针，约束着我国失能老人的限定范围不能过宽。本书研究者查阅了部分国家级与省部级的相关课题资料，基本上国内相关政策研究与学术研究中，更多资料将失能老人限定在六项基本生活范围，即穿衣、洗澡、吃饭、起床下床、上厕所、室内行走[1]等。根据基本生活能力的范围，学者利用人口统计资料、城乡老年人生活状况调查以及相关平台数据展开了多项研究。

---

[1]　长期照料服务制度研究课题组：《长期照料服务制度研究》，华龄出版社 2014 年版，第 5 页。

为了获得更稳健的研究结果，本书研究者利用两期 CHARLS 数据进行了相关的分析。在 CHARLS 数据中，从穿衣、洗澡、吃饭、上下床、上厕所五项①进行了基本生活的能力测量。本书研究者通过健康自评与调查对象的基本生活能力的相关分析②，两期数据的皮尔森检验均显示显著性水平小于千分之一，结果表明两者有明显的相关性（R^2 一期 = 0.674，R^2 二期 = 0.721），研究的信度较好。两期基线调查数据显示，失能老人占总体老人的比例分别为 22.38% 和 22.86%。两期 CHARLS 数据结果与 2010 年中国城乡老人调查结果（19%）、2015 年中国城乡老人调查（18.3%）吻合度较高。基于生活基本能力测评体系，结合 CHARLS 数据与多个调查数据分析结果的对比分析，不同程度的失能老人应占老年群体的 20% 左右。

通过 CHARLS 数据中年龄队列与不同失能程度之间的交叉分析，二期不同程度失能老人的队列分布动态情况如附表 3-3 所示：

附表 3-3　不同程度失能老人的队列分布动态情况　（单位:%）

年龄组	CHARLS 一期数据			CHARLS 二期数据		
	轻度③	中度	重度	轻度	中度	重度
60—64 岁	28.95	16.37	14.29	27.70	19.27	16.67
65—69 岁	23.13	15.20	11.69	22.07	19.27	12.75
70—74 岁	19.37	17.54	19.48	20.01	19.27	19.61
75—79 岁	15.33	20.47	14.29	15.73	17.43	15.69
80—84 岁	9.31	17.54	23.38	9.10	13.30	21.57
85—89 岁	3.01	7.60	12.99	4.17	5.96	9.80
90 岁以上	0.89	3.90	5.26	1.23	3.92	5.50

---

① CHRALS 数据在基本活动能力测量中缩减了一项（室内走动）。

② 项目组采用了多组计算方式，最后确定采用将没有困难赋值为 0（即为健康），有困难但仍可以完成（轻度）赋值为 1，有困难（中度）需要帮助赋值为 2，而无法完成（重度）赋值为 3。经过对五项测试进行累加，可以形成 0—15 的连续区间，0 为健康，1—5 为轻度失能，6—10 为中度失能，而 11—15 为重度失能。

③ 由于轻、中、重度老年人的权重不同，故附表 3-3 采用的是纵向分类百分比。

　　CHARLS 两期基线调查数据显示，不同程度失能老人的队列分布动态情况差异性不太大。分布趋势基本一致。附表 3-3 表明，60—70 岁之间的失能老人中轻度失能老人较多，70—80 岁阶段老人出现了比较明显的变化，重度失能老人增加较多，这也符合我国的预期寿命状况，也较符合 70—80 岁是健康重要分水岭的特征，而 80 岁以上重度失能老人较多。

　　CHARLS 两期基线调查均测量了老年人的穿衣、洗澡、吃饭、上下床、上厕所五项基本生活能力，本书比较了两期失能类型的变动情况，如附表 3-4 所示：

附表 3-4　五项失能类型的变动情况

失能类型	CHARLS 一期数据		CHARLS 二期数据	
	均值	标准差	均值	标准差
穿衣	0.523	0.021	0.522	0.018
洗澡	0.879	0.025	0.847	0.023
吃饭	0.380	0.019	0.259	0.014
上下床	0.572	0.020	0.515	0.010
上厕所	1.142	0.021	1.051	0.019

注：附表 3-4 所显示的数值为五项基本生活能力至少存在一项有困难的失能老人状况。

　　附表 3-4 所反映的数据显示，CHARLS 一期数据与 CHARLS 二期数据中五项失能类型的分布较为一致，上厕所为失能老人高发的失能类型，其次为洗澡。因此失能老人卫生间的无障碍便利改造应是失能老人家居环境的重点问题。另外通过五项基本生活能力与失能状况的交互分析显示①（pwcorr），皮尔逊系数最高的两项依然是洗澡和上厕所。数据表明，对失能老人的失能程度监测应重点测量失能老人洗澡和上厕所的动态变化状况，以便进行及时的干预与预防进一步失能恶化。

---

　　① 经过配对相关分析显示，两期 CHARLS 五项基本生活能力与失能程度之间均呈现高度相关，且显著性水平均低于千分之一。结果表明，本书中对失能程度的计算方法可靠。

　　由于 CHARLS 一期与二期数据配对较高，因此可以形成面板数据。本书利用 CHARLS 一期与二期基线调查的面板数据，开展了失能发生的影响因素分析。在配对的样本中，失能状况由无到有，或者失能程度有上升，对其赋值为 1，而失能状态无变化或降低，对其赋值为 0。分别引入了个人特征因素、生活习惯因素、健康状况因素进行了 Logistic 多元回归估计，结果如附表 3-5 所示：

附表 3-5　失能发生的 Logistic 多元回归估计

变量	发生比①
个人特征因素	
性别（女=0）	1.356***
文化程度（没上过学=0）	1.132**
年龄（60—64 岁=0）	1.423***
经济收入状况（无收入=0）	1.153**
生活习惯	
吸烟习惯（有吸烟=0）	2.791***
喝酒习惯（饮酒频率高=0）	1.765***
定期运动（无运动=0）	1.923***
社交活动（社会活动少=0）	1.215**
定期体检（经常体检=1）	3.234***
健康状况	
慢性疾病状况（慢性疾病超过 3 种=0）	1.418***
15 岁时健康状况（健康自评为较差与很差=0）	1.103**
模型的拟合优度	
McFadden's Adjust R^2	0.219***

---

　　① 该数据模型是在多次嵌套模型后得出的最优估计模型，发生比进行了稳健性标准误差的调整。

续表

变量	发生比①
BIC	−129732.434
正确分类预测百分比	71.64%

注: p<0.05 标记为 *，p<0.01 标记为 **，p<0.001 标记为 ***。如无特殊说明，本报告中的显著性临界值为 5%。

附表 3-5 的数据及嵌套数据对比结果（嵌套对比的估计结果由于较长，未列出）表明，个人因素中年龄队列的增加，失能风险的概率将会增加 42.3%，而在生活习惯中，吸烟对失能风险的增加概率达到 179.1%，定期体检则会减少失能的风险。同时多种慢性疾病对身体功能的损害呈现一定的增加态势，幼年期的身体健康状况对失能风险概率影响较小。

（二）失能老人的经济收入分析

在生存空间的分析框架下，自身经济收入是重要的组成部分。失能老人的经济生存分析，将从失能老人的经济来源与数量两个角度展开分析。为确保研究结论的稳健性，本书利用 CHARLS 两期数据进行了对比分析。

1. 失能老人的经济来源分析

在 CHARLS 问卷中对经济来源进行了 9 个类别的调查，其中包括退休金、失业补助、无保障老人生活补贴、工伤保险金、独生子女老年补助、医疗救助、政府其他救助、社会捐助、其他收入。本书比较了两期基线调查中失能老人（包含不同程度的失能老人）与非失能老人收入类型的动态状况，结果如附表 3-6 所示：

---

① 该数据模型是在多次嵌套模型后得出的最优估计模型，发生比进行了稳健性标准误差的调整。

附表3-6 失能老人收入类型状况的动态比较 （单位:%）

收入类型	CHARLS 一期数据		CHARLS 二期数据	
	失能老人	非失能老人	失能老人	非失能老人
退休金	29.95	39.51	59.40	67.99
失业补助	0.08	0.02	0.05	0.04
无保障老人生活补贴	1.38	0.85	0.54	0.32
工伤保险金	0.16	0.07	0.05	0.09
独生子女老年补助	1.30	0.68	0.69	1.37
医疗救助	0	0.20	0.39	0.35
政府其他救助	5.28	3.79	5.53	4.18
社会捐助	0.16	0.07	0.05	0.04
其他收入	1.22	0.72	2.47	2.10

CHARLS 两期动态数据表明，随着城乡养老保障覆盖的扩面，特别是农村新型社会养老保险的扩面，无论失能老人还是非失能老人的退休金的领取率均有较大的增长。另外，失能老人和非失能老人经济收入的来源主要为退休金。

两期动态数据对比发现，非失能老人退休金的领取率依然大幅高于失能老人，而且失能老人获取经济收入来源（包括社会救助）也并未与非失能老人呈现明显差异，由此也可以发现并未对失能老人呈现倾斜性的社会照顾。

2. 失能老人经济收入的数量分析

CHARLS 数据不仅提供了老年人收入来源的类型，同时也提供了经济收入的数量。本书比较了不同健康程度老年人的收入状况，结果如附表3-7所示：

附表 3-7　不同健康程度老人收入的动态比较　　（单位：元）

健康状况	CHARLS 一期数据		CHARLS 二期数据	
	均值	标准差	均值	标准差
健康	5745.72	10342.15	6017.73	12278.56
轻度失能	3254.67	10286.40	3720.63	8832.29
中度失能	2017.46	8113.87	2183.11	5969.47
重度失能	1997.28	6322.46	2027.68	7037.22

附表 3-7 表明，两期 CHARLS 基线调查中不同健康程度老人收入的趋势较为一致，健康老人的收入较失能老人的收入明显更高，失能程度与收入呈反比即失能程度越高，收入则会越低。另外从各失能等级老人收入的标准差结果可以发现，不同等级的失能老人均存在较高的收入差异，这也要求失能老人照护体系应具有弹性，对于高收入的失能老人应鼓励购买相应的市场服务，而对于低收入的失能老人则应强化政府兜底责任，保障低收入失能老人的生活。

不同生活区域的失能老人收入存在较大差异。本书比较了两期基线调查中不同生活区域失能老人的收入状况，结果如附表 3-8 所示：

附表 3-8　不同生活区域失能老人收入的动态比较　　（单位：元）

生活区域	CHARLS 一期数据		CHARLS 二期数据	
	均值	标准差	均值	标准差
城市	6700.82	13702.25	7179.07	12144.75
农村	1696.52	7553.87	2164.59	4178.28

附表 3-8 所示数据显示，两期 CHARLS 基线调查中城乡失能老人对比趋势较为一致，均为城市失能老人大幅高于农村失能老人。农村失能老人是失能老人社会保障体系中尤为需要关注的保障对象。

不同性别的失能老人收入也存在一定的差异。本书比较了两期基线调查中不同性别失能老人的收入状况，结果如附表3-9所示：

附表3-9 不同性别失能老人收入的动态比较 （单位：元）

性别	CHARLS 一期数据		CHARLS 二期数据	
	均值	标准差	均值	标准差
城市	4267.76	11179.26	4794.97	10396.66
农村	1925.59	7133.25	2517.35	6666.72

附表3-9所示数据显示，两期CHARLS基线调查中不同性别失能老人对比趋势较为一致，均为男性失能老人高于女性失能老人。不同年龄组的失能老人收入也存在一定的差异。本书比较了两期基线调查中失能老人收入的年龄组状况，结果如附表3-10所示：

附表3-10 失能老人收入的年龄组动态比较 （单位：元）

年龄组	CHARLS 一期数据		CHARLS 二期数据	
	均值	标准差	均值	标准差
60—64 岁	1710.84	7033.08	2573.07	7080.65
65—69 岁	3237.57	9576.43	3955.12	6596.66
70—74 岁	3459.92	9590.23	4383.88	9223.74
75—79 岁	3834.52	10380.51	4664.22	9113.66
80—84 岁	3320.06	17171.19	3619.87	4834.92
85—89 岁	3490.77	9169.55	3434.92	14299.47
90 岁及以上	2379.74	7015.93	2439.86	4264.26

附表3-10的数据显示，相较CHARLS一期失能老人数据（均值比较），CHARLS二期数据中失能老人的收入整体有所增加，并且在90岁以前的队列中基本都有一定的增加。各年龄队列中失能老人收入的标准差均较大，反

映出各个年龄队列中失能老人收入差异较大，凸显了失能老人的多层次性。另外从年龄队列的动态轨迹来看，75—79 岁的失能老人获得的各类收入总量较多，80 岁以后失能老人的收入呈现下降态势，也反映出高龄老人的特护政策势在必行。失能老人收入数量的年龄队列动态比较如附图 3-1 所示：

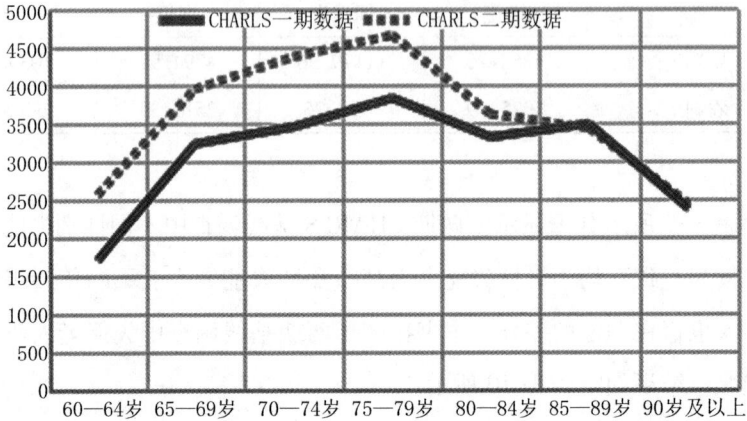

附图 3-1　失能老人收入的队列动态比较

整体而言，失能老人生存的经济资本无论从领取率还是总量上来看，均低于健康老年人群，本书中的假设 H1 成立。同时程度较高失能老人低于程度较低失能老人，而且农村失能老人低于城市失能老人，女性失能老人收入低于男性失能老人，失能老人经济收入的年龄队列分布呈现倒"U"型波动趋势。

（三）失能老人的社会支持分析

由于失能老人的流动性存在一定的困难以及个人经济收入整体有限，失能老人来自社会最重要的支持是家庭的支持（尤其是家庭经济的支持）以及公共保障体系的支持。按照研究设计，本书分析了失能老人的家庭经济支持（主要是代际经济支持）以及社会保险（主要为养老保险与医疗保险）参与的状况。

1. 家庭代际经济支持状况的描述性分析

家庭是社会最小的单位与组成细胞，是失能老人重要的经济支持。CHARLS 在两期基线调查数据中均对家庭内部的经济流动做了测量。对家庭内部子代对父代的经济支持，从货币支持、实物支持进行测量。对实物测量，按照货币化的标准进行换算。CHARLS 调查数据库家庭内部成员的经济流动模块中，使用了家庭成员 ID 的标示方法。经过较长时间的编程计算，CHARLS 两期不同健康程度老年人的家庭经济支持状况，如附表 3-11 所示：

附表 3-11　不同健康程度老人家庭经济支持的动态比较　　（单位：元）

健康状况	CHARLS 一期数据		CHARLS 二期数据	
	均值	标准差	均值	标准差
健康	3845.04	481.25	4103.87	202.94
轻度失能	2969.63	296.48	3224.89	170.09
中度失能	2727.71	574.16	3124.62	478.86
重度失能	2174.03	604.49	2106.77	447.06

两期基线调查数据显示，不同健康程度老人家庭经济支持的趋势基本一致。健康老人比失能老人获得更多的代际经济支持，而健康程度越差的老年人，得到的家庭经济支持越低（从集中趋势均值判断），由此也可以说明本书中的 H2a 成立。另外不同失能程度老人获得的代际经济支持的标准差，也随着失能程度增加在不断增加，这表明部分重度失能老人可能较难或者较少从子代获得代际经济支持。另外不同年龄组失能老人的家庭经济支持数据分析结果表明，60—80 岁年龄段的失能老人获得经济支持基本呈现上升趋势，而 80 岁以后的失能老人获得子代的经济支持呈现下降态势。由此可以发现，越是失能严重的老人、越是高龄的失能老人就越难或者越少获得家庭的代际经济支持。

2. 家庭代际经济支持状况的解释性分析

在失能老人的社会支持资本中，家庭经济支持对失能老人有着格外的重要性。CHARLS 两期数据均显示，失能老人对家庭支持的需求均高于整体老年人的平均水平，家庭养老是失能老人最希望的养老方式。为进一步解释家庭经济支持对失能老人的支持状况，本书利用 Logistic、PSM 计量方法展开了解释性分析。

（1）Logistic 估计结果分析

从代际交叠理论看，为保障失能老年人获得代际经济支持，需保证"投资—回收"关系成立。如果父代的投资对子女的回收依然存在显著性影响，则说明家庭养老依然存在应有的功能与作用。反之，则说明家庭养老的功能会受到影响。根据研究假设和模型建构，本部分将通过 Logistic 模型验证相关假设。同时为规避样本可能存在的选择性偏误，本书将通过倾向值匹配计量方法继续予以验证。

①估计模型的拟合优度与假设验证

首先将自变量：给予子代的大额投资、给予子代的近期投资、给予孙代的投资、利用闲暇时间照顾孙代与失能老年人代际经济支持状况（因变量）代入模型，得到估计模型Ⅰ；将控制变量：性别、年龄、受教育水平、婚姻状况、子代数量、个人收入状况代入模型，得到估计模型Ⅱ。为说明估计结果的稳健性，从模型Ⅱ中分别挑选了通过 5% 显著性水平检验的变量以及正向系数变量，分别得到估计模型Ⅲ与估计模型Ⅳ。具体估计结果如附表3-13所示。

附表 3-13 中 4 个模型的 Wald chi2 值都通过了显著性水平检验。为求得一个解释效率更优的数学模型，通过 BIC 值以及正确分类预测（Correctly classified）百分比（以 0.5 为割点）来进行综合判断。估计模型Ⅰ的 BIC 值最小，但正确分类预测百分比较小，因此相较其他模型，该模型的拟合优度不够稳健。相较其他估计模型，估计模型Ⅲ与估计模型Ⅳ的 BIC 与正确分类预测百分比都较好。相较估计模型Ⅲ，估计模型Ⅳ的正确分类预测百分比只减少了 0.27%，但是估计模型Ⅳ的 BIC 值比估计模型Ⅲ小 3493.806。模型Ⅲ比模型Ⅳ增加了性别变量，由此可见性别虽然通过显著性水平检验，但是对因变量的解释贡献较低。综合两个模型拟合优度的评价指标，认为估计模型Ⅳ的拟合优度较好且较稳健，对失能老年人代际经济支持状况的解释力度较佳。

根据附表 3-13 中模型Ⅰ和模型Ⅱ的估计结果，可以看出给予子代的两种投入（大额投资与近期投资）都未通过显著性水平检验（如无特殊说明，按照惯例，本书将显著性水平下限定在 5%），即在 5% 的显著性条件下，研究假设 H4、H5 不成立，但给予孙代的两类投入（近期投资与利用闲暇时间照顾）通过了显著性水平检验，即在 1‰的显著性条件下，研究假设 H6、H7 成立。

②给予子代投资影响的解释

通过交互分析发现，给予子代的近期投资对失能老年人经济支持获得的影响不显著（tau-b=-0.016，x^2=1.763，sig.=0.147）。如果父代对子代存在近期投资，则表明父母仍然有一定的收入（tau-b=0.037，x^2=3.874，sig.=0.037），子代未必给予父代经济支持。子代在给予父代经济支持过程中，越来越多扮演"理性人"角色。

另外交互分析结果显示，给予子代的大额投资对失能老年人经济支持产生显著影响（tau-b=0.126，x^2=34.283，sig.=0.000），但在附表 3-13 估计模型Ⅱ中，受其他变量控制，给予子代大额投资对失能老年人代际经济支持的影响不显著。根据对控制变量的筛选，发现子代大额投资的影响受到子代数量的偏相关影响（partial corr.=0.143，sig.=0.000）。

③给予孙代投入影响的解释

在附表 3-13 估计模型Ⅰ、模型Ⅱ、模型Ⅲ以及模型Ⅳ中，在其他变量的控制下，给予孙代投入的两个变量均通过显著性水平检验，这也与国内外大多数研究结论一致。

通过估计模型Ⅳ可以得出，在控制其他变量以及 1‰的显著性条件的情况下，对孙代的近期投资，则失能老年人获得子代经济支持的概率会增加128.5%；同时利用闲暇时间照顾孙代，则失能老年人获得子代经济支持的概率会增加56.5%。给予孙代投入会影响子代对父代的代际经济支持，这也表明通过多代之间的交换与合作，能建立更稳定的"投资—回报"的交换关系，也将获得更多的家庭效用。

④年龄变量影响的解释

在附表3-13估计模型Ⅳ中，在其他变量的控制下，年龄变量通过显著性水平检验。估计模型Ⅳ显示，在控制其他变量以及1%的显著性条件的情况下，年龄每增长一个等级，则失能老年人获得子代经济支持的概率会增加35.4%。按照模型Ⅳ（最优模型）中的变量，本书进行了进一步的分析（为避免表格过多，省略掉了年龄队列的 Logistic 估计模型）。研究结果表明，在年龄队列的 Logistic 估计模型中，尽管年龄对家庭代际经济的影响呈现整体的增长概率，但是在80岁以后的队列中，发生比呈现下降态势。这也与附表3-12中所示的年龄分布趋势基本一致。

附表3-12　失能老人代际经济支持的年龄队列分布　　（单位：元）

年龄组	CHARLS 二期数据①	
	均值	标准差
60—64 岁	4029.20	238.79
65—69 岁	4443.04	489.04
70—74 岁	4474.73	400.72
75—79 岁	4917.30	481.99
80—84 岁	3824.39	243.60
85—89 岁	2837.76	392.29
90 岁及以上	2272.69	437.45

① CHARLS 一期数据中，部分个案数值过大存在比较明显的离群值问题，故未进行动态比较。

综合附表 3-12、附图 3-1 中的年龄分布状况，高龄失能老人（80 岁以上）个人收入较低，同时家庭支持也较低，对于高龄失能老人政府应给予重点的特惠性政策。

尽管通过 Logistic 估计模型已经初步检验了研究假设，但是考虑样本可能存在的选择性偏误，将继续通过 PSM 计量方法验证给予孙代投入对失能老年人代际经济支持的影响①。

附表 3-13　家庭代际"投资—回报"的 Logistic 估计模型结果

变量	模型 Ⅰ （b/eb）	模型 Ⅱ （b/eb）	模型Ⅲ （b/eb）	模型Ⅳ （b/eb）
自变量				
对子代的大额投资（没有＝0）	（−0.234/ 0.756）	（−0.039/ 0.957）		
对子代的近期投资（没有＝0）	（−0.319/ 0.737）	（−0.209/ 0.809）		
对孙代的近期投资（没有＝0）	（0.678 *** / 1.902）	（0.845 *** / 2.965）	（0.842 *** / 2.722）	（0.821 *** / 2.285）
利用闲暇时间照顾孙代（没有＝0）	（0.356 *** / 1.490）	（0.337 ** / 1.787）	（0.462 ** / 1.692）	（0.398 *** / 1.565）
控制变量				
性别（女＝0）		（−0.256 * / 0.876）	（−0.245 * / 0.899）	
年龄（60—69 岁＝1）		（0.256 * / 1.456）	（0.345 * / 1.678）	（0.312 ** / 1.354）
受教育水平（从未上学＝1）		（−0.067/ 0.864）		
婚姻状况（其他＝0）/ 子代数量（子女数＝1）		（0.160 *** / 1.548）	（0.228 *** / 1.259）	（0.254 *** / 1.551）
个人收入状况（无收入＝0）		（−0.078/ 0.976）		

---

① 由于在 4 个 Logistic 估计模型中给予子代的投入对失能老年人代际经济支持的影响均不显著，因此在 PSM 分析部分，未讨论该影响。

续表

变量	模型 I (b/eb)	模型 II (b/eb)	模型 III (b/eb)	模型 IV (b/eb)
Wald chi2 BIC Correctly classified	55.41***/ −15039.606/ 55.34%	87.64***/ −7830.144/ 61.32%	86.87***/ −7813.617/ 61.94%	106.38***/ −11307.423/ 61.67%

注：括号中的数值是调整了对标准误进行稳健性调整（Robust）；变量旁边括号内赋值为参照组；* p<0.05；** p<0.01；*** p<0.001（双尾检验）。

（2）PSM 估计结果分析

既往文献显示，利用闲暇时间照顾孙代，对失能老年人代际经济支持的获得具有重要影响，因此首先进行的是利用闲暇时间照顾孙代的 PSM 效应分析。PSM 效应分析①大体可以分为两个部分：进行倾向值打分；运用得分进行样本匹配并比较说明。

①倾向值打分

对自变量、控制变量进行分类统计，分别建立处理组与对照组。处理组与对照组的均值显示，关键的控制变量（年龄与子代数量）的均值存在一定差异，数据有可能存在样本选择性偏误问题，有必要进行倾向值匹配分析。

通过 logit 模型进行倾向打分。根据倾向值匹配分析的思路，为保证倾向值匹配的平衡要求，将倾向值得分划分为 5 个区间。PSCORE 验算结果显示平衡条件在这 5 个共同支撑区间内得到满足，即处理组所在区间的样本能找到同一区间对照组具有相同或相近的禀赋特征样本，从而可以进行倾向值匹配。

②运用得分进行样本匹配并比较

为保证倾向值计算的稳健性，通过 200 次重复抽样的自举法（bootstrap）对标准误进行调整。通过最邻近匹配方法、分层匹配方法以及核匹配方法分别得出闲暇时间照顾孙代对失能老年人代际经济支持获得的 ATT 效应（已

---

① 本书采用 Cameron & Trivedi（2005）介绍的 pscore 命令完成报告的倾向值匹配分析。

处理的平均处理效应，average treatment effect on the treated），具体结果如附表 3-14 所示：

附表 3-14　闲暇时间照顾孙代的影响：ATT 估计值

匹配方法	ATT 估计值	标准误①	T 值
最邻近匹配方法	0.118	0.023	3.806***
分层匹配方法	0.114	0.018	3.578***
核匹配方法	0.120	0.029	4.168***

附表 3-14 显示，通过最邻近匹配方法、分层匹配方法以及核匹配方法，闲暇时间照顾孙代的 ATT 估计值（0.118、0.114、0.120）较稳健，未出现较大波动，且均通过 1‰的显著性水平检验。结果表明在考虑样本选择性偏误的情况下，闲暇时间照顾孙代对失能老年人代际经济支持依然存在解释效力。

按照同样的步骤，通过最邻近匹配方法、分层匹配方法以及核匹配方法分别得出给予孙代近期投资对失能老年人代际经济支持的 ATT 估计值分别为 0.179、0.168、0.174（T 值分别为 5.678**、5.423***、5.976***）。结果表明考虑样本选择性偏误的情况下，给予孙代近期投资对失能老年人代际经济支持也存在解释效力。由此可以说明，即使考虑样本选择性偏误的情况下，在 1‰显著性水平的条件下，研究假设 H6、H7 依然成立，即孙代投资对失能老年人代际经济支持存在显著性的影响。

由于失能老人自身健康原因较少或者不能照顾孙代，同时自身收入低也较少或者不能给予孙代更多的投资，因此子代给予失能老人的家庭经济支持就相对较少。部分研究者认为通过改善家庭中子代的孝道观念，就可以纠正失能老人家庭经济支持减少的问题，是较难奏效的对策。因为 CHARLS 两期

---

① 通过 200 次重复抽样的自举法调整的标准误。

数据已经表明了，家庭代际经济支持是子代基于父代的价值而给予的投资回报，其本质是对子代进一步投资的回报。家庭中子代的供给显然不是可控的政策因素，改善失能老人的外部公共产品供给才是解决失能老人生存困境的有效途径。

3. 社会保险参与状况的分析

由于失能老人家庭经济支持功能较弱，外部的社会保障体系成为低收入、低家庭供给的重要保障。在老年人社会保障体系中，最重要的是养老保险和医疗保险。

在 CHARLS 二期数据中①，考察了被调查者 12 种社会养老保险（或养老金）覆盖情况，具体为政府机关和事业单位退休金、企业职工基本养老保险、企业补充养老保险、商业养老保险、人寿保险、农村养老保险（老农保）、城乡居民社会养老保险、城镇居民养老保险、新型农村社会养老保险（新农保）、征地养老保险（失地养老保险）、高龄老人养老补助等，较完整地覆盖了目前中国城乡社会中养老保险（或养老金）的类型。研究者通过编程计算了不同健康类型老人养老保险（或养老金）的覆盖情况，结果如附表 3-15 所示：

附表 3-15　不同健康程度老人社会养老保险/养老金覆盖情况　（单位:%②）

	健康	轻度失能	中度失能	重度失能
0	11.35	12.79	16.97	12.75
1	82.55	79.47	75.69	80.39
2	5.81	7.27	7.34	5.88
3	0.28	0.41	0.00	0.98
4	0.01	0.06	0.00	0.00

---

①　CHARLS 一期基线调查中社会保险分成了领取和参与两大块调查，同时社会保险的调查模块按照城乡以及社会保险历史动态发展进行了分类调查，较难与二期数据进行动态对比研究，因此本书只列出了二期数据的分析结果。

②　表中百分比为纵向百分比。

　　从附表 3-15 可以反映，健康老人、轻度失能老人、中度失能老人、重度失能老人在养老保险（或保险金）的覆盖上存在一定的差异。在一项养老保险（或养老金）都没有参与的分布，三种不同程度失能老人略高于健康老人，而存在参与一项养老保险（或养老金）的分布中，三种不同失能老人又略低于健康老人。通过交叉分析发现，健康程度与养老保险（或养老金）参与数量之间存在轻度的相关（sig. = 0.047），即健康程度越差，养老保险（或养老金）反而越低，这对低收入、低家庭供养的失能老人来说，是生存风险较大的一个问题。

　　交差分析的卡方检验显示，失能老人城乡分布与养老保险（或养老金）覆盖之间并未呈现显著性相关（sig. = 0.072），失能老人性别分布与养老保险（或养老金）覆盖之间呈现轻度的相关（sig. = 0.039，tau-b = -0.061），即女性的覆盖状况较差，失能老人年龄队列分布与养老保险（或养老金）覆盖之间呈现一定的相关（sig. = 0.000，tau-b = 0.101），年龄队列中较大的老年人，获得养老保险（或养老金）覆盖的概率较高。

　　在 CHARLS 数据中调查了医疗保险的参与情况，主要有城镇职工医疗保险、城镇居民医疗保险、新型农村合作医疗保险、城乡居民医疗保险、工费医疗、医疗救助、商业医疗保险（单位购买）、商业医疗保险（个人购买）、城镇大病医疗保险（CHARLS 二期数据新增）等，较完整地覆盖了目前中国城乡社会中医疗保险的类型。本书研究者通过编程计算了不同健康类型老人医疗保险的覆盖情况，结果如附表 3-16 所示：

附表 3-16　不同健康程度老人医疗保险覆盖情况　　　（单位:%①）

	健康	轻度失能	中度失能	重度失能
0（一期）	6.70	7.31	11.83	7.89
0（二期）	4.89	6.63	10.09	9.80

① 表中百分比为纵向百分比。

续表

	健康	轻度失能	中度失能	重度失能
1（一期）	92.24	91.45	86.98	89.47
1（二期）	93.29	91.67	89.45	90.20
2（一期）	1.00	1.24	1.18	2.63
2（二期）	1.70	1.70	0.46	0.00
3（一期）	0.05	0.00	0.00	0.00
3（二期）	0.09	0.00	0.00	0.00
4（二期）①	0.01	0.00	0.00	0.00
5（二期）	0.01	0.00	0.00	0.00

从附表3-16可以反映，中国老龄事业中医疗保险覆盖率得到了一定程度的发展和进步。相较CHARLS一期数据，无医疗社会保险的百分比在减少，而一项医疗社会保险的覆盖率在小幅增加，而且不同健康程度的老年人均有增加。

健康老人、轻度失能老人、中度失能老人、重度失能老人在医疗保险的覆盖上存在一定的差异。在一项医疗保险都没有参与的分布中，三种不同程度失能老人略高于健康老人，而存在参与一项医疗保险中，三种不同失能老人又略低于健康老人。通过CHARLS二期数据的交叉分析发现，健康程度与医疗保险参与数量之间存在轻度的相关（sig.$_{二期}$ = 0.026，tau $-$ b$_{二期}$ = $-$0.043），即健康程度越差，医疗养老保险的覆盖率反而越低。

交差分析的卡方检验显示，失能老人城乡分布与医疗养老保险覆盖间呈现弱相关（sig.$_{一期}$ = 0.026，tau$-$b$_{一期}$ = $-$0.041；sig.$_{二期}$ = 0.001，tau$-$b$_{二期}$ = $-$0.021），即农村失能老人的医疗保险覆盖率轻度高于城市失能老人。失能老人性别分布

---

① 由于CHARLS二期数据中在医疗社会保险中增加了一项，同时二期数据中不同种类的医疗社会保险覆盖率均一定的增加，因此CHARLS二期的医疗社会保险覆盖情况有所增加，CHARLS一期数据中最高只有三种医疗社会保险覆盖情况，而CHARLS二期数据中最高有五种医疗社会保险覆盖情况。

与医疗养老保险覆盖之间不呈现显著相关（sig. $_{一期}$ = 0.626；sig. $_{二期}$ = 0.390）。失能老人年龄队列分布与医疗养老保险覆盖之间也不呈现显著性相关（sig. $_{一期}$ = 0.056；sig. $_{二期}$ = 0.063）。

整体而言，失能老人的养老社会保险（或养老金）与医疗保险的覆盖率整体低于健康老人，即本书中的研究假设 H_{2b} 成立。结合失能老人的家庭支持与社会保障体系支持状况，数据结果说明失能老人的社会支持较差，即本书中研究假设 H_2 成立。

（四）失能老人的环境支持

失能老人的社会支持说明社会体系中的单位与制度对失能老人生活的维系状况。在生存空间理论的分析框架中还有一个重要的组成部分就是环境的支持。虽然环境是社会的组成部分，但是就生存空间分析框架而言环境更表明了空间的位置，而非社会单位与社会制度。因此环境支持分析是区别社会支持分析的一个重要分析内容。

1. 失能老人就医便利性状况的描述性分析

根据前期的文献基础，失能老人最重要的环境支持应是医疗资源的便利性与可及性。在 CHARLS 两期数据中，一期数据是用距离来说明空间的便利性，而二期数据是用耗时来说明空间的便利性。本书比较两期数据中空间便利性，结果如附表 3-17 所示：

附表 3-17 不同健康程度老人就医空间便利性状况对比

健康状况	CHARLS 一期数据（单位：公里）		CHARLS 二期数据（单位：分钟）	
	均值	标准差	均值	标准差
健康	11.071	1.297	34.024	1.902
失能	13.318	4.749	38.149	2.532

两期 CHARLS 数据均表明，不论从距离还是从耗时，失能老人的空间便

利性都要差于健康老人的相应数值，即本书中的 H3 成立。另外，两期数据中失能老人空间便利性的标准差都大于健康老人相应数值，也说明失能老人内部存在一定的差异，部分失能老人就医空间便利性存在更大的问题。

2. 失能老人就医便利性状况的解释性分析

失能老人就医便利性状况的解释有赖于两个问题的说明：一是失能老人是否匀态分布在每个社区。如果是匀态的，那么就会与健康老人的空间便利性结果一致，反之则会与健康老人的空间便利性状况不一致；二是失能老人如果不是匀态分布在社区内，同时失能老人分布社区的医疗资源相对较差，就会出现就医便利性差于健康老人。因此失能老人就医便利问题的解释依赖于两个假设：失能老人分布非匀态；失能老人分布社区的医疗资源环境较差（即本书中 H8 与 H9）。

CHARLS 基线调查的 PSU（初级抽样框）是县，同时每期基线调查数据获取了全国 450 个社区的状况。因此 CHARLS 数据具有良好的社区分析数据库，能较好地代表全国社区的分布状况。研究分别计算了每个社区的老人健康指数，失能指数的分布范围 0—3 之间（0 是健康、1 是轻度失能、2 是中度失能、3 是重度失能），两期数据的结果如附图 3-2 所示。

附图 3-2 所示，两期数据均显示失能老人分布为非匀态，属于典型的非正态分布，均有一个比较长的右尾，即研究假设 H8 成立。相比较而言，CHARLS 二期数据社区失能指数分布的带宽更广，CHARLS 二期的社区失能指数的带宽在 0—1.250 之间，而一期数据社区失能指数的带宽在 0—0.941 之间，社区的失能指数有一定程度的增加。

CHARLS 调查数据库中的社区数据提供较为翔实的社区状况，例如社区的城乡分布，社区空间类型（例如中心城区社区、城乡结合区、镇中心区等）以及社区所处的地形面貌等，这些空间分布信息将进一步地阐明失能老人空间分布的主要特点以及解释失能老人就医便利性状况。附表 3-18 说明两期数据中城乡分布的状态。

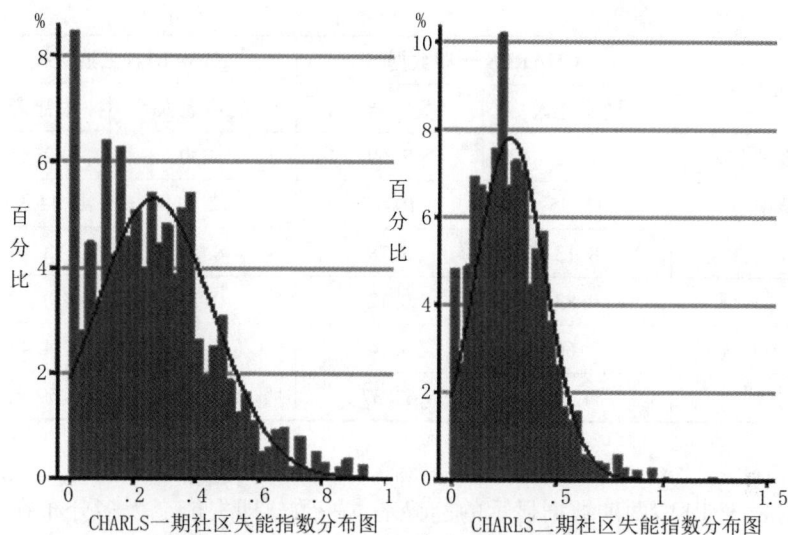

附图 3-2　CHARLS 两期社区失能指数动态分布图

附表 3-18　城乡分布动态对比　　　（单位：%）

城乡分布	CHARLS 一期数据		CHARLS 二期数据	
	健康老人	失能老人	健康老人	失能老人
城市	41.71	32.88	41.08	36.21
农村	58.29	67.12	58.92	63.79

附表 3-18 中两期数据显示的趋势基本一致，即失能老人多分布在农村社区中。相对于城市社区，农村社区的卫生资源相对缺乏，相对会减少失能老人的空间便利性。附表 3-19 说明两期数据中社区空间类型的分布状态。

附表 3-19　社区空间类型的分布动态对比　　　（单位：%）

社会空间类型	CHARLS 一期数据		CHARLS 二期数据	
	健康老人	失能老人	健康老人	失能老人
主城区	17.58	10.53	16.58	12.53

续表

社会空间类型	CHARLS 一期数据		CHARLS 二期数据	
	健康老人	失能老人	健康老人	失能老人
城乡结合区	3.22	2.69	3.30	2.81
镇中心	11.95	10.77	12.21	11.94
城乡结合区	8.13	8.78	8.26	8.44
特殊区域	0.83	0.12	0.73	0.49
乡中心区	3.66	3.74	3.45	4.44
村庄	54.63	63.37	55.47	59.35

　　附表3-19中两期数据显示的趋势基本一致，即失能老人多分布在城镇非中心区域。相对于中心社区，非中心区域的卫生资源相对缺乏，相对会减少失能老人的空间便利性。附表3-20说明两期数据中社区地形的分布状态。

附表 3-20　社区地形的分布动态对比　　　　（单位:%）

社会地形分类	CHARLS 一期数据		CHARLS 二期数据	
	健康老人	失能老人	健康老人	失能老人
平原	44.20	36.22	43.98	35.73
丘陵	28.45	31.66	28.76	31.78
山地	20.44	23.87	20.56	23.96
高原	4.19	5.85	4.74	5.92
盆地	2.72	2.40	1.96	2.61

　　附表3-20中两期数据显示的趋势基本一致，即失能老人多分布在非平原区域。相对于平原区域，非平原区域就医的空间便利性会相对降低。

　　基于对健康老人与失能老人的城乡分布、社区空间类型以及地形的两期动态比较可以发现，由于失能老人多集中于农村、非中心区域以及非平原区域，因此相对于健康老人，失能老人存在医疗资源的空间分布劣势，即研究假设 H9 成立。

（五）本章小结

本章利用人口统计数据、CHARLS 两期数据，阐明了失能老人的人口结构，动态比较了失能老人在经济收入、社会支持、环境支持的状况，分析了失能老人在家庭代际经济支持以及医疗资源劣势的原因。主要为：

1. "六普"数据以及 2015 年人口抽样调查数据显示，随着年龄队列的增大，失能老人的比例也在不断增大，另外 90 岁以上的超高龄老年人比例有所增加。较男性失能状况，女性失能状况更严重。从城乡分布上来看，农村失能老人存量较多，增量也较快。基于生活基本能力测评体系，结合 CHARLS 数据与多个调查数据分析结果的对比分析，不同程度的失能老人应占老年群体的 20% 左右。

2. 60—70 岁之间的失能老人中轻度失能老人较多，70—80 岁阶段老人出现了比较明显的变化，重度失能老人增加较多。上厕所与洗澡为失能老人高发的失能类型。基于嵌套 Logistic 多元回归估计结果，年龄、吸烟习惯、不定期体检、慢性病数量成为诱导失能发生的重要因素。

3. 失能老人经济收入的种类与数量均低于健康老人。在不同分类的失能老人中，农村失能老人的经济收入较低，女性失能老人的经济收入较低，失能老人经济收入的年龄队列分布呈现倒"U"型分布状态。失能老人的养老社会保险（或养老金）与医疗保险的覆盖率整体低于健康老人。

4. 失能老人的家庭代际经济支持较低，而且随着失能程度加重，代际经济支持会进一步降低。通过 Logistic 多元回归估计、PSM 估计，由于失能老人自身健康原因较少或者不能照顾孙代，同时自身收入低也较少或者不能给予孙代更多的投资，因此子代给予失能老人的家庭经济支持就相对较少。

5. 两期 CHARLS 数据结果显示，失能老人医疗资源的空间便利性较差，空间分布的原因为失能老人多集中于农村、非中心区域、非平原区域。

参 考 文 献

中文参考文献

1. 习近平:《推动老龄事业全面协调可持续发展》,2016 年 5 月 28 日,见 http://www.xinhuanet.com/politics/2016-05/28/c_ 1118948763. htm

2. 安增龙:《农村养老方式探索》,《中国农垦经济》2004 年第 1 期。

3. 白海若:《孝文化在当代农村的现代传承及意义》,《理论界》2008 年第 2 期。

4. 蔡昉:《中国人口与劳动问题报告 No.6(资源型城市的就业与社会保障问题)》,社会科学文献出版社 2005 年版。

5. 曹盛、刘娉:《农村失能老人长期照护现状及对策——以陕西省关中地区五泉镇为例》,《安徽农业科学》2016 年第 32 期。

6. 曹信邦、陈强:《中国长期护理保险费率测算》,《社会保障研究》2014 年第 2 期。

7. 曹信邦:《农村养老保险制度的环境建设分析》,《人口与经济》2005 年第 1 期。

8. 曹修龙:《农村居家养老的问题与思考》,《人口老龄化战略研究与养老服务社会化体系建设文选》,《陕西老年学会》2010 年。

9. 柴霞:《重庆城区老年人家庭养老期待与子女支持的相关研究》,西南大学,2007 年。

10. 长期照料服务制度研究课题组:《长期照料服务制度研究》,华龄出版社 2014

年版。

11. 陈策：《居家失能老人照护服务时间研究》，浙江大学，2014 年 5 月。

12. 陈丹：《提高农村养老保险基金的积累水平》，《经济师》2005 年第 6 期。

13. 陈功：《我国养老方式研究》，北京大学出版社 2003 年版。

14. 陈皆明：《投资与赡养——关于城市居民代际交换的因果分析》，《中国社会科学》1998 年第 6 期。

15. 陈洁君：《论子代数量对家庭养老的影响》，《鸡西大学学报》2011 年第 11 期。

16. 陈树强：《作为一个实践领域的社会福利政策》，《中国青年政治与行政学院学报》1999 年第 4 期。

17. 陈伟：《英国社区照顾之于我国"居家养老服务"本土化进程及服务模式的构建》，《南京工业大学学报》（社会科学版）2012 年第 1 期。

18. 陈伟峰等：《浅析老年人社区照顾及其对中国的本土实践启示》，《人口与发展》2008 年第 3 期。

19. 陈卫、杜夏：《中国高龄老人养老与生活状况的影响因素——对子代数量和性别作用的检验》，《中国人口科学》2002 年第 6 期。

20. 陈颖、马丽霞：《不同失能程度老年人居家养老照护服务项目需求调查》2016 年第 1 期。

21. 陈宇翔、余清、李晓培：《农村老人养老保障体系重构与运行中的政府责任——以湖南省为例》，《吉首大学学报》（社会科学版）2016 年第 3 期。

22. 慈勤英、宁雯雯：《多子未必多福——基于子代数量与老年人养老状况的定量分析》，《湖北大学学报》（哲学社会科学版）2013 年第 4 期。

23. 慈勤英：《家庭养老：农村养老不可能完成的任务》，《武汉大学学报》（人文科学版）2016 年第 2 期。

24. D. 盖尔约翰逊等：《中国农村老年人的社会保障》，《中国人口科学》1999 年第 5 期。

25. 戴稳胜：《农村城镇化进程中解决农村养老问题研究》，《管理世界》2015 年第 9 期。

26. 党俊武：《长期照料体系是应对未来失能老人危机的根本出路》，《人口与发展》2009 年第 12 期。

27. 丁士军：《关于家庭财富代际转移动机的几种假说》，《江汉论坛》1999 年第 5 期。

28. 杜鹏、李兵、李海荣：《"整合照料"与中国老龄政策的完善》，《国家行政学院学报》2014 年第 3 期。

29. 杜鹏、武超：《中国老年人的生活自理能力状况与变化》，《人口研究》2006 年第 1 期。

30. 杜鹏、武超：《中国老年人的主要经济来源分析》，《人口研究》1998 年第 4 期。

31. 杜亚军：《代际交换与养老制度》，《人口研究》1989 年第 5 期。

32. 范斌：《福利社会学》，社会科学文献出版社 2006 年版。

33. 范成杰：《农村家庭养老中的性别差异变化及其意义——对鄂中 H 村养老个案的分析》，《华中科技大学学报》（社会科学版）2009 年第 4 期。

34. 方黎明：《社会支持与农村老年人的主观幸福感》，《华中师范大学学报》（人文社会科学版）2016 年第 1 期。

35. 方雨：《荷兰长期照护制度述评》，《中国医疗保险》2015 年第 5 期。

36. 房立冰：《中国失能老人机构照护供需失衡及对策研究》，重庆大学，2014 年。

37. 费孝通：《家庭结构变动中的老年赡养问题——再论中国家庭结构的变动》，《北京大学学报》（哲学社会科学版）1983 年第 3 期。

38. 费孝通：《乡土中国：生育制度》，北京大学出版社 1998 年版。

39. 封进：《人口、转变社会保障与经济发展》，上海人民出版社 2005 年版。

40. 高和荣、蒲新微：《论当前我国农村家庭养老面临的新问题及其对策》，《西北人口》2003 年第 3 期。

41. 高和荣：《文化转型下中国农村家庭养老探析》，《思想战线》2003 年第 4 期。

42. 高小芬、于卫华：《医养结合老年科患者自理能力与分级护理、护理时间的相关性研究》,《中国护理管理》2014 年第 3 期。

43. 顾大男、曾毅:《1992—2002 年中国老年人生活自理能力变化研究》,《人口与经济》2006 年。

44. 桂世勋、倪波:《老人经济供给"填补"理论研究》,《人口研究》1995 年第 6 期。

45. 郭金丰、和丕禅:《城市化对农村养老保障的影响分析》,《商业研究》2004 年第 2 期。

46. 郭志刚、陈功:《老年人与子女之间的代际经济流量的分析》,《人口研究》1998 年第 1 期。

47. 郭志刚、刘鹏:《中国老年人生活满意度及其需求满足方式的因素分析——来自核心家人构成的影响》,《中国农业大学学报》2007 年第 9 期。

48. 郭志刚、张恺悌:《对子女数在老年人家庭供养中作用的再检验——兼评老年经济供给"填补"理论》,《人口研究》1996 年第 2 期。

49. 国家发改委:《国务院关于开展新型农村社会养老保险试点的指导意见》,2009 年 9 月 4 日,中国政府网。

50. 国家统计局宏观经济分析课题组:《低收入群体保护:一个值得关注的现实问题》,《统计研究》2002 年第 12 期。

51. 国家卫生计生委家庭司:《中国家庭发展报告》,中国人口出版社 2015 年版。

52. [美]哈尔·肯迪格:《世界家庭养老探析》,中国劳动出版社 1997 年版。

53. 韩芳:《中国农村土地养老保障功能研究综述》,《河北农业科学》2008 年第 9 期。

54. 韩晓春:《浅析我国农村养老保险制度存在的问题及其原因分析》,《科技经济市场》2015 年第 8 期。

55. 韩振燕、梁誉:《关于构建我国老年长期护理保险制度的研究——必要性、经验、效应、设想》,《东南大学学报》(哲学社会科学版)2012 年第 3 期。

56. 郝晓、宁薄涛、刘建春等:《北京市失能老人照料现状及需求影响因素研究》,《中国卫生经济》2015 年第 8 期。

57. 何宏莲、陈美薇:《产业化视域下农村留守老人养老保障的实现途径》,《齐齐哈尔大学学报》（哲学社会科学版）2016 年第 11 期。

58. 何宏莲、葛婧琦：《我国农村养老保障的资源需求及体系建设路径》，《东北农业大学学报》（社会科学版）2015 年第 5 期。

59. 何文炯、洪蕾：《中国老年人失能状态转移规律研究》，《社会保障研究》2013 年第 6 期。

60. 贺立龙、姜召花：《新农保的消费增进效应——基于 CHARLS 数据的分析》，《人口与经济》2015 年第 1 期。

61. 贺雪峰：《私人生活与乡村治理研究》，《读书》2006 年第 11 期。

62. 侯蔚蔚等：《居家非正式照护者与失能老人生活满意度比较》，《中国老年学杂志》2013 年第 5 期。

63. 胡豹、卫新：《国外农村社会养老保障的实践比较与启示》，《商业研究》2006 年第 7 期。

64. 胡洋、丁士军：《新时期农村家庭养老的出路选择——湖北省江陵县沙岗镇农村家庭养老的调查与思考》，《农村经济》2003 年第 4 期。

65. 胡玉娟、熊俊超：《建立长期照护保险破解老人失能危机——以广东省珠海市为例》，《上海城市管理》2015 年第 6 期。

66. 怀默霆：《中国家庭中的赡养义务：现代化的悖论》，《中国学术》2001 年第 4 期。

67. 黄匡时：《中国老年人日常生活照料需求研究》，《人口与社会》2014 年第 4 期。

68. 黄小花：《中国人口与社会保障》，经济管理出版社 2006 年版。

69. ［美］加里·斯坦利·贝克尔：《家庭论》，王献生等译，商务印书馆 2014 年版。

70. ［美］加里·斯坦利·贝克尔：《人类行为的经济学分析》，王业宇等译，格致出版社 2015 年版。

71. 江克忠：《中国家庭代际转移的模式和动机研究》，《经济评论》2013 年第 4 期。

72. 姜向群、刘妮娜、魏蒙：《失能老年人的生活状况和社区照护服务需求研究》,《老龄科学研究》2014 年第 7 期。

73. 蒋月:《论家庭和国家照护个体之责任》,《江淮论坛》2014 年第 4 期。

74. 焦娜:《社会养老保险会改变我国农村家庭的代际支持吗?》,《人口研究》2016 年第 4 期。

75. 荆涛:《长期护理保险——中国未来极富竞争力的险种》,对外经济贸易大学出版社 2006 年版。

76. 景跃军、李元:《中国失能老年人构成及长期护理需求分析》,《人口学刊》2014 年第 2 期。

77. 况成云、邓平基:《失能老人照护服务责任的伦理学分析》,《中国医学伦理学》2012 年第 6 期。

78. 乐章:《风险与保障:基于农村养老问题的一个实证分析》,《农业经济问题》2005 年第 9 期。

79. 李景龙:《浅析我国农村养老保险制度和体系建设》,《现代化农业》2015 年第 3 期。

80. 李明、李士雪:《中国失能老年人口长期照护服务体系的发展策略》,《山东社会科学》2014 年第 5 期。

81. 李俏、朱琳:《农村养老方式的区域差异与观念嬗变》,《西北农林科技大学学报》(社会科学版)2016 年第 2 期。

82. 李委莎、陈建武:《现实农村养老保险制度变革路径探讨》,《江汉论坛》2007 年第 12 期。

83. 李艳芳、刘巧:《北京市发展住房反向抵押贷款的可行性分析》,《北京农业技术职业学院学报》2008 年第 5 期。

84. 李永萍:《"养儿防老"还是"以地养老":传统家庭养老模式分析》,《华南农业大学学报》(社会科学版)2015 年第 2 期。

85. 李永生:《平谷区开展农村居家养老试点工作》,《中国民政》2009 年第 2 期。

86. 李云、黄元全:《城镇化背景下我国农村养老保障的路径探究——以四川省阆中市柏垭镇 Y 村为个案分析》,《云南农业大学学报》(社会科学版)2016 年第

6 期。

87. 梁鸿、赵德余：《人口老龄化与中国农村养老保障制度》，上海人民出版社 2008 年版。

88. 林闽钢：《我国农村养老实现方式的探讨》，《中国农村经济》2003 年第 3 期。

89. 林义：《农村社会保障的国际比较及启示研究》，中国劳动社会保障出版社 2006 年版。

90. 林毓铭：《农村养老保障的理念与制度安排》，《农村经济》2006 年第 2 期。

91. 刘定波：《子代数量对代际传递的影响》，清华大学，2014 年。

92. 刘海燕：《构建农村养老保险的财政制度安排》，《农村经济》2006 年第 5 期。

93. 刘龙体：《影响农村养老保险的内外因素——以北京市郊区为例》，《中国社会保障》2007 年第 1 期。

94. 刘燕生：《社会保障的起源、发展和道路选择》，法律出版社 2001 年版。

95. 刘燕舞：《农村家庭养老之殇——农村老年人自杀的视角》，《武汉大学学报》（人文科学版）2016 年第 4 期。

96. 刘伊东儿：《城市化背景下农村失能老人长期照护困境及对策建议》，《知识经济》2017 年第 9 期。

97. 刘子兰：《中国农村养老社会保险制度反思与重构》，《管理世界》2003 年第 8 期。

98. 龙方：《论农村家庭养老方式的完善》，《农村经济》2007 年第 5 期。

99. 陆春丽、韩旭峰：《福利多元主义视角下农村社会化养老的可行性分析》，《湖北民族学院学报》（哲学社会科学版）2015 年第 1 期。

100. 罗淳·贝克尔：《关于家庭对孩子需求的理论》，《人口学刊》1991 年。

101. 罗小华、王学义：《我国城市失能老人长期照护问题研究》，西南财经大学，2014 年。

102. 麻国庆：《分家：分中有继也有合——中国分家制度研究》，《中国社会科学》1999 年第 1 期。

103. 马克·格兰诺维特：《镶嵌：社会网与经济行动》，罗家德译，社会科学文献出版社 2007 年版。

104. 马雪彬、李丽：《从三维视角看我国农村家庭养老功能的弱化》，《贵州社会科学》2007 年第 2 期。

105. 迈克尔·豪利特、M. 拉米什：《公共政策研究》，庞诗等译，生活·读书·新知三联书店 2006 年版。

106. 梅丽萍：《国家与家庭关系视野下的农村家庭养老问题》，《海南大学学报》（人文社会科学版）2016 年第 5 期。

107. 梅阳阳、庞书勤：《养老院失能老人日间直接照顾时间及调查内容分析》，《护理学杂志》2015 年第 15 期。

108. 米红、杨翠迎：《农村社会养老保障制度基础理论框架研究》，光明日报出版社 2008 年版。

109. 米红：《农村社会养老保障理论、方法与制度设计》，浙江大学出版社 2007 年版。

110. 民政部社会福利和慈善事业促进司老年人福利处：《国外养老经验一览》，《社会福利》2013 年第 4 期。

111. 穆光宗：《家庭养老面临的挑战及社会对策问题》，中国老年协会、中国老年学学会编：《中国的养老之路》，中国劳动出版社 1998 年版。

112. 穆光宗：《家庭养老制度的传统与变革》，华龄出版社 2002 年版。

113. 宁满秀、罗晴：《夫妻议价能力差异对农村老年父母照料行为的影响——基于 CHARLS 数据的实证研究》，《电子科技大学学报》（社会科学版）2015 年第 2 期。

114. 宁满秀：《谁从"家庭捆绑"式的新型农村社会养老保险制度中获益？——来自 CHARLS 数据的经验分析》，《中国农村经济》2015 年第 7 期。

115. 宁雯雯：《城乡养老中"多子多福"的实证研究》，华中师范大学，2012 年。

116. 牛楠、王娜：《转型期子代数量与人力资本积累对农村养老影响实证研究——以安徽和四川为例》，《中国农业大学学报》（社会科学版）2014 年第 4 期。

117.《农村老年人家庭养老满意度的影响因素分析》，《中国农村经济》2012 年第 12 期。

118. 欧霞：《失能老人生活质量现状及护理服务对策》，《齐鲁护理杂志》2013年第 3 期。

119. 潘金洪、帅友良、孙唐水等：《中国老年人口失能率及失能规模分析——基于第六次全国人口普查数据》，《南京人口管理干部学院学报》2012 年第 4 期。

120. 潘林青、叶婧：《聚焦，失能老人的安生之困》，《特别报道》2017 年第 4 期。

121. 彭晨、吴明：《我国老年人失能失智及长期照护的现状》，《解放军预防医学杂志》2016 年第 3 期。

122. 戚晓明：《"家庭养老"概念的重申与我国农村养老》，《重庆邮电学院学报》（社会科学版）2005 年第 6 期。

123. 任红：《我国高龄老人去世前照护状况及其成本的影响因素分析》，2006 年。

124. 任娜、陈岱云：《我国农村家庭代际关系研究——基于在山东省招远市的实地调查》，《理论学刊》2007 年第 11 期。

125. 任勤、黄洁：《社会养老对老年人健康影响的实证分析——基于城乡差异的视角》，《财经科学》2015 年第 3 期。

126. 上海财经大学社会保障中心课题组：《推行子女照护责任货币化，促进老年照护社会化》，《科学发展》2013 年第 9 期。

127. 邵爱仙、黄丽华：《根据病人日常生活自理能力分级计算护理工作量》，《中华护理杂志》2004 年第 1 期。

128. 邵南：《浅谈当代老年人的精神需求与精神赡养》，《南平师专学报》2006年第 1 期。

129. 石秀和：《中国农村社会保障问题研究》，人民出版社 2006 年版。

130. 石智雷：《多子未必多福——生育决策、家庭养老与农村老年人生活质量》，《社会学研究》2015 年第 5 期。

131. 宋健：《农村养老问题研究综述》，《人口研究》2001 年第 6 期。

132. 宋金文：《日本农村社会保障：养老的社会学研究》，中国社会科学出版社2007 年版。

133. 宋璐、李树茁：《当代农村家庭养老性别分工》，社会科学文献出版社 2011 年版。

134. 宋士云：《中国农村社会保障制度结构与变迁（1949—2002）》，人民出版社 2006 年版。

135. 宋占军、朱铭来：《我国长期护理保险需求测算及发展战略》，2012 年。

136. 苏群：《我国失能老人长期照料现状及影响因素——基于城乡差异的视角》，《人口与经济》2015 年第 4 期。

137. 孙继艳、郝晓宁、薄涛：《北京市失能老人社区照顾现状及需求分析》，《中国卫生政策研究》2016 年第 11 期。

138. 孙胜梅、叶明德：《农村社会养老保险工作的新探索——以浙江省绍兴市的经验为例》，《人口与计划生育》2004 年第 3 期。

139. 谭克俭：《农村养老保障体系构建研究》，中国社会出版社 2009 年版。

140. 唐钧：《失能老人护理补贴制度研究》，《江苏社会科学》2014 年第 2 期。

141. 陶胜茹、金爱：《日常生活活动能力评定在护工收费管理应用汇总的探讨》，《护士进修杂志》2016 年第 1 期。

142. 田青：《老人社区照护服务》，华东师范大学，2010 年。

143. 汪柱旺：《农村养老保险：供给主体与制度创新》，《当代财经》2006 年第 10 期。

144. 王晶、张立龙：《老年长期照护体制比较——关于家庭、市场和政府责任的反思》，《浙江社会科学》2015 年第 8 期。

145. 王乐芝、曾水英：《关于失能老人状况与老年长期护理保险的研究综述》，《人口学刊》2015 年第 4 期。

146. 王梦淇：《父母收入水平是否影响子女对父母的代际转移》，《经济资料译丛》2017 年第 1 期。

147. 王习明：《乡村治理中的老人福利》，博士论文，华中师范大学图书馆，2006 年。

148. 王玉环、黄方超、侯蔚蔚等：《老龄化背景下长期照护人员资格准入和工作内容》，《中国老年学杂志》2013 年第 9 期。

149. 王跃生：《农村家庭代际关系理论和经验分析——以北方农村为基础》，《江淮论坛》2011 年第 2 期。

150. 王跃生：《中国家庭代际关系的维系变动和趋向》，《社会科学研究》2010 年第 4 期。

151. 王越：《中国农村社会保障制度建设研究》，中国农业出版社 2005 年版。

152. 吴家虎：《社会互动与养老代际"责任伦理"重建——社会转型期解决农村养老问题的一个视角》，《山西师大学报》（社会科学版）2016 年第 4 期。

153. 吴敏：《需求与供给视角的机构养老服务发展现状研究》，经济发展出版社 2011 年版。

154. 吴妍琳：《养老机构薪酬结构研究——以南京地区为例》，2010 年。

155. 伍海霞：《中国农村网络家庭中养老支持的趋势与变迁——来自七省调查的发现》，《中国农业大学学报》（社会科学版）2016 年第 1 期。

156. 武深树、邓真惠：《构建非均衡的农村养老保障制度》，《当代财经》2003 年第 1 期。

157. 夏传玲、麻凤利：《子女数对家庭养老功能的影响》，《人口研究》1995 年第 1 期。

158. 夏伟伟：《失能老人长期照护服务的递送体系研究》，《大观周刊》2012 年第 45 期。

159. 肖倩：《农村分家仪式上的"中人"制度探究——基于赣中南农村的调查》，《农业考古》2010 年第 3 期。

160. 肖云、文莉：《青年农民社会养老意愿与农村养老保险持续发展研究——以对 481 位青年农民的调研为例》，《人口与经济》2006 年第 5 期。

161. 肖云、闫一辰、王帅辉：《失能老人机构照护发展的困境与破解》，《江苏商论》2015 年第 6 期。

162. 谢桂华：《老人的居住模式与子女的赡养行为》，《社会》2009 年第 5 期。

163. 谢勇才、杨哲、涂铭：《依赖抑或独立：我国城乡老年人主要生活来源的变化研究》，《华中农业大学学报》（社会科学版）2015 年第 5 期。

164. 《新型农村社会养老保险实施对家庭养老影响研究》，《社会保障研究》2013

年第 1 期。

165. 徐勤：《儿子与女儿对父母支持的比较研究》，《人口研究》1996 年第 5 期。

166. 徐勤：《农村老年人代际交往调查》，《南京人口管理干部学院学报》2011 年第 1 期。

167. 徐新鹏、王瑞腾、肖云：《冰山模型视角下我国失能老人长期照护服务人才素质需求分析》，《西部经济管理论坛》2014 年第 1 期。

168. 许照红：《我国农村养老方式的历史变革与现实选择》，《特区经济》2007 年第 6 期。

169. 严俊：《中国农村社会保障政策分析》，人民出版社 2008 年版。

170. 阎云翔：《私人生活的变革：一个中国村庄里的爱情、家庭与亲密关系 (1949—1999)》，上海书店出版社 2009 年版。

171. 阳义南：《家庭资助计划：完善农村家庭养老功能的政策创新》，《人口与经济》2005 年第 1 期。

172. 杨复兴：《中国农村家庭养老保障的历史分期及前景探析》，《经济问题探索》2007 年第 9 期。

173. 杨复兴：《中国农村养老保障模式创新研究——基于制度文化的分析》，云南人民出版社 2007 年版。

174. 杨涛：《论农村养老中的政府责任及其落实》，《西北农林科技大学学报》(社会科学版) 2015 年第 3 期。

175. 杨政怡：《刺激还是抑制：新农保参保行为与家庭赡养行为关系探讨》，《中南民族大学学报》(人文社会科学版) 2016 年第 1 期。

176. 姚建平：《中国城市最低生活保障标准水平分析》，《中国软科学》2012 年第 11 期。

177. 姚远：《血亲价值论——对中国家庭养老机制的理论探讨》，《中国人口科学》2002 年第 6 期。

178. 姚远：《中国家庭养老研究》，中国人口出版社 2001 年版。

179. 姚远：《中国家庭养老研究述评》，《人口与经济》2001 年第 1 期。

180. 姚兆余、张莉：《欠发达地区农村家庭养老的基本状况和社会动因——以安徽省绩溪县宅坦村为例》，《中国农史》2006 年第 4 期。

181. 叶宝华、杨厚谊：《在卫生职业院校设置"养老护理专业"的情况调查与分析》，《镇江高专学报》2016 年第 1 期。

182. 尹尚菁、杜鹏：《老年人长期照护需求现状及趋势研究》，《人口学刊》2012 年第 2 期。

183. 于泽浩：《城市失能老人家庭照料的困境及应对——以北京牛街为例》，《社会福利》2009 年第 4 期。

184. 余央央、封进：《老年照料的相对报酬：对"护工荒"的一个解释》，《财经研究》2014 年第 8 期。

185. 郁晓霞：《关于社区照顾介入中国城市居家养老的分析》，《公共管理高层论坛》2005 年第 2 期。

186. 詹瑞媛：《上海城市失能老年人长期照护的社会支持体系研究》，华东师范大学，2014 年。

187. 张洪玲：《家庭养老的孝文化透视——试论孝文化与家庭养老的"本原关系"》，《社会工作》2007 年第 2 期。

188. 张建雷、曹锦清：《无正义的家庭政治：理解当前农村养老危机的一个框架——基于关中农村的调查》，《南京农业大学学报》（社会科学版）2016 年第 1 期。

189.张敬、赵新亚：《农村养老保障政策研究》，上海交通大学出版社 2007 年版。

190. 张利、杨福、余红剑等：《基层医疗卫生机构参与失能老人长期照料的模式与促进对策》，《中国老年学》2017 年第 3 期。

191. 张思锋、唐敏、周森：《基于我国失能老人生存状况分析的养老照护体系框架研究》，《西安交通大学学报》（社会科学版）2016 年第 2 期。

192. 张伟：《家庭养老与乡村治理研究》，《新西部（下半月）》2009 年第 4 期。

193. 张文娟、李树苗：《农村劳动力外流对农村家庭养老的影响分析》，《中国软科学》2004 年第 8 期。

194. 张文娟、魏蒙：《中国老年人的失能水平到底有多高？——多个数据来源的比较》，《人口研究》2015 年第 3 期。

195. 张新生：《构建供求平衡的农村社会保障》，《农村经济》2005 年第 9 期。

196. 张旭升、吴中宇：《农村家庭养老的实证分析》，《社会》2003 年第 3 期。

197. 张烨霞、靳小怡、费尔德曼：《中国城乡迁移对代际经济支持的影响——基于社会性别视角的研究》，《中国人口科学》2007 年第 3 期。

198. 张盈华：《老年长期照护制度筹资模式与政府责任边界》，《老龄科学研究》2013 年第 2 期。

199. 张玉琼、许琳：《家庭政策视角下的失能老人养老服务研究》，《理论研讨》2016 年第 2 期。

200. 张云英、胡潇月：《西安市失能老年人社区照护服务困境与出路研究》，《电子科技大学学报》（社会科学版）2017 年第 3 期。

201. 赵德余、梁鸿：《中国农村养老保障的供需结构及其组织原则》，《上海管理科学》2006 年第 5 期。

202. 赵锋：《不同子代数量农户的生计资本对养老意愿的影响——基于甘肃省 5 县区调查》，《西北民族大学学报》（哲学社会科学版）2015 年第 3 期。

203. 赵茜：《实践与反馈：农村社会养老制度的适应性分析》，《云南民族大学学报》（哲学社会科学版）2016 年第 1 期。

204. 赵秋成、杨秀凌：《养老服务供给短缺与农村养老服务体系构建》，《大连海事大学学报》（社会科学版）2016 年第 4 期。

205. 赵晓晗、陈亚辉：《农村家庭养老功能弱化及其对策研究》，《齐齐哈尔大学学报》（哲学社会科学版）2016 年第 9 期。

206. 赵晓霞、李霞：《我国农村社会养老保险的制度缺陷与对策分析》，《乡镇经济》2005 年第 6 期。

207. 赵毅博：《日本养老保障体系研究》，吉林大学，2014 年。

208. 曾毅、柳玉芝等：《中国高龄老人的社会经济与健康状况》，《中国人口科学》2004 年第 s1 期。

209. 曾毅：《人口学分析方法与运用》，北京大学出版社 1994 年版。

210. 曾毅等：《老年人口家庭、健康与照护需求成本研究》，科学出版社 2010 年版。

211. 郑军等：《历史视野中的中西方家庭养老环境比较》，《中国老年学杂志》

2010 年第 7 期。

212. 郑玉明：《西部农村迫切需要建立社会养老保障制度》，《农村经济》2007年第 2 期。

213. 郑豫珍、刘继文、杨玉英：《政府购买护理服务模式下居家养老护理员现状分析》，《新疆医科大学学报》2010 年第 12 期。

214. 中国老龄科学研究中心课题组：《全国城乡失能老人状况研究》，《残疾人研究》2011 年第 2 期。

215. 钟涨宝、杨柳：《转型期农村家庭养老困境解析》，《西北农林科技大学学报》（社会科学版）2016 年第 5 期。

216. 周皓：《谈家庭养老存在的长期性》，《人口学刊》1998 年第 4 期。

217. 周卉：《我国农村养老保障的制度变迁及其法理反思》，《江西社会科学》2015 年第 2 期。

218. 周娟：《中国农村养老服务模式：创新、驱动因素与趋势研究》，《福建论坛》（人文社会科学版）2016 年第 9 期。

219. 周林、丁士军：《不同养老风俗下的农村家庭养老》，《农村经济》2003 年第 3 期。

220. 周律、陈功、王振华：《子女性别和孩次对中国农村代际货币转移的影响》，《人口学刊》2012 年第 1 期。

221. 周莹、梁鸿：《中国农村传统家庭养老保障模式不可持续性研究》，《经济体制改革》2006 年第 5 期。

222. 朱晨迪、温志强：《我国城市失能老人养老困境及对策探究》，《劳动保障世界》2017 年第 18 期。

223. 朱明宝、杨云彦：《农村家庭养老模式变迁与低生育水平强化——来自湖北省宜昌市的经验证据》，《中国人口科学》2016 年第 3 期。

英文参考文献

1. Adrienne.Jones, B.S, Lauren Harris-Kojetin, Ph.D., "Characteristics and Use of Home

Health Care by Men and Women Aged 65 and over", *National health statistics report*, 2012.

2. Aged Care Funding Instrument Assessment PACK, *Austrialian Goverment Department of Health and Ageing*, 2007. 7.

3. Agree E.M.A.E.Biddlecom,M.C.Chang & A.E.Perez, "Transfers from Older Parents to Their Children in Taiwan and the Philippines", *Journal of Cross Cultural Gerontology*, 2002, 17 (4).

4. Altouji J., F. Hayashi & L. Kotlikoff, "Is the Extended Family Altruistically Linked? Direct Tests Using Mirco Data", *American Economic Review*, 1992, 82 (5).

5. Angel R. J. & P. Thoits, "The Impact of Culture on the Cognitive Structure of Illness", *Culture, Medicine, And Psychiatry*, 1987, 11 (4).

6. Australian Goverment Department of Health and Ageing, *Home care packages program guidelines*, 2013. 8.

7. Barnett R. C. & G. K. Baruch, "Determinants of Fathers' Participation in Family Work", *Journal of Marriage and the Family*, 1987, 49 (1).

8. Barresi, Charies M. & Stall, Donald E., *Ethnicity and long-term care: An overview*, New York: Springer, 1993.

9. Baxter J., "Work At Home: The Domestic Division of Labor, Queensland, Australia", *University of Queensland Press*, 1993.

10. Becker G. S. & Tomes N., "An Equilibrium Theory of the Distribution of Income and Intergenerational Mobility", *Journal of Political Economy*, 1979, 87 (6).

11. Becker G. S., "A Theory of Social Interactions", *Journal of Political Economy*, 1974, 82 (6).

12. Becker G. S., "A Treatise on the Family", *Massachusetts: Harvard University Press*, 1981.

13. Becker G. S., "The Economic Approach to Human Behavior", *Chicago: The University of Chicago Press*, 1976.

14. Beiegel D. E. & Schulz R., "Caregiving and Caregiver Interventions in Aging and Mental Illness", *Family Relations*, 1999, 48 (4).

15. Bengtson V. L.,"Beyond the Nuclear Family: The Increasing Important of Multi-generational Relationship in American Society", *Journal of Marriage and Family*, 2001, 63 (1).

16. Ben-Porath Y.,"The F-Connection: Families, and Firms and the Organization of Exchange", *Population and Development Review*, 1980, 6 (1).

17. Bernheim B. D., Schleifer A. & Summers L. H.,"The Strategic Bequest Motive", *Journal of Political Economy*, 1985, 93 (6).

18. Bird G. W., Bird G. A. & Scruggs M.,"Determinants of Family Task Sharing: A Study of Husbands and Wives", *Journal of Marriage and the Family*, 1984, 46 (2).

19. Bosworth H. B. & Schaie K. W.,"The Relationship of Social Environment, Social-Networks and Health Outcomes in the Seattle Longitudinal Study: Two Analytical Approaches", *The Journals of Gerontology: Psychological Sciences and Social Sciences*, 1997, 52B (5).

20. Brines J.,"Economic Dependency, Gender, and the Division of Harbor at Home", *American Journal of Sociology*, 1994, 100 (3).

21. Brody E. & Claire B. Schoonover, "Patterns of Parent-Care When Adult Daughters Work and When They Do Not", *The Gerontologist*, 1986, 26 (4).

22. Brody E., "Parent Care as Normative Family Stress", *The Gerontologist*, 1985, 25 (1).

23. Cai Q., "Migrant Remittances and Family Ties: A Case Study in China", *International Journal of Population Geography*, 2003, 9 (6).

24. Caldwell C. H., Antonucci T. C. & Jackson J. S.,"Supportive/Conflictual Family Relations and Depressive Symptomatology: Teenage Mother and Grandmother Perspectives", *Family Relations*, 1998, 47 (4).

25. Chappell N. & Havens B., "Old and Female: Testing the Double Jeopardy Hypothesis", *The Sociological Quarterly*, 1980, 21 (2).

26. Chen F., Short S. E. & Entwistle B., "The Impact of Grandparental Proximity on Maternal Children in China", *Population Research and Policy Review*, 2000, 19 (6).

27. Chen J. , Old Age Support and Intergenerational Relations in Urban China: Maintenance of Obligations between Older Parents and Children, *The University of Michigan Ann Arbor.* Ph. D. Dissertation, 1996.

28. Chen,A. J. ,and Jones,G. ,Aging in ASEAN:Its Socioeconomic Consequences,*Singapore:Institute of Southeast Asian Studies*, 1989.

29. Chi I. & Chou K. L. , "Social Support and Depression among Elderly Chinese People in Hong Kong", *International Journal of Aging and Human Development*, 2001, 52 (3).

30. Cohen M. , *House United, House Divided: The Chinese Family in Taiwan*, New York: Columbia University Press, 1976.

31. Coles R. L. ,"Elderly Narrative Reflections on the Contradictions in Turkish Village Family Life after Migration of Adult Children", *Journal of Aging Studies*, 2001, 15 (4).

32. Colombo, F. (et al.), Help Wanted? Providing and Paying for Long-Term Care, *OECD Health Policy Studies*, *OECD Publishing*, 2011.

33. Condran J. G. & Bode J. G. , "Rashomon, Working Wives, and Family Division of Labor: Middletown, 1980", *Journal of Marriage and the Family*, 1982, 44 (2).

34. Converman S. , "Explaining Husbands 'Participation in Domestic Labor", *Socialogical Quarterly*, 1985, 26 (1).

35. Cooney R. S. & Shi J. , "Household Extension of the Elderly in China", *Population and Policy Review*, 1999, 18 (5).

36. Cooney, T. M. & Uhlenberg P. , "Support from Parents over of the Life Course: The Adult Child' S Pespective", *Social Forces*, 1999, 71 (1).

37. Cowgill P. , "Aging and Modernization: A Revision of Theory", IN J. Gbrium (Ed.), *Later Life: Community and Environmental Polices*, New York, Free Press, 1974.

38. Cox D. and Rank M. R. , "Inter-vivos Transfers and Intergenerational Exchange", *Review of Economics and Statistics*, 1992.

39. Cox D. , "Motives for Private Income Transfers", *Journal of Political of Economy*, 1987, 95 (3).

40. Crimmins, E. M., Hayward, M. D., and Saito, "Differentials in Active Life Expectancy in the Older Population of the United States", *Journal of Gerontology: Social Sciences*, 1996, 51B (3).

41. Dean, A., B. Kolody & Ensel W. M., "The Effects of Types of Social Support from Adult Children on Depression in Elderly Person", *Journal of Community Pychology*, 1989, 17 (4).

42. Donald Cox & M. R. Rank, "Inter Vivos Transfers and Intergenerational Exchange", *The Review of Economics and Statistics*, 1992, 74 (2).

43. Donald Cox, Bruce E. Hansen, Emmanuel Jimenez, "How Responsive are Private Transfers to Income Evidence from a Laissez-Faire Economy", *Journal of Public Economics*, 1999.

44. Donald Cox, Emmanuel Jimenez, "Achieving Social Objectives through Private Transfers", *The World Bank Research Observer*, 1990, 5 (2).

45. Donald Cox, Zekeriya Eser, Emmanuel Jimenez, "Motives for private transfers over the life cycle: An analytical framework and evidence for Peru", *Journal of Development Economics*, 1999, 55 (3).

46. Eggebeen D. J. & Hogan D. P., "Giving Between Generations in American Families", *Human Nature*, 1990, 1 (3).

47. Eggebeen D. J., "Family Structure and Intergenerational Exchanges", *Research on Aging*, 1992, 14 (4).

48. Evert, J., Lawler, E., Bogan, H., and Perls, "Morbidity Profiles of Centenarians: Survivors, Delayers, and Escapers", *Journal of Gerontology: Medical Sciences*, 2003, 58A.

49. F Bian, J. R. Logan and Y. Bian, "Inter-generations Relations in Urban China: Proximity, Contact, and Help to Parents", *Demography*, 1998, 35.

50. Farkas G., "Education, Wage Rates, and the Division of Labor between Husband and Wife", *Journal of Marriage and the Family*, 1976, 38 (3).

51. Ferree M. M., "Beyond Separate Spheres: Feminism And Family Research", *Jour-

nal of Marriage and the Family, 1990, 52 (4).

52. Folbre, N. & H. Hartmann, "The Persistence of Patriarchal Capitalism", *Re-thinking Marx*, 1989, 2 (4).

53. Fowers B. J., "His and Her marriages: A Multivariate Study of Gender and Marital Satisfaction", *Sex Roles*, 1991, 24 (3).

54. Frankenberg E., L. Lillard & R. J. Willis, "Patterns of Intergenerational Transfers in Southeast Asia", *Journal of Marriage and Family*, 2002, 64 (3).

55. Fries, J. F., Aging, "Natural Death , and the Compression of Morbidity", *New England Journal of Medicine*, 1980, 303.

56. Fuqin, John. R. Logan, Yanjie, Bian , "Intergenerations Relations in Urban China: Proximity, Contact, and Help to Parents", *Demography*, 1998, 35 (1).

57. G. S. Becker, A Treatise on the Family (Enlarged edition), *Cambridge: Harvard University*, 1991, 283.

58. Gaetano A. M., "Filial Daughters, Modern Women: Migrant Domestic Workers in Post-Mao Beijing", In A. M Gaetano And T. Jack A (eds.), *On The Move: Women and Rural-To-Urban Migration in Contemporary China*, New York, Columbia University Press, 2004.

59. George, L. K., "Research Design in End of Life Research: State of the Science", *The Gerontologist*, 2002, 42.

60. Gill, T. M., Hardy, S. E., and Williams, "Underestimation of Disability in Community-living Older Persons", *Journal of the American Geriatrics Society*, 2002, 50.

61. Gliksman M. D., R. Lazarus, A. Wilson & S. R. Leeder, "Social Support, Marital Stutas and Living Arrangement Correlates of Cardiovascular Disease Risk Factors in the Elderly", *Social Science & Medicine*, 1995, 40 (6).

62. Goldenstein M. C. & Y. Ku, "Income and Family Support among Rural Elderly in Zhejiang Province", *Journal of Cross-Cultural Gerontology*, 1993, 8 (3).

63. Goldman N., S. Korenman & R. Weinstein, "Marital Status and Health among the Elderly", *Social Science & Medicine*, 1995, 40 (12).

64. Goldstein A., G. Zhigang & S. Goldstein, "The Relationship of Migration to Changing Household Headship Patterns in China, 1982–1987", *Population Studies*, 1997, 51 (1).

65. Goldstein H., *Multilevel Models in Education and Social Research*, New York, Oxford University Press, 1987.

66. Goldstein M. C. & C. M. Beall., "Modernization and Aging in the Third and Fourth World: Views from the Rural Hinterland in Nepal", *Human Organization*, 1981, 40 (1).

67. Goode, W. J., *World Revolution and Family Patterns*, New York, Free Press, 1970.

68. Goodwin, Nick, "Understanding integrated care: a complex process, a fundamental principle", *International Journal of Integrated Care*, 2013, 13 (1).

69. Gruenberg, E., "The Failures of Success", *Milbank Memoria l Fund Quarterly/ Health and Society*, 1977, 55.

70. Guralnik, J. M., LaCroix, A., Z., Branch, L., Kasl, S., and Wallace, "Morbidity and Disability in Older Persons in the Years Prior to Death", *American Journal of Public Health*, 1991, 81.

71. Ham-Chande, R., "Ageing and Health Expectancies in Urban Latin America", *in Determining Health Expectancies*, edited by J-M., Robine, C. Jagger, C. D. Mathers, E. M. Crimmins, and R. M. Suzman., England: John Wiley and Sons Ltd., 2003.

72. Harris L., *The Myth and Reality of Aging in America*, Washington, D C, National Council on Aging, 1975.

73. Hartmann H., "The Family as The Locus of Gender, Class, And Political Struggle: The Example of Housework", *Journal of Women in Culture and Society*, 1981, 6 (3).

74. Hashimota A., "Living Arrangement of the Aged in Seven Developing Countries: A Preliminary Analysis", *Journal of Cross-Cultural Gerontology*, 1991, 6 (4).

75. Hayward, M., Crimmins, E. M., and Saito, "Cause of Death and Active Life Expectancy in the Older Population of the United States", *Journal of Aging and Health*,

1998, 102.

76. Henretta J. C, M. S. Hill, W. Li, B. J. Soldo & D. A. Wolf , "Selection of Children to Provide Care: The Effect of Earlier Parental Transfers", *Gerontology: Social Sciences*, 1997, 52B (Special Issue).

77. Hermalin A. I., M. C. Chang, H. S. Lin, M. L. Lee & M. B. Ofstedal, "Patterns of Support among the Elderly in Taiwan and Their Policy Implications", *Comparative Study of Elderly in Asia Research Reports*, Ann Arbor, Population Studies Center, University of Michigan, 1990.

78. Hermalin A. I., C. Roan & A. E. Perez., "The Emerging Role of Grandparents in Asia", *Elderly in Asia Research Report* , Ann Arbor, MI: University of Michigan, 1998.

79. Hermalin A. I., M. B. Ofstedal & M. Chang, "Types of Supports for the Aged and Their Providers in Taiwan", In T. K. Hareven (Ed.). *Aging and Generational Relations*, New York, Aldine De Gruyten, 1996.

80. Hill R., *Family Development in Three Generations*, Cambridge, Mass, Schenkman, 1970.

81. Hill Rachel., "Integrated Care-Foundation Trust or Social Enterprise", *International Journal of Integrated Care*, 2007, (1).

82. Hooyman N. R., "Untapped Resources: Women in Aging Societies across Asia", *The Gerontologist*, 1999, 39 (1).

83. House J. S. & R. L. Kahn, "Measures and Concepts of Social Support", In S. Cohen And L. Syme (eds.), *Social Support and Health*, Orlando, FL, Academic Press, 1985.

84. House J. S., K. R. Landis & D. Unberson, "Social Relationships and Health", *Science*, 1988, 241 (4865).

85. Houser B. B., S. L. Berkman & P. *Bardsley, Sex and Birth Order Difference in Filial Behavior*, 1985, 13 (11).

86. Hoyert D. L., "Financial and Household Exchanges between Generations", *Research on Aging*, 1991, 13 (2).

87. Hu Y. & N. Goldman., "Mortality Differentials by Marital Status: An International Comparison", *Demography*, 1990, 27 (2).

88. Huber J. & G. Spitze, *Sex Stratification: Children, Housework and Jobs*, New York, Academic Press, 1983.

89. Ikels C., "Long-Term Care and the Disabled Elderly in Urban China", in J. Sokolovsky (Ed.), *The Cultural Context of Aging; Worldwide Perspectives (Second Edition)*, Westport, CT, Bergin & Garvey, 1997.

90. Jackson S., "Towards A Historical Sociology of Housework: A materialist Feminist Analysis", *Women's Studies International Forum*, 1992, 15 (2).

91. Joseph A. E. & D. R. Phillips, "Ageing In Rural China: Impacts of Increasing Diversity in Family and Community Resources", *Journal of Cross-Cultural Gerontology*, 1999, 14 (2).

92. Kabir Z. N., M. Szebehely & C. Tishelman, "Support in Old Age in the Changing Society of Bangladesh", *Ageing & Society*, 2002, 22 (5).

93. Kahn R. L. & T. C. Antonucci, "Convoys over the Life Course: Attachment, Roles, And Social Support", In P. B. Baltes and O. G. Brim (eds.), *Life Span Development and Behavior (Vol. 3)*, New York, Academic Press, 1980.

94. Kahn S., "Active Life Expectancy", *New England Journal of Medicine*, 1983, 309 (20).

95. Khan M. A. & P. A. Khanum, "Influence of Son Preference on Contraceptive Use in Bangladesh", *Asia-Pacific Population Journal*, 2000, 15 (3).

96. Kinney, Jennifer, "Home care and caregiving", *Encyclopedia of Gerontology*, 1996, 667 (12).

97. Kodner, D. L & Spreeuwenberg, C., "Integrated care: meaning, logic, applications, and implications-a Discussion paper", *International Journal of Integrated Care*, 2002, 2 (4).

98. Krause N., J. Liang & S. Gu, "Financial Strain, Received Support, Anticipated Support and Depressive Symptoms in the People's Republic of China", *Psychology and*

Aging, 1998, 13 (1).

99. Krause N., J. Liang & V. Keith, "Personality, Social Support, and Psychological Distress in Later Life", *Psychology and Aging*, 1990, 5 (3).

100. Krause N., "Satisfaction with Social Support and Self-Rated Health in Older Adults", *Gerontologist*, 1987, 27 (3).

101. Laditka, S. B., and Wolf, D. A., "New Method for Analyzing Active Life Expectancy", *Journal of Aging and Health*, 1998, 102.

102. Lakdawalla D., Goldman D. P., Bhattacharya J (et al.), "Forecasting the nursing home Population", *Medical Care*, 2003, 41 (1).

103. Land, K. C., Guralnik, J. M., and Blazer, D., "Estimating Increment-decrement Life Tables with Multiple Co variates from Panel Data: The Case of Active Life Expectancy", *Demography*, 1994, 31.

104. Lee A. Lillard and Robert J. Willis, "Motives for Intergenerational Transfers: Evidence from Malaysia", *The Demography of Aging*, 1997, 34.

105. Lee Y J, Xiao Z., "Children's support for elderly parents in urban and rural China: Results from a national survey", *Journal of Cross-Cultural Gerontology*, 1998, 13 (1).

106. Lee Y. J., W. L. Parish & R. J. Willis, "Sons, Daughters, and Intergenerational Support in Taiwan", *The American Journal of Sociology*, 1994, 99 (4).

107. Lee Y. J. & Z. Xiao, "Children' s Support for the elderly Parents in Urban and Rural China: Results from a National Survey", *Journal of Cross-Cultural Gerontology*, 1998, 99 (4).

108. Lee, A. Lillard, Robert, J. Willis, "Motives for Intergenerational Transfers: : Evidence from Malaysia", *The Demography of Aging*, 1997, 34 (1).

109. Levitt M. J., "Social Relations across the Life Span: in Search of Unified Models", *Aging and Human Development*, 2000, 51 (1).

110. Li H. & M. B. Tracy, "Family Support, Financial Needs, and Health Care Needs of Rural Elderly in China: A Filed Study", *Journal of Cross-Cultural Gerontology*,

1999, 14 (4).

111. Li L. M. M. Seltzer & J. S. Greenberg., "Social Support and Depressive Symproms: Differential Patterns in Wife and Daughter Caregivers", *Journal of Gerontology: Psychology Science And Social Science*, 1997, 52.

112. Liang J. J., N. Krause, M. Change, H. Lin, Y. Chuang & S. Wu ., "Stress, Social Relations, and Old Age Mortality in Taiwan", *Journal of Clinical Epidemiologist*, 1999, 52 (10).

113. Liao, Y., McGee, D. I., Cao, G. (et al.), "Quality of the Last Year of Life of Older Adults 1986 vs 1993", *Journal of the American Medical Association*, 2000, 283.

114. Lin J. "Changing Kinship Structure and Its Implications for Oldage Support in Urban and Rural China", *Population Studies*, 1995, 49 (1).

115. Litwark E. & S. Kulis, "Technology, Proximity and Measurement of Kin Support", *Journal of Marriage and Family*, 1987, 49 (3).

116. Liu W. T. "Values and Caregiving Burden: The Significance of Filial Piety in Elder Care", In W. T. Liu And H. Kendig (eds.), *Who Should Care For The Elderly? An East-West Value Divide*, Singapore, Singapore University Press, 2000.

117. Liu W. T. Liu And H. Kendig, "Critical Issues of Caregiving: East-West Dialogue", In W. T. Liu and H. Kendig (eds.), *Who Should Care for the Elderly; An East-West Value Divide*, Singapore, Singapore University Press, 2000.

118. Liu X., J. Liang & S. Gu, "Flows of Social Support and Health Status among Older Persons in China", *Social Science & Medicine*, 1995, 41 (8).

119. Liu, K., Manton, K. G., Aragon C., "Changes in Home Care Use by Disabled Elderly Persons1982–1994", *The Journals of Gerontology Series B; Psychological Sciences and Social Sciences*, 2000, 559 (4).

120. Logan J. R., B. Fuqi & Y. Bian, "Tradition and Change in the Urban Chinese Family: the Case of Living Arrangements", *Social Forces*, 1998, 76 (3).

121. Lubitz, J., and Prihoda, R., "The Use and Costs of Medicare Services in the Last Two Years of Life", *Health Care Financing Review*, 1983, 5.

122. Mancini J. & R. Blieszner, "Ageing Parents and Adult Children: Research Themes in Intergenerational Ralations", *Journal of Marriage and Family*, 1989, 51 (2).

123. Manton, K. G., "Changing Concepts of Morbidity and Mortality in the Elderly Population", *Milbank Memorial Fund Quarterly / Health and Society*, 1982, 60.

124. Manton, K. G., and Land, K. C., "Active Life Expectancy Estimates for the U. S. Elderly Population : A multidimensional continuous-mixture model of functional change applied to completed Cohorts, 1982–1996", *Demography*, 2000, 27 (3).

125. Markides K. & R. Blieszner, "Race, Ethnicity and Aging: The Impact of Ineqauality", In R. Binstock and L. George (eds.), *Handbook of Aging and the Social Sciences*, 4th, New York , Academic Press, 1989.

126. Mason K., "Family Change and Support of the Elderly in Asia: What Do We Know?", *Asia-Pacific Population Journal*, 1992, 7 (3).

127. Mathers, C. D., Murray, C. J-L., Lopez, A. D., Salomon, J. A., and Sadana, Ritu, *Global Patterns of Health Expectancy in the Year* 2000, *in Determining Health Expectancies*, *edited by J-M.*, *Robine*, *C. Jagger*, *C. D. Mathers*, *E. M. Crimmins*, *and R. M. Suzman*, England: John Wiley and Sons Ltd, 2003.

128. Mayhew, *Health and elderly care expenditure in an aging world*, *Laxenburg*, Austria: International Institute for Applied Systems Analysis, 2000.

129. Mccallum, J. A. Mackinnon, L. Simons & J. Simons, "Measurement Properties of the Center for Epidemiological Studies Depression Scale: An Australian Community Study of Aged Persons", *Journal of Gerontology: Social Sciences*, 1995, 50 (3).

130. Mehta K., "The Impact of the Ageing Revolutions on Asian Women", In K. Mehta (Ed.), *Untapped Resources: Women in Ageing Societies across Asia*, Singapore, *Times Academic Press*, 1997.

131. Monica F. Kurylo, Timothy R. Elliott & Richard M. Shewchuk, "Family Caregiving: A Focus for Aging Research and Intervention ", *Journal of Counseling & Development*, 2001, 79 (3).

132. Montgomery R. V. & B. A. Hirshorn, "Current and Future Family Help with

Long-Term Needs of the Elderly", *Research on Aging*, 1991, 13（2）.

133. Morgan P. S. & K. Hirosima, "The Persistence of Extended Family Residence in Japan", *American Sociological Review*, 1983, 48（2）.

134. Namboo diri, N. K., and Suchindran, C. M., *Life Table Techniques and Their Applications*, Orlando, FL: Academic Press, 1987.

135. Ng A. CY., D. R. Phillips & W. K. LEE, "Persistence and Challenges to Filial Piety and Informal Support of older Persons in A Modern Chinese Society: A Case Study in Tuen Mun, Hong Kong", *Journal of Aging Studies*, 2002, 16（2）.

136. Nugent J., "The Old-Age Security Motive for Fertility", *Population and Development Review*, 1985, 11（1）.

137. Pasternak B., *Kinship and Community in two Chinese Villages*, Stanford, Calif, Stanford University Press, 1972.

138. Payne M., *A Dictionary of Cultural and Critical Theory*, Black-Well Publishers Ltd, 1997.

139. Pezzin L. E. & B. S. Schone,"Intergenerational Household Formation, Female Labor Supply and Informal Caregiving: A Bargaining Approach", *Journal of Human Resources*, 1999, 34（3）.

140. Preston, S. H., and Coale, A. J., "Age Structure, Growth, Attrition, and Accession: A New Synthesis", *Population Index*, 1982, 48.

141. Rexroat C. & C. Shehan, "The Family Lifecycle and spouse' s Time in Housework", *Journal of Marriage and Family*, 1987, 49（4）.

142. Robine, J-M., Mathers, C. D., and Bucquet, D., "Distinguishing Health Expectancies and Health-adjusted Life Expectancies from Quality-adjusted Life Years", *American Journal of Public Health*, 1993, 836.

143. Rogers R. G., "The Effects of Family Composition, Health, and Social Support Linkages on Mortality", *Journal of Health and Social Behavior*, 1996, 37（4）.

144. Rogers, A., Rogers, R. G., and Branch, L. G., "Multistate Analysis of Active Life Expectancy", *Public Health Report*, 1989, 1043.

145. Roos, N. P., Montgomery, P., and Roos, L. L., "Health Care Utilization in the Years Prior to Death", *Milbank Memorial Fund Quarterly*, 1987, 65.

146. Ross C. E., "The Division of Labor at Home", *Social Forces*, 1987, 65 (3).

147. Rossi A. S. & P. H. Rossi, *Of Human Bonding: Parent-Child Relations across the Life Course*, New York, Aldine De Gruyter, 1990.

148. Rozelle S., L. Guo, M. Shen, A. Hughart & J. Giles, "Leaving China's Farm: Survey Results of New Paths and Remaining Hurdles to Rural Migration", *The China Quarterly*, 1999, 158.

149. Saito, Y., Qiao, X., and Jitapunkul, S., "Health Expectancy in Asian Countries", *in Determining Health Expectancies, edited by J-M., Robine, C. Jagger, C. D. Mathers, E. M. Crimmins, and R. M. Suzman*, England: John Wiley and Sons Ltd., 2003.

150. Secondi G.,"Private Monetary Transfer in Rural China: Are Families Altruistic?", *The Journal of Development Studies*, 1997, 33 (4).

151. Seeman T. E., M. L. Bruce & G. J. Mcavay, "Baseline Social Network Characteristics and Onset of ADL Disability: Macarthur Studies of Successful Aging", *Journal of Gerontology: Social Sciences*, 1996, 51B (4).

152. Shi L., "Elderly Support in Rural and Suburban Villages: Implications for Future Support System in China", *Social Science & Medicine*, 1994, 39 (2).

153. Shi L., "Family Financial and Household Support Exchange between Generations: A Survey of Chinese Rural Elderly", *The Gerontologist*, 1993, 33 (4).

154. Silverstein M. & L. J. Waite , "Are Blacks More Likely Than Whites to Receive and Provide Social Support in Middle and Old Age? Yes, No, and Maybe So", *Journal of Gerontology: Social Sciences*, 1993, 48 (4).

155. Silverstein M. & V. L. Bengtson,"Dose Intergenerational Social Support Influence The Psychological Well-Being of Older Parents? The Contingencies of Declining Health and Widowhood", *Social Science and Medicine*, 1994, 38 (7).

156. Silverstein M. & V. L. Bengtson., "Intergenerational Solidarity and the Structure

of Adult Child-Parent Relationships in American Families", *American Journal of Sociology*, 1997, 103（2）.

157. Silverstein M. and Cong Z., "Grandparents Who Care for Their Grandchildren in Rural China Benefactors and Beneficiaries", *Cook I. and Powell J.* 2007, *New Perspectives on China and Aging*, 2012.

158. Silverstein M., C. Xuan & H. Kenneth, "Too Much of a Good Thing? Intergenerational Social Support and the Psychological Well-Being of Older Parents", *Journal of Marriage and The Family*, 1996, 58（4）.

159. Silverstein M., S. J. Conroy, H. Wang, R. Giarrusso & V. L. Bengtson, "Reciprocity in Parent-Child Relations over the Adult Life Course", *Journal of Gerontology*: *Social Sciences*, 2002, 57B（1）.

160. Silverstein M., T. M. Parrott & V. L. Bengtson, "Factors That Predispose Middle-Aged Sons and Daughters to Provide Social Support to Older Parents", *Journal of Marriage and the Family*, 1995, 57（2）.

161. Silverstein M., Z. Cong & S. Li,"Grandparents Who Care for Their Grandchildren in Rural China: Benefactors and Beneficiaries", In P. A. Cook（Ed.）, *New Perspectives on China and Aging*, New York, Nova Science Publishers, 2007.

162. Silverstein M., Z. Cong & S. Li, "Intergenerational Transfers and Living Arrangements of Older People in Rural China: Consequences for Psychological Well-Being", *Journal of Gerontology*: *Social Sciences*, 2006.

163. Skinner G. W., "Family Systems and Demographic Processes", In D. I. Kertzer and T. Fricke（eds.）, *Anthropological Demography*: *Toward a New Synthesis*, Chicago, Illinis, *University of Chicago Press*, 1997.

164. Sloan F. A., H. H. Zhang & J. Wang, "Upstream Intergenerational Transfers", *Southern Economic Journal*, 2002, 69（2）.

165. Sobieszczyk T. J. Knode & N. Chayovan, "Gender and Wellbeing among Older People: Evidence from Thailand", *Ageing and Society*, 2003, 23（6）.

166. Sokoloff N. J., *Between Money and Love*: *The Dialecties of Women's Home and*

Market Work, New York, Praeger, 1980.

167. Soldo B. J. & V. A. Freedman, "Care of the Elderly: Division of Labor among the Family, Market, and State", In L. Martin and S. H. Preston (eds.), *Demography of Aging*, *D. C.* Washington, National Academy Press, 1994.

168. Soldo B. J., D. A. Wolf & J. C. Henretta, "Intergenerational Transfers: Blood, Marriage, and Gender Effects on Household Decisions", In J. P. Willis (eds.), *Wealth, Work, And Health: Innovations in Survey Measurement in The Social Sciences*, Ann Arbor, *MI, University of Michigan Press*, 1999.

169.Spitze G. & J. Logan, "Sons, Daughters, and Intergenerational Social Support", *Journal of Marriage and the Family*, 1990, 52 (2).

170. Staek O., *Altruism and Beyond: An Economic Analysis of Transfers and Exchanges within Families and Croups*, New York, Cambridge University Press, 1995.

171. Steinhauser, K. E., Christakis, N. A., Clipp, E. C., McNeilly, M., McIntyre, L., and Tulsky, J., "Factors Considered Important at the End of Life by Patients, Family, Physicians, and Other Care Provider", *Journal of American Medical Association*, 2000, 284.

172. Stern S., "Estimating Family Long-Term Care Decision in the Presence of Endogenous Child Characteristics", *Journal of Human Resources*, 1995, 30 (3).

173. Stoller E. P. & L. L. Earl, "Help With Activities of Everyday Life: Sources of Support for the Noninstitutionalized Elderly", *The Gerontologist*, 1983, 23 (1).

174. Stoller E. P., "Exchange Patterns in the Informal Support Networks of the Elderly: The Impact of Reciprocity on Morale", *Journal of Marriage and Family*, 1985, 47 (2).

175. Stoller E. P., "Parental Caregiving by Adult Children", *Journal of Marriage and Family*, 1983, 45 (4).

176. Sun R., "Old age support in contemporary urban China from both parents' and children's perspectives", *Research on Aging*, 2002, 24 (3).

177. Thatcher, A. R., Kannisto, V., and Vaupel, J. W., *The Force of Mortality at Ages 80 to 120, Odense*, Denmark: Odense University Press, 1998.

178. Thompson E. E. & N. Krause, "Living Alone and Neighborhood Characteristics as Predictors of Social Support in Later Life", *Journals of Gerontology: Psychological Sciences and Social Sciences*, 1998, 53B (6).

179. *Thornton A. & H. S. Lin, Social Change and the Family in Taiwan*, Chicago, IL, University of Chicago Press, 1994.

180. Vanwey L., "Altruistic and Contractual Remittances between Male and Female Migrants and Households in Rural Thailand", *Demography*, 2004, 41 (4).

181. W. J. *Goode, The Family*, Mexican: Prentice Hall Literature, 1982.

182. Waite L.J.& E.L.Lehrer, "The Benefits from Marriage and Religion in the United States: A Comparative Analysis", *Population and Development Review*, 2003, 29 (2).

183. Wang D., *Flying from the Nest: Household Formation in a Village in Northeastern China, Providence*, RI, Brown University, Ph. D. Dissertation, 1999.

184. Wethington E. & R. C. Kessler, "Perceived Support, Received Support, and Adjustment to Stressful Life Events", *Journal of Health and Social Behavior*, 1986, 27 (1).

185. Whitbeck L. B., R. L. Simons & R. D. Conger, "The Effect of Early Family Relationships on Contemporary Relationships an Assistance Patterns between Adult Children and Their Parents", *Journal of Gerontology: Social Sciences*, 1991, 46 (6).

186. Whyte M., "Filial Obligations in Chinese Families: Paradoxes of Modernization", In C. Ikels (Ed.), *Filial Piety: Practice and Discourse in Contemporary East Asia, Stanford, CA, Stanford University*, 2004.

187. Whyte M. K., "Introduction: China's Revolutions and Intergenerational Relations", In M. K. Whyte (Ed.), *China's Revolutions and Intergenerational Relations, Michigan, Ann Arbor, Center for Chinese Studies, The University of Michigan*, 2003.

188. Wolf. D. A., V. Freedman & B. J. Soldo, "The Division of Family Labor: Care for the elderly Parents", *Journals of Gerontology: Psychological Sciences and Social Sciences, Series B*, 1997, 52B (*Special Issue*).

189. Wu C. P., "The Aging of Population in China", *Malta, Union Print*, 1991.

190. Xu Q. & Y. Yuan, The Role of Family Support in the Old-Age Security in China,

23rd IUSSP General Population Conference: Symposium on Demography of China. C. P. Association, Beijing, Xin Hua Press, 1997.

191. Yu Xie and Haiyan Zhu, "Do sons or daughters give more money to parents in urban China?", *Journal of Marriage and Family*, 2009, 71.

192. Zen, Yi, Gu, Danan, and Land, K. C., "A New Method for Correcting Under estimation of Disabled Life Expectancy and Application to Chinese Oldest-Old", *Demography*, 2004, 41 (2).

193. Zimmer Z., Kwong J., "Family size and support of older adults in urban and rural China: Current effects and future implications", *Demography*, 2003, 40 (1).

后　记

　　时光荏苒，白驹过隙。《代际合作视角下农村家庭养老现状与对策》一书是著者 2014 年国家社科基金项目结题报告的延伸与拓展，凝结了 2013—2019 年的所思所想，是六年间在家庭与老年研究领域成果的一次总结。2013 年到 2019 年，著者历经博士毕业，国家社科基金立项与结项以及国家老龄办、省社科等课题立项与结项。在社会学的专业知识背景下吸收了大量人口学与经济学的研究范式与方法。当停笔的那一刻，再反过来读文稿，深觉这六年的学术视角、研究方法与研究技术运用的变化。人生在勤，不索何获！

　　《代际合作视角下农村家庭养老现状与对策》一书展现了多学科、多研究范式的运用。深深感谢我的博士生导师华中科技大学石人炳教授把我领进人口学科，为著者打开人口科学研究的大门，让著者对人口学的研究范式和方法有了认识的机会，并在攻读博士期间以及做课题期间，有幸认识一帮有志于人口研究的同窗挚友，共同探讨学术问题。在六年时间里，对计量方法是一点点摸索的学习与运用。在如今的定量科学研究中，计量方法的运用已经成为一个重要研究工具，让学者们不断地去逼近正确的结论。感谢有机会去聆听谢宇教授等人的培训，有幸去感受一个研究者的严谨学术态度和对待学术的热忱。

　　一本著作的完成，是团队共同努力的结果。文献资料的检索、数据的整理与分析、文本格式的多次规整以及繁杂的文字校对都是一个团队共同努力的结果。感谢国家社科基金项目《代际合作视角下农村家庭养老现状与对策》（14BRK002）团队每一位成员的努力。前期的项目资料收集、文献整理、实地调研与案例整理等琐碎而繁杂的研究，研究团队成员助力良多。我指导的学生刘璐、朱文轩、高广荣、葛文、刘倩、黎睿、李曾智、成伟伟、姚舜曦、李一南、冯建斌、王梓龙、王雪等也参与了文献资料整理，文稿校对以及编写工作（人均一万字以上）。感谢人民出版社的邀约，并成功在人民出版社立项出版。在出版过程中，对书稿文本进行了多次校对，辛苦了！

书稿的出版得到了武汉理工大学研究生院学术专著项目的出版资助以及2020年度中央高校基本科研业务费专项资金资助（2020 VI047）。感谢学院领导与同事的支持与帮助，感谢诸多学术挚友对书稿提出的宝贵意见。

最后感谢生我、育我的父母。愿天下老人都能幸福安享晚年，这也是我当初选择做家庭养老研究的初衷。

于武汉余家头水运湖畔

2019 年 10 月 16 日